U0504670

遇契哲学

一种新的可能

蔡志栋 著

上海三联书店

目录

导论：对冯契哲学的新思考

冯契先生（1915—1995 年）[①] 是 20 世纪中国下半叶少有的创造了哲学体系的著名哲学家。[②] 他提出了“智慧说”的哲学体系，包含《认识世界和认识自己》《逻辑思维的辩证法》和《人的自由与真善美》三部著作。他还写作了《中国古代哲学的逻辑发展》三册和《中国近代哲学的革命进程》一种，还有其他学术著述多种。学界一般认为，其“智慧说”的主干是《认识世界和认识自己》，主要探讨如何从有知到知识，从知识发展到智慧的问题；《逻辑思维的辩证法》和《人的自由与真善美》是两翼，分别讨论了认识论的原理如何转换为认识世界的方法，以及提升人自身境界、德性的

---

① 冯契先生是我们尊敬的学者，但为了行文的简洁，也按照一般学术著作的惯例，研究对象一般直呼其名，而不加尊称、抬头之类。下文便直接写作“冯契”，省略“先生”二字。

② 冯契显然是一位有着自己思想特色的哲学家，但是，由于当今专业分工越发严重，冯契又不喜张扬，因此，出了哲学界、学界，社会上知道他的人究竟有多少始终是个问题。但是，考虑到本文的预设读者是哲学界的专家，因此对冯契的生平就不作介绍了。有兴趣的可以参看陈卫平撰写的《冯契传略》，见《冯契文集》（第一卷）华东师范大学出版社 1996 年 6 月第一版，第 455 页到第 457 页。

方法。用冯契本人的话来说，即“化理论为方法，化理论为德性”。这也是冯契先生本人的设定。

通过长时间的对冯契著作的阅读、学习、揣摩，我们却认为，冯契哲学思想中包含着另外一种可能的哲学体系。它可以表述为如下：冯契认为，[①] 人是在改变世界的过程中改变自己的，通过成功的改变，人和世界都从本然状态变为应然状态，进入价值世界；而为了成功地实现改变，就需要两个辅助：认识论、方法论的辅助和政治哲学的辅助。而从冯契思想的文本来看，对人和世界如何从本然状态改变为应然状态，以及认识论、方法论的辅助冯契论述较详，但对政治哲学的辅助这一部分，则论述简略，需要经过重新梳理和阐释才能成立。

但是，无论如何，我们认为冯契哲学中包含着另外一种新的哲学可能，其主干即为“两个改变”（人在改变世界的过程中改变自己），还包含着两个辅助：认识论、方法论的辅助和政治哲学的辅助。本书稿的主要章节便是以此为线索展开。主要分为导论以及（第一章）实践新论、（第二章）认识论的新探索、（第三章）政治哲学的新阐发、（第四章）精神哲学的新发展、（第五章）冯契哲学的新应用等章节。由于“两个改变”的核心是改变，本质上就是实践，因此就有第一章实践新论；第四章精神哲学的实质是对价值世界、也即人和世界的应然状态的讨论；最后一章冯契哲学的新应用

---

① 必须说明，这种“认为”不是冯契以明确的体系的方式承认的，而是以隐含的方式肯定的。当然，这需要我们的阐释。

是将我们新诠释的冯契哲学的可能应用到中国哲学史、思想史的研究中所获得的成果。

而为了充分阐释冯契哲学的另一种新的可能，在各个章节中，我们一方面论述冯契先生在相关问题上的观点和论证；另一方面，又一定程度上重新逻辑地挖掘冯契的这些观点在中国近现代哲学史上的来源，同时也涉及冯契哲学在中国近现代哲学史、思想史研究中的扩展的内容。

第一节 "两个改变"及其两翼：一个隐藏的体系？

我们对冯契哲学的新探讨从前几年曾成为时代核心概念的"和谐"开始。正是当年的"和谐"热，帮助我们揭示了冯契哲学思想中包含的另外一种解释的新可能。

通常说到和谐、天人合一等话题时，总是容易犯一个偏失，那就是倾向于从古代哲学中寻找和谐、天人合一的哲学基础，而对古代哲学的挖掘，也往往局限在某些人物、学派那里，缺乏对另一些人物、学派的关注，并且没有看到事实上存在着古典和谐与现代和谐两种形态的和谐。① 自 1840 年以来，② 中国遇到"三千年未有之

① 参看童世骏《和谐文化：不仅是传统的，更是现代的》，载《文汇报》2006 年 10 月 10 日。

② 关于中国现代从什么时候开始，本身就是一个复杂的问题。本书不准备在这个问题上花过多的笔墨，而采取通常的观点。

大变局”，在“中国向何处去?”的问题上踯躅、探索了一百多年，最终选择了社会主义的道路。在迄今一百八十多年的时光中，我们不能否认中国社会在很多地方和传统社会还有密切的联系，这些的联系积极的作用和消极的作用同样值得我们重视；但是，毋庸置疑的是，中国近现代社会发生了巨大的变化，以至于产生了像进步、创造、竞争、科学、民主、平等、大同社会理想和平民人格理想等现代精神传统。[①] 无疑，与之相类，如果我们想要探求作为现代理想的和谐的哲学基础，那么，除了要尊重人类有史以来所有的智慧成果之外，特别要加以重视的，是中国一百多年来的哲学革命的成果，有必要看看其对于现代的和谐的哲学基础的建构作用。无疑，这期间出现了诸多创造了自己的体系的哲学家，冯契无疑是其中值得重视的一位。有人甚至把冯契哲学看作现代的天人合一（和谐）[②] 的某种解读。

一、实践：改变世界和改变自己

现代和谐不是物我双泯的原始混沌。事实上，在古典和谐的“和而不同”那里，包含了差异的“和”和没有任何差异的“同”不同。现代和谐更加重视作为天、人合一过程中的积极的互动。这

---

① 参看高瑞泉《中国现代精神传统》(修订本)，上海古籍出版社，2005 年。

② 参看高瑞泉《“天人合一”的现代诠释》，收入高瑞泉《从历史中发现价值》，中国大百科全书出版社，2006 年。需要指出的是，天人合一与和谐无疑是有差别的，但是，在本文的语境内，两者几乎是一个意思。事实上，本文正是借助了天人合一的框架来诠释和谐的意义。

种互动，我们名之为“实践”。实践是现代和谐的根基。冯契极其重视实践。他所创立的“智慧说”哲学体系，包含了“感觉能否给予客观实在?”，“理论思维能否达到科学真理?”，“逻辑思维能否把握具体真理?”，“人能否获得自由?”四个问题或者环节。冯契把实践作为这四个问题肯定的回答，以及由上一问题（环节）过渡到下一问题（环节）的枢纽。

对于实践本身冯契并没有给出一个严格的界定。[①] 他主要把（社会）实践界定为“阶级斗争、生产斗争和科学实验”。[②] 不过有时候在遣词造句中冯契透露出了对实践的广义理解：“一个哲学家的实践活动往往是多方面的，不只是参加阶级斗争或政治活动，还研究科学、整理文献，或者还从事教育工作和文艺创作等。”[③] 冯契关注的还不仅仅是哲学家，他甚至认为像庖丁解牛、老农种田也可以得道，获得高峰体验。这么说实际上已将实践的范围扩展得极广，在此岸世界的一切感性活动实质上都是实践，实践遍布一切领域。

冯契认为，实践不仅仅是普遍的感性活动，内在于生活世界，而且，“统一的实践过程包含着改变世界和发展自我两个环

① 作为一个马克思主义的哲学家，冯契大概认为实践是不必过多定义的。因此，在一定意义上，理解冯契的实践概念只需查看马克思主义的相关著作即可。但是，即便是耳熟能详的马克思主义的实践概念，换种角度看，也具有别样的意蕴。本书稿试图在这方面有初步的探讨。

② 冯契：《中国古代哲学的逻辑发展》（上），上海人民出版社，1983年，第2页。

③ 冯契：《中国古代哲学的逻辑发展》（上），上海人民出版社，1983年，第3页。

节。"[①] 这是一个过程的两个方面，处于互动之中。这种说法无疑是延续了荀子、王夫之、中国现代的马克思主义等的观点。冯契很重视荀子、柳宗元、刘禹锡和王夫之为代表的积极的天人合一的观点。这种观点把天人合一理解为天人之间积极地互动、互长。这种积极的相互作用的本质是实践。[②] 它包括了改变自然界、改变自己。他认为，如果说在荀子那里改变自然界和改变自己还是处于分裂之中的话，[③] 那么王夫之却将两种改变结合起来了："习与性成者，习成而性与成也。"[④] 人与自然相互作用（实践），一方面产生了"习"（广义的为我之物），另一方面自我也培养了德性。在中国现代的马克思主义者那里，实践在改变世界的同时，也发展着自我。这方面有很多观点。如，毛泽东说，在实践过程中，我们不仅"改造客观世界，也改造自己的主观世界——改造自己的认识能力，改造主观世界同客观世界的关系"。[⑤] 艾思奇也说："辩证唯物论的'有对象性的活动'则在于改变周围，同时改变自己的本性，人类社会的发展和进步，基础就在于物质生产方面的'有对象性的活动'。"[⑥] 冯契对世界的改变与自我的发展之间的互动关系作了更明确的说明。

---

① 冯契：《人的自由和真善美》，华东师范大学出版社，1996 年，第 195 页。

② 当然，冯契也承认，在古代没有真正意义上的社会实践观念。

③ 而且，胡适认为荀子在认识论上其实主张蒙昧主义，因此并没有提供实践所需要的认识论辅助。当然冯契并不同意这个观点。他认为荀子是先秦哲学的高峰。

④ 王夫之：《尚书引义·太甲二》，转引自冯契《中国古代哲学的逻辑发展》（下），上海人民出版社，1985 年，第 1006 页。

⑤ 毛泽东：《毛泽东选集》（第一卷），人民出版社，1966 年，第 273 页。

⑥ 艾思奇：《艾思奇文集》（第一卷），人民出版社，1981 年，第 96 页。

他说：从性与天道的交互作用来看，人类总是用天道来塑造人性与自我，转过来又使环境人化，给自然打上个性的烙印。“所有的人都是在改造环境中认识世界、发展自己的。”[1] 正是在天和人、世界和自我之间通过实践展开的互动之中，我们达到了现代的和谐之境、应然之境、自由之境。

二、“两个辅助”的提出

实践的展开显然需要理论作为指导，而在理论指导实践时，理论也就转化为了方法。成功的实践需要现代的认识论、方法论辅助。而这就是我们通常所说的，正确的理论对于实践的指导作用。同时，实践总是发生在群体之中，它需要一定的政治哲学辅助，确保其所指向的和谐之境的获得。[2]

（一）认识论、方法论辅助

冯契认为，所谓方法就是以得自现实之道还治现实之身。一切概念、范畴、规律都有摹写现实和规范现实的双重作用，当我们用摹写现实的概念、范畴、规律来规范现实的时候，它们就有了方法论的意义。显然，从这个角度看，任何一门科学、某种理论的概念、规律在它各自的领域内都有方法论的意蕴。作为哲学家，冯契当然无意于具体、分门别类地研究每一门科学、每一种理论的方法

① 冯契：《人的自由和真善美》，华东师范大学出版社，1996 年，第 198 页。

② 为什么政治哲学是成功的实践的另一个辅助？这个问题非常重要，本书在许多地方都做了一定程度的论证，在此不展开，而只是简单地提出。因为此处最重要的是展现冯契哲学所包含的新的可能体系的逻辑结构。

论意义。他以一统众，抓住关于自然、社会和人类思维最一般的规律，即唯物辩证法，“当我们即以客观规律之道，还治客观现实之身的时候，唯物辩证法就成了最一般的方法论”。[①] 由于这样而来的方法本质上就是客观对象的内在原则，而不仅仅是主观思维中的概念、范畴、规律，所以，它能成为主体有效认识世界、改变世界的强大工具。

冯契认为，客观现实中最一般的规律就是对立统一规律，因此，方法论的核心就是对立统一规律的运用：分析与综合相结合。“所谓分析，就是在思维中把作为对象的统一的具体事物分解为各个要素、部分或特性，而对其分别加以考察。所谓综合则是在思维中把客观事物的各个要素、部分、特性结合起来作为一个统一整体来把握。……所谓‘相结合’是指分析与综合乃是同一方法的不可分割的环节。……辩证法……既要分别地考察矛盾的各个方面——分析，又要全面把握矛盾的统一的整体——综合。”[②] 这与形式逻辑中将分析方法和综合方法分别地看作两种方法是不同。

冯契进而考察了辩证方法论的基本环节，它们是，观察的客观性（从实际出发）与解放思想、保持心灵的自由思考[③]；抽象与具

---

① 冯契：《逻辑思维的辩证法》华东师范大学出版社，1996 年，第 406 页。

② 冯契：《逻辑思维的辩证法》华东师范大学出版社，1996 年，第 286—287 页。

③ 冯契认为，辩证方法论的第一个环节是观察的客观性（从实际出发）。不过，他又认为，“解放思想，始终保持心灵的自由思考，是正确地运用方法的前提”。（参看冯契：《认识世界和认识自己》，华东师范大学，1996 年，第 54—55 页）这里之所以将两者合在一起说，一是要突出保持心灵自由思考的重要性，二是作为辩证方法的基本环节，每一步似乎都是成对的（如分析与综合相结合，抽象与具体相结合，等等）。（转下页）

体的结合；归纳与演绎相结合；逻辑的方法与历史的方法相结合；假设和证明相结合；理论和实践的统一。[①] 同时他一再表明，基本环节也要与时俱进，需要根据时代的发展提出新的内容。他在“智慧说”三篇的打印稿上便留下了一些修改的说明。

我们在此并不具体展开这些方法。在一定程度上它们是中国马克思主义者的共识。[②] 冯契的特点在于如下四个方面：

1. 他认为对于这些方法论，中国近现代哲学史上的思想家已经作了部分的讨论，我们需要做的是总结的工作。譬如，冯契认为严复和章太炎分别对归纳法和演绎法作了较多的研究；胡适的“大胆假设，小心求证”的方法则较多地体现了假设和证明相结合的特征。而毛泽东的《论持久战》充分贯彻了辩证方法，全面展示了辩证方法的各个环节。但是，冯契认为，关于中国近现代哲学史在方法论上的成果我们总结得还不够。事实上，冯契本人对逻辑、方法表示了极大的关注，他的很多工作就可以看作此种总结的一部分。

2. 在思想来源上，除了马克思主义之外，冯契还显示了康德—黑格尔、罗素—金岳霖对他的深刻影响，使得他的方法论打上

(接上页) 方法固然是内在于对象之中，是对象固有矛盾的展开，但作为方法始终离不开人的运用，所以重要的不单是对于实际的尊重，还包括人的自身状况。高清海也强调了辩证法不是“变戏法”，它对主体也提出了很高的要求。否则，辩证法就会沦落为形而上学、诡辩论。参看高清海：《辩证法与“变戏法”》，《洛阳师范学院学报》2000 年 6 月第三期，第 5—7 页。

① 冯契：《逻辑思维的辩证法》华东师范大学出版社，1996 年，第 412 页。

② 当然，即便作为中国马克思主义者中的一员，冯契的方法论还是有着他自己的特色。关于此点，可以参见彭漪涟教授的论著。本文对冯契的方法论也将提出自己的意见。

了强烈的现代痕迹。康德认为知识的必然性在于它是质料和主体的先天形式的统一，先天形式发挥了对杂多的规范作用，在这个意义上，先天形式也有某种方法的意味。黑格尔批评康德将先天形式局限在时空直观形式和知性十二个范畴上，认为历史与逻辑是统一的，诸多概念、范畴、规律、原理都可以发挥规范的作用，从而将方法扩展到了更多的领域内。罗素提出了摹状词理论，但是，他看不到范畴除了对现实进行摹状之外，还有规范的意义。金岳霖提出的经验既是对现实的摹写又是规律的理论，一方面构成了对罗素理论的批判和转进，另一方面，实质上构成了冯契"以得自现实之道还治现实之身"方法论总原则的前身。

3. 冯契还解决了一般方法的特殊化问题。他的总的方法论原则是"以得自现实之道还治现实之身"。不仅仅是一般化的哲学理论可以通过"还治"转化为方法，而且，任何一个领域的特殊概念、规律、原理都可以通过"还治"成为方法。近期，又有学者将冯契的这个方法论原则应用到启蒙研究上，试图消解启蒙主体的悖论，显示这个方法论原则具体化之后所具有的诠释力。[①]

4. 冯契揭示了方法的超越性，将它与和谐挂搭起来了。由于冯契的方法是得自现实之道而非出自主体的任意想象，它能够有效地改变世界、从而发展自我，于是，方法论具有了存在论的意味。这也就是方法的超越维度。因此，我们固然可以通过掌握一般性的

① 李卫朝：《农民启蒙的主体——冯契哲学的启发》，《思想与文化》（第十九辑），华东师范大学出版社，2016 年。

辩证方法论来达到作为自由的和谐，同时，即便我们身处任何一个领域，只要懂得将理论化为方法，使之成为实践的有力指导，也能趋向应然状态。

（二）政治哲学辅助

政治哲学的辅助的重要性首先体现在群己之辩中。人本质上是群体的动物，他获得的认识除了需要实践检验外，还需要贯彻在群体中加以讨论、掌握。如上所述，冯契认为，方法本质上是理论的转化。理论只有被人掌握，才能产生力量。但是，即便是符合历史发展规律的真理性认识，先进的观点和群体意识，也不能采取强加于人的态度。冯契主张要通过个人的自由思考、群众之间的自由讨论，使之为许多人掌握。在这过程中保持自尊也尊重别人成为了一个重要的组织原则。这样获得的一致的结论，先进的群体意识便成为群众的共同的指导思想，也即方法论。

其次，需要建立合理的社会伦理关系。冯契重视的是荀子、《周易》、王夫之一系的和谐观念。① 他认为，在荀子那里，之所以能够达到“天地官、万物役”以及“化性起伪”的天人合一的结果，除了认识论、方法论上的原因之外，另一个理由是荀子重视“明分使群”。也就是懂得采取合适的礼仪法度（分）使得群体团结起来，产生作用，一方面改天换地，一方面变化人性。冯契认为，中国近现代发生了伦理观的巨大转化，但是，道德问题、伦理问题

① 参见高瑞泉：《“天人合一”的现代诠释》，收入高瑞泉：《从历史中发现价值》，中国大百科全书出版社，2006 年。

怎么解决，言论虽多，始终成绩不大。[1] 应当朝着建设李大钊提出来的人道主义和社会主义统一的、个性解放和大同团结统一的伦理关系的方向努力。

再次，群不仅建立起合理的社会关系，而且总是处于国家之中。如果说对于社会而言，伦理（礼仪）是重要的，那么，对于国家而言，法制（法度）有着和伦理相同的地位。国家需要实行民主政治，而民主政治也“一定要贯彻道德精神”。[2] 而政治法制和伦理道德之间（在古代表现为王霸、德力之争）一直存在着某种矛盾。冯契认为，中国近现代历史形成了一个追求大同社会理想的传统，[3] 中华人民共和国的成立一定意义上是这个理想的某种实现。它所采取的人民民主专政对敌人采取专政（霸），对人民实行民主（王），使得王霸之争获得了一定的解决，从而朝着大同理想也就是社会主义和人道主义统一的目标迈进了一步。

不过，正如殷海光所说，“资深的幽灵是不易消散的。”[4] 皇权主义、官僚主义、拜金主义、权威主义、个人崇拜、实用主义[5]等等的流弊始终没有得到彻底清除。对此，冯契明确地提出了反对权

---

① 今日我们重看冯契的这个观点，或许应然进一步呈现历史的复杂性。中国近代哲学史、思想史提供了丰富的资源，仍然需要我们不断回顾。

② 冯契：《人的自由和真善美》，华东师范大学出版社，1996 年，第 233 页。

③ 更详细的论证参见高瑞泉《中国现代精神传统》（修订本），上海古籍出版社，2005 年。

④ 殷海光：《中国文化的展望》，中国和平出版社，1988 年，第 552 页。转引自高瑞泉：《从历史中发现价值》，中国大百科全书出版社，2006 年，第 247 页。

⑤ 不是作为哲学派别的实用主义。

威主义的主张。他认为，基督教和儒家的纲常名教是典型的权威主义，表现为人与人的依赖关系，幸福的获得要靠在上者的权威和施与。在中国近现代，虽然经历了价值观的革命，但是，长期的小农经济和封建专制统治使得权威主义等等总是死灰复燃，对社会主义和人道主义统一的理想造成了严重的损害。换句话说，权威主义等对现代和谐构成了极大的威胁。因此，合理的组织原则的建立从反面说就包括了对权威主义、拜金主义、皇权主义等等的坚决反对。

三、现代和谐之境

随着实践的展开，依托辩证方法（或者各个领域内自己的独特方法）与合理的政治哲学辅助，世界与自我（人）发生着互相联系的改变，最终形成价值和德性（自由意识），臻于自由，达到现代和谐之境。

（一）世界及其改变①

冯契认为，只有一个世界，但是，在化自在之物为为我之物的过程中，世界呈现出从“自然界”经“事实界”“可能界”向“价值界”的转变。冯契承认外部自然界的优先地位，但是其所讲的“自然界”不是赤裸裸的自然界（本然界或自在之物），而是相对于人、由于人的活动而改变着的自然界。它永恒运动而又无限多样。

人们在实践中与自然界接触，获得客观实在感，在感性直观中

① 此部分的论述主要参照冯契：《认识世界和认识自己》，华东师范大学出版社，1996年，第七章《自然界及其秩序》。

取得所与，进而形成抽象概念，以得自所与者还治所与，于是化所与为事实。无数的事实构成“事实界”。事实界有其秩序，它们一方面得自经验，是对现实的摹写，是事实界固有的秩序，另一方面其表现形式也有人为的因素，随着人类知识的发展而历史地发展着。事实界最一般的秩序有两条：现实并行不悖和现实矛盾发展。现实并行不悖从消极方面说就是现实世界没有不相容的事实，按照形式逻辑的理解就是事实之间没有逻辑矛盾；从积极方面说就是自然界万物并存，变化运动各有其规律，有一种自然均衡或动态平衡的秩序。但是事实界的自然均衡、并行不悖的秩序总是相对的、有条件的。个别运动虽趋向平衡，而总的运动又破坏这种平衡。各个过程之间、个体之间不仅在一定条件下并行不悖，而且还相互影响、互相作用。更重要的是，事物、过程、运动形态本身都包含差异、矛盾，都是对立统一物。矛盾发展是现实世界最一般的发展原理。事实界的秩序除了最一般的逻辑秩序，还包括各个领域、各个过程个体的特殊秩序。各种运动形态、各个发展过程、万事万物有其特殊的规律、也即不同层次上的本质联系。但是一般之理和特殊之理都存在于事中，在事实界之外并没有一个柏拉图式的理念世界。

“事实界”是事与理、殊相与共相的统一，这是知识经验的领域。但是现实的领域还有不少由推理而知其“有”的项目或者条理，虽没有直接经验到，但它和已有的经验有着本质联系，也有其现实性。这便进入了“可能界”。可能界的界限比起事实界来似乎很难确定，它比事实界广阔得多，但是，从否定方面说，它首先排斥形式逻辑的矛盾，其次，它排除无意义的，保留有意义的。所谓有意义首先就是指遵守同一律，还必须和已被证实的科学知识不相违背。

自然的必然性所提供的现实可能性和人的需要相结合，产生人的活动的、合理的目的，通过实践、创造，就有人化的自然。通过改造自然的活动，自然界人化了，自然物对人来说就成了有价值的，这就进入了“价值界”。价值界就是经过人的劳作、活动（社会实践）而改变了面貌的自然界，是人在自然上加工的结果，就是对人有利的、有价值的种种可能性的实现，价值的实现以自然必然性所提供的现实可能性为前提，但有可能性不等于有价值。可能界只有与人们的需要相联系的部分，经过人的活动才实现为价值。人的创造性活动以合理的目的为其内在依据，而合理的目的即现实的可能性与人的需要的结合，目的作为依据、作为法则贯彻于人的实践，其结果就是实现为价值。

（二）自我及其发展[①]

与某些哲学家把（人）性简单地等同于心不同，冯契认为：“人的本质、本性，不仅是有灵明觉知，而且它还包括无意识、非理性的力量，还有劳动、社会性、要求自由等特征。”[②] 而心的特征

① 此部分的论述如不特别注明外主要参照冯契：《认识世界和认识自己》，华东师范大学出版社，1996 年，第八章。

② 冯契：《认识世界和认识自己》，华东师范大学出版社，1996 年，第 360 页。

只是“有灵明觉知”。依笔者看来，如此界定性与冯契对人性的发展机制的观点相一致。冯契认为自我是凭借着自在之物化为我之物的发展而发展的，如果自我是单纯的灵明觉知，那么所谓的发展、达到自由、和谐之境只是“觉知”的程度不同，而与自在之物向为我之物的发展无关，也将实践等同于了意识之光的照射。当然笔者决不否认意识本身也有层次之分（在某些哲学家①那里就是所谓境界），和谐之境也需内在的感觉的维度，但是自我的发展从来需要世界的改变互为表里。

冯契认为，研究人性不仅仅要注意共性，而且要把人看作一个个活生生的个性来对待，在注意人的本质的同时注意人的存在。“人作为具体存在要求被看作个体，而不仅仅是类的分子和一个社会细胞，也不只是许多‘殊相’的集合。人作为独立存在的个体是‘单一’的，而殊相则是一般的特殊化。具有本体论意义上的实体（entity）是个体，而不是殊相的集合。这样的个体是个有机整体，是生动发展着的生命，是具有绵延的同一性的精神。”②

世界基于人的实践发生改变，产生价值界，同时，人在创造价值、人化自然的过程中，人性本身也得到了改造、发展，人的天性变成了德性。它既是精神主体（灵明知觉的心灵）逐步自觉的过程，也是人的本质力量和个性（具体存在）逐步解放，获得自由发展的过程。当然，从天性到德性中间还要经过异化、克服异化的

---

① 比如冯友兰。

② 冯契：《人的自由和真善美》，华东师范大学出版社，1996 年，第 202 页。

环节。[①]

这个过程同时就是“凝道成德，显性弘道”。在感性的实践活动中，客观现实事物的色声等感性性质授予主体以“道”（客观规律和当然之则），主体根据性之所近、习之所惯加以接受，使主体的性得到培养而“日生日成”；反过来，主体通过感性实践活动而使性得到显现，具有声色等感性性质的客观事物各以其道（不同的途径和规律）而使人的“性”对象化，也就是成为人化的自然。性与天道交互作用，日新不已，反复推进，道凝成主体的德性，德性又显示于实践而使道得以弘扬，终于达到自由。

冯契表示，任何一个领域的活动，都使得主体“在劳动实践中锻炼了自己的才干，逐步使自己的能力发展起来，进而达到主客统一，使人的理想或预期的目标得到实现，而主体也从中获得了创造的乐趣，有了自由”。[②] 比如庖丁解牛，其本质就是创造价值的活动。他解牛时达到“游刃有余”“合于桑林之舞”的境界，本人有种踌躇满志的精神状态，这就是自由、和谐之境。冯契还是在强调和谐之境的多样性、普遍性。

（三）从价值与德性之综合的角度看和谐之境

现代的和谐之境在外表现为现代的价值，在内，也即落实到人表现为德性的生成。试分论之。

---

① 特别需要指出的，这里的“德性”绝不能简单等同于道德、伦理。德者，得也。指的是人的内在品质、情趣、精神等。在本书稿中，会将对德性的讨论直接冠以精神哲学的名目，并且开辟专门的章节，在内容上包含了道德哲学和美学。

② 冯契：《认识世界和认识自己》，华东师范大学出版社，1996 年，第 403 页。

1. 价值。价值在逻辑构成上可以简单地分为真、善、美，同时它还有历史的展开。冯契认为，随着生产劳动的发展演变，人类社会结构的改变，人们的价值观也在变化。简单地说，即便在第一阶段以“人的依赖”为特征的社会里，占统治地位的价值观是权威主义、独断论；在第二阶段以“物的依赖性为基础的人的独立性”为特征的社会里，利己主义、实用主义广泛流行，也不能因此否认两阶段的价值体系，因为在人们创造文化、价值的过程中，人的本质力量也获得了发展；在第三阶段，人的独立性代替了人的依赖关系，民主自由代替了封建束缚，竞争机制、个性解放使人的潜在能力发挥出来。

冯契认为，我们必须走向第三阶段：建立合理的价值体系。第一，它应以自由劳动作为目的因。事实上，现在我们已经达到这样的历史阶段，人类能够比较自觉地克服劳动的异化，克服对人的依赖和对物的依赖，建立社会主义和人道主义相统一的价值体系。第二，合理的价值体系的原则就在于正确地解决天人之辩、理欲之辩和群己之辩。就要反对权威主义和独断论的天命论，要克服利己主义和相对主义的非决定论。走向自然原则和人道原则的辩证统一，人的理智和情意、精神的和物质的生产能力全面和比较多样化发展，个性原则和集体精神互相促进，达到个性自由和大同团结统一的理想目标。第三，价值体系就是理想体系。一个时代的合理的价值体系就是这个时代进步人类的最高理想，它是共同的社会理想，也是个人的人生理想。今天，社会主义和人道主义的统一，大同团结和个性解放的统一就是当代进步人类的最高理想。

2. 德性。冯契认为，价值总是相对于人来说的，而价值对各个人来说差异很大。如果从主体角度考虑价值界的分化，可以称之为精神境界。[①] 哲理的、道德的、艺术的等各种精神境界分别体现了人的思辨力、意志力、想象力，具有真、善、美的价值，表现了主体在理论思维、道德实践、审美活动等各个领域中的自由。

显然，这样讲德性（精神境界）是从类别的角度说的。德性还有层次的区别。比如，冯契认为审美其实渗透在人类的一切活动中。比如，老农种田，就有意识地把秧插得整整齐齐，他自己也能感受到劳动成果之美。但是，冯契自己也承认，这里的审美因素是次要的。显然，相比于艺术家对艺术作品的创作、鉴赏，同样是审美的自由，老农所得大概就低于艺术家。应该承认，冯契在这方面的系统论述并不多，但是，在逻辑上我们可以分析出作为不同层次的德性的存在。冯友兰的“人生境界论”虽然在根本上与冯契的“智慧说”气质迥异，[②] 不过在此可以成为一个历史的证明：境界（德性）是可以有层次的。

---

① 笔者以为，冯契先生这样讲精神境界容易引起误解。因为从下文可见，冯契实际上说的是不同领域价值对人的意义（价值的内化、即德性），也就是说，侧重于从类别的角度说。但是，在一般的理解中，境界主要是层次之别。可是，哲理的境界、道德的境界和艺术的境界只是类别的不同，并无等次的差异。所以，下文在这个意义上的精神境界笔者直接使用德性的范畴，避免误解、混淆。

② 根本的差别在于“智慧说”的基础是实践，“人生境界论”的基础是“觉解”。

上文扼要地揭示了冯契哲学中可能隐藏的另一种新的哲学体系的可能性。在全面展开实践、认识论、政治哲学、精神哲学等内容之前，还需要阐释清楚冯契的哲学思想来源的基本面貌以及哲学创造的基本特征，这有助于指导我们论述冯契哲学的新的可能。这是导论部分余下章节的内容。

第二节　逻辑发展法：冯契哲学探索的基本特征

纵观冯契的著述，可以发现，逻辑发展法是冯契哲学史研究的基本方法论，也是其哲学创作的基本原则。前者体现在他对中国古代哲学“两个高峰”的论述以及“四大问题”的分析之中，后者尤其表现为他的“智慧说”对中国近代哲学革命的继承发展上。而所谓的逻辑发展法，在黑格尔那里是一个本体论的原则，马克思主义继承了这个原则，将其置于实践唯物主义的基础之上，在列宁那里，尤其表现为认识论、方法论原则。冯契先生的逻辑发展法，在马克思主义发展史上，其创新之处主要在于中国传统哲学对理想人格的培养层面。同时，如果将其置于中国马克思主义学术史中，可以发现，冯契的逻辑发展法和郭沫若、侯外庐为代表的“社会史还原法”，张岱年为代表的“问题为中心法”，李泽厚为代表的“文化心理结构法”，共同构成了“以马解中”的四种典范，并且以其哲学创作的成绩独树一帜。

这给了我们研究其哲学中新的可能以方法论的启示、指导，值得深入探讨。

一、逻辑发展法：冯契哲学史研究的基本方法论

众所周知，冯契写作了两部中国哲学史专著：《中国古代哲学的逻辑发展》（上中下三册）和《中国近代哲学的革命进程》。就前者而言，逻辑发展法已经在题目中昭然若揭；就后者而言，则需要联系冯契自身的哲学创造来理解。

在冯契写作中国古代哲学史之前，已经产生了很多关于中国古代哲学史的著作。它们绝大部分就在书名上突出了这是一部“哲学史”。相对而言，虽然冯契的《中国古代哲学的逻辑发展》在内容上也是哲学史，但在书名上却难以显现。这就表明，冯契在此有着深入的考虑。无疑，如果我们联系张岱年以《中国哲学大纲》为名字的中国古代哲学史著作，那么，这种深入的考虑更加能值得我们仔细体会。逻辑发展法就是冯契哲学史研究的基本方法论。

自然，这样下论断会引起某种反驳。因为冯契本人在《中国古代哲学的逻辑发展》绪论中就明确指出，“历史的方法与逻辑的方法相结合”是哲学史研究的方法论。[①] 不过，如果我们回归冯契对这个观点的具体阐释，就会发现，一定程度上历史的方法成为了逻辑的方法的外在表现，其中还包含着偶然的东西需要舍弃。他说：“所谓历史的方法，就是要把握所考察对象的基本的历史线索，看

① 冯契：《中国古代哲学的逻辑发展》（上册），上海人民出版社，1983 年，第 11 页。

它在历史上是怎样发生的，根据是什么；又是怎样发展的，经历了哪些阶段。而真正要把握基本的历史联系，就要清除掉外在形式和偶然的东西，以便对对象的本质矛盾（即根据）进行具体分析，对每一发展阶段或环节都能从其典型形式上进行考察，而后综合起来，把握其逻辑的联系和发展的规律，这其实也就是逻辑的方法。所以历史的方法和逻辑的方法应该是统一的。”①

显然，从“真正要把握基本的历史联系”这样的措辞中，我们也许可以借用传统的“现象-本质”这对术语来表示：历史演变是哲学的现象，而逻辑发展才是哲学的本质。今日我们当然可以质疑为什么真实的历史反而会包含诸多偶然性因素，但无论如何，冯契当时写作中国古代哲学史时就是这么坚持的。这当然也与其所处的历史时代密切相关。从这个角度看，冯契所说“所以历史的方法和逻辑的方法应该是统一的”② 似乎也可以解读成：由于逻辑发展是历史的本质，而历史是可以区分为必然性的东西和偶然性的东西，后者是可以去除的，所以历史的方法和逻辑的方法是应该可以统一的。“应该”一词无疑包含着强烈的价值论的色彩。简而言之，“历史的方法与逻辑的方法相结合”的重心在后者。

具体而言，在中国古代哲学史的研究中，冯契的逻辑发展法包含了哪些环节？我们认为，这些环节可以概括为“两座高峰”和

① 冯契：《中国古代哲学的逻辑发展》（上册），上海人民出版社，1983 年，第 12—13 页。

② 冯契：《中国古代哲学的逻辑发展》（上册），上海人民出版社，1983 年，第 13 页。

“四个问题”。

所谓“两座高峰”，指的是，冯契认为，中国古代哲学史发展到战国-秦阶段时以及明清之际时，都对前一阶段的思想发展做出了总结。冯契在《中国古代哲学的逻辑发展》上册第四章明确指出，历史发展到荀子、韩非、《易传》阶段时，先秦哲学进入了总结阶段。[①] 而他在《中国古代哲学的逻辑发展》下册第九章也明确指出，历史发展到王夫之、黄宗羲、顾炎武、颜元和戴震则进入了“中国古代哲学的总结阶段”[②]。

问题在于，“两座高峰”究竟对先前的哲学总结了什么？这就涉及到“四个问题”。冯契把哲学史看作是广义的认识论史，[③] 其中包含着四个问题：感觉能否给予客观实在？理论思维能否达到科学真理？逻辑思维能否把握具体真理？以及如何培养自由人格？[④] 如果说前面三个问题还是经典的、狭义的认识论问题，那么第四个问题则是有着中国传统哲学特色的问题。

在中国古代哲学史的研究领域，冯契的逻辑发展法将“四个问题”与“两座高峰”结合了起来。此处以荀子和王夫之为例来加以说明。

冯契认为在荀子之前的先秦哲学史中，墨子有着严重的经验论

---

① 冯契：《中国古代哲学的逻辑发展》（上册），上海人民出版社，1983 年，第 260 页。
② 冯契：《中国古代哲学的逻辑发展》（下册），上海人民出版社，1985 年，第 930 页。
③ 这种观点显然也与冯契试图从“智慧说”的角度来理解哲学史相关。
④ 冯契：《中国古代哲学的逻辑发展》（上册），上海人民出版社，1983 年，第 39—40 页。

的倾向，孟子则是先验论的代表。荀子既反对轻视感觉经验的冥想主义者，又反对轻视理性思维的狭隘经验论者。荀子明确提出“制名以指实”（《荀子·正名》）的观点，肯定概念是实物的反映，名实相符有一个过程；对感性和理性、知和行的关系做出了正确的回答。特别需要指出的是，冯契认为荀子提出的“贵有辨合”“贵有符验”是朴素唯物主义和朴素辩证法思想的统一，值得高度重视。他在被列入“智慧说三篇”的《逻辑思维的辩证法》中认为，“‘辨合’和‘符验’的统一就是唯物主义的辩证逻辑的全部方法论。”[①] 而荀子的这些观点也是对先秦哲学史的总结。冯契指出，先秦哲学史上，孟子是独断论的代表，庄子是相对主义的代表，荀子则克服了两者，具有了辩证法的思想。“辨合”和“符验”的统一又表现为使用“类”“故”“理”的范畴。后期墨家注重在形式逻辑的领域内使用这些范畴，荀子则把它们应用到了辩证逻辑的领域内。

当然冯契也对荀子在如何培养自由人格的问题上总结了先秦哲学进行了考察。但我们把这方面的笔墨放在王夫之身上。

冯契指出，王夫之在自由人格的培养问题上，在以下几方面对秦汉以来的哲学史做出了总结：

第一，王夫之提出了“性日生日成”“习与性成”的观点，指出人性是在与外在世界的交往实践中培养的，批评了宋明理学的

① 冯契：《逻辑思维的辩证法》，华东师范大学出版社，1996年，第408页。

“复性论”，在天人之辨上上升到了新的高度。

第二，王夫之提出了“成身成性”“循情定性”的观点，肯定了人的情感、欲望等非理性因素的合理地位，批评了宋明理学的“无欲”、“无情”、“无我”等观点，在理欲之辨上获得了辩证的立场。

第三，冯契认为，自由人格在价值观上应该是自觉和自愿的统一。宋明理学高度突出了道德行为的自觉性，对意志的自愿性有严重的忽略，而王夫之则克服了这个不足，重新恢复了自由人格的完整内涵。

而王夫之的这些观点，又是对荀子、刘禹锡-柳宗元为代表的古典唯物主义思想的继承和发扬，也是对先前哲学史上有益成分的吸取，根本上是逻辑发展的成果。

二、逻辑发展法：冯契哲学创造的指导原则

逻辑发展法不仅仅是冯契哲学史研究的基本方法论，也是其哲学创造的指导原则。理解这点必须将他对中国近代哲学史的研究和他自己“智慧说”的创造结合起来。

冯契认为，中国古代哲学已经完结，因此可以写作《中国古代哲学的逻辑发展》来加以总结，但是，中国近现代哲学并没有结束，这个时期的哲学家往往提供了若干值得吸取、借鉴、构建新的哲学体系的环节、要素。因此，他对中国近现代哲学史的研究著作的名称是《中国近代哲学的革命进程》，而不是《中国近代哲学的

逻辑发展》。事实上，冯契把他所独创的“智慧说”看作是中国近代哲学革命优秀成果的应用以及对这场革命中存在的不足的克服。在某种意义上，他把自身的哲学创造看成了中国近现代哲学的若干可能的总结成果之一种。

那么，冯契是如何看待中国近代哲学的革命成果以及内在不足的？他的“智慧说”又是如何吸收优秀成果、克服不足的？

冯契认为，毛泽东为代表的中国马克思主义者提出的“能动的革命的反映论”是中国近代哲学革命最主要的积极成果。这是对中国近代哲学革命的总结。[①] 冯契指出，在知行问题上，从戊戌辛亥时期开始，康梁、严复等改良派强调知，章太炎强调“革命开民智”，包含了社会实践观点的萌芽。五四时期，哲学家们各自强调了认识过程的某个环节，有的走向了唯心主义。胡适的实用主义具有经验论的特点；梁漱溟主张王学和柏格森主义，具有直觉主义的特点；早期马克思主义者陈独秀和李大钊分别强调了认识过程中的经验主义和理性主义，也具有一定的片面性。进入 1930 年代，专业的哲学家也是发展了认识论的某些方面。冯友兰的“新理学”比较强调逻辑思维，熊十力则有唯意志论的倾向。他们实际上分别考察了认识过程中的经验、直觉、理性、意志等环节，但没有达到认识的辩证法的高度。相对而言，冯契对其师金岳霖的评价较高。他认为，金岳霖具有唯物主义的倾向，他在《知识论》中对认识过程

① 这点上文我们已经反复申说。

的考察是比较系统的，尤其提出了“感觉是客观的所与”的命题，阐明了概念和感觉之间的关系。遗憾的是金岳霖缺乏实践的观点。换而言之，将金岳霖的知识论建立在实践的基础之上，就可以较顺利地走向马克思主义的认识论。

对认识过程的认识成果的总结也发生在马克思主义阵营中。冯契指出，“辩证唯物主义以实践标准作为认识论的基础，并把辩证法运用于认识论，这样就反对了资产阶级哲学的各个流派（包括经验论、理性主义、直觉主义等），同时也克服了革命阵营内部的经验主义和教条主义，以及‘左’的和右的倾向。”“‘能动的革命的反映论’这一概念，极好地体现了辩证唯物论与历史唯物论的统一。”[①] 这是哲学革命最主要的成果。[②]

不足在于，“能动的革命的反映论”没有能够成功地转变为方法论，也没有能够有效地指导现代的自由人格的培养。“有了能动的革命的反映论这一原理，并不等于万事大吉了。把这一原理从各方面加以阐发，特别是贯彻到方法论和自由理论的领域，还有待哲学工作者的努力。”[③]

具体而言，冯契指出，在方法论上，虽然毛泽东的著作提出了一般的辩证方法，但是，直到 1949 年为止，近代哲学家在方法论上的成绩还没有得到系统总结，这就使得马克思主义者在方法论问

---

① 冯契：《中国近代哲学的革命进程》，上海人民出版社，1989 年，第 18 页。
② 冯契：《中国近代哲学的革命进程》，上海人民出版社，1989 年，第 538 页。
③ 冯契：《中国近代哲学的革命进程》，上海人民出版社，1989 年，第 573 页。

题上的两个偏差没有被揭示出来，这就是将阶级分析方法简单化、绝对化；对中国传统思维方法尤其是经学方法清算不力，导致它们披着革命的外衣复辟。“所以，十年动乱期间，个人迷信代替了民主讨论，引证语录代替了科学论证，但大家都没有意识到这是封建主义的遗毒。”①

在自由人格问题上，中国近代哲学革命也是有成绩的，主要表现为提出了大同团结和个性解放相统一的理论（李大钊、毛泽东），提出了平民化的理想人格的思想，有效地解决义利之辩、群己之辩，达到自觉性和自愿性的统一；并且在美学上讨论了“金刚怒目”的传统等，构成了自由人格的审美内涵。但是，冯契指出，近代哲学对人的自由问题的成果没有得到系统的总结，某些理论问题上的偏差也没有被揭示出来：第一条，严重忽视个性，否定道德行为的自愿原则，使得群众沦为了工具，助长了个人迷信；第二条，宿命论和唯意志论没有在理论上和实践上加以解决。而一旦迷信破灭，很多人又走向了虚无主义。教训是沉痛的，引发了冯契进一步的理论反应。

正是有鉴于中国近代哲学的以上优点和不足，冯契创造性地提出了“智慧说”。在此自然不能也不必展示“智慧说”的丰富内涵，只需指出三点：

第一，从某种角度看，“智慧说”是冯契将其导师金岳霖先生

① 冯契：《中国近代哲学的革命进程》，上海人民出版社，1989年，第578页。

的知识论、本体论与马克思主义的“能动的革命的反映论”相结合的成果，而且显然继承了中国古典哲学重视成人之道的传统。换而言之，“智慧说”追求从无知到有知，从知识到智慧的过程，在细节上显然深受金岳霖的知识论的影响，但至少有两点与金岳霖不同：一方面，冯契将知识发展的基础确立为实践；另一方面，冯契将知识和智慧相贯通，克服了金岳霖知识与道相割裂的倾向。

第二，“智慧说”的主干自然是某种理论，它还具有两翼，一翼便是“化理论为方法”。在著作上表现为《逻辑思维的辩证法》。它的主要内容讲的就是近代哲学的理论成果能动革命的反映论如何吸取现代的认识论发展成果后，转化为方法论，成为认识世界、改变世界的指导思想。

第三，“智慧说”还有另外一翼：“化理论为德性”，此主要体现在《人的自由与真善美》。其实质是将认识论成果应用到自由人格的培养上，达到真善美的统一。如果结合冯契对中国近代哲学革命不足的批评，那么，可以看出，冯契所继承、构建的平民化的自由人格正是自觉性和自愿性的统一。

可见，无论在理论主干的继承上，还是在方法论、自由人格建设思想的不足的克服上，冯契的“智慧说”都是对中国近代哲学的逻辑发展、总结和推进。

三、逻辑发展法：马克思主义中国化的一个成就

逻辑发展法为什么是马克思主义的？把它作为中国哲学史研究

的方法论和中国现代哲学创造的指导原则，又有什么特征？这是需要进一步阐明的。

逻辑发展法的萌芽在黑格尔那里。黑格尔认为，不仅人对世界的认识，而且世界发展本身呈现为“正-反-合”的格局，绝对精神从其开端开始，通过展现为一系列过程和形式，最终实现自身。这就意味着，在黑格尔那里，逻辑发展法具有本体论的意味。事实上，冯契本人也高度肯定黑格尔这个“辩证法的大师”，同时指出他的辩证法还是建筑在唯心主义的基础上的。[①]

熟悉《资本论》的读者自然知道，这也是马克思本人对黑格尔辩证法的评价。马克思所要做的是将黑格尔头足倒置的辩证法颠倒过来，建立在实践唯物主义的基础上。但正如许多学者指出的，马克思的《资本论》等著作是运用辩证法的杰作，不过马克思本人并没有写作一部关于辩证法的著作。这个缺憾在列宁那里得到了弥补。列宁在《哲学笔记》等著作中明确提出了辩证逻辑的问题，认为自然辩证法和认识辩证法是统一的，强调要看到唯心主义产生的社会根源，同时，更加强调后来的哲学的发展需要吸取前面的哲学的某些有益的部分，作为构成自身的内在环节。列宁将文艺复兴到近代的哲学史画了三个圆圈：第一个是从笛卡尔、伽桑狄到斯宾诺莎；第二个从霍尔巴赫经过贝克莱、休谟、康德到黑格尔；第三个

① 冯契：《中国古代哲学的逻辑发展》（上册），上海人民出版社，1983 年，第 15 页。

从黑格尔到费尔巴哈，再到马克思。[①] 无疑，这给了冯契极大的启发。

冯契继承了黑格尔-马克思-列宁的传统，提出了他的哲学史观："哲学史可以定义为：根源于人类社会实践主要围绕着思维和存在关系问题而展开的认识的辩证运动。"[②] 无疑，就对实践的根源性地位的强调而言，冯契显然是一个马克思主义者。但在此需要额外强调的是，他认为哲学史研究的是"认识的辩证运动"。这个观点构成了他逻辑发展法的本体论前提。换而言之，如果不是如此理解哲学史，他也不会贯彻逻辑发展法。

具体而言，冯契认为哲学史体现了认识的矛盾运动。他指出，哲学家们所争论的问题就是矛盾，某个矛盾产生、发展、解决了，另一个新的矛盾又产生、经过发展得到解决，……这是一个在循环往复中前进的过程。这样的过程，就表现为黑格尔、列宁都说过的近似于一串圆圈、近似于螺旋形的曲线。问题在于，为什么人类的认识发展（哲学史、各门科学史等等）并不表现为一条直线，而近似于螺旋形的曲线呢？冯契认为，这是因为认识的辩证法的本质是自然辩证法的反映。他指出，客观现实是充满着矛盾的，而人们对这些矛盾的认识，往往是一些人考察了矛盾的这一方面，而另一些人则考察了矛盾的那一方面，只有经过矛盾斗争才能达到比较正

---

① 参冯契：《中国古代哲学的逻辑发展》（上册），上海人民出版社，1983 年，第 21—23 页。

② 冯契：《中国古代哲学的逻辑发展》（上册），上海人民出版社，1983 年，第 11 页。

确、比较完整的认识。每一个矛盾的解决就表现为一个圆圈。旧的矛盾解决了，又会出现新的矛盾，经过斗争、总结，又出现一个圆圈。但这不是简单的重复，而是每经过一次矛盾斗争，认识就提高到一个新的阶段。所以，人类认识的发展表现为近似于螺旋形上升的曲线。哲学史集中体现了人类认识运动的秩序，它经历了朴素唯物论和朴素辩证法相结合的阶段，而后经过机械唯物论的阶段，发展到辩证唯物论的阶段。[①] 形象地看，逻辑发展法又可以说是"圆圈法"："全部哲学史是一个否定之否定的过程，它可以比喻为一个大的圆圈。而这个大圆圈又是由许多小的圆圈构成的。"[②]

从某种角度看，冯契的著作具有二重性：一方面，它们是马克思主义中国化的一个成绩；另一方面，又是中国现代哲学的创造性成果。因此，将逻辑发展法看作冯契哲学探索的基本特色，无疑又要求揭示他的中国特色。窃以为这主要体现在对自由人格的追求上。

第一，某种意义上，追求自由人格本身就是中国哲学的特色。虽然在某种程度上冯契认为无论中西哲学史，都有着相同的内在环节，因此也绝非否认西方也有对自由人格的规划。他明确指出，列宁所规划的哲学史上的三个圆圈，从其基本概念的角度看，包含着认识的辩证运动中三对主要范畴：感性和理性、绝对和相对、唯物

① 冯契：《中国古代哲学的逻辑发展》（上册），上海人民出版社，1983年，第17页。
② 冯契：《中国古代哲学的逻辑发展》（上册），上海人民出版社，1983年，第18页。

论和辩证法，“这是三个在对立中统一的人类认识发展的必要环节”，[①] 由于冯契对认识的理解是广义的，包含了通常所说的知识论和道德哲学、伦理学以及美学，因此，他的这个意思也就是在强调中西哲学都是有着广义认识论思想的。而且，他强调上文所提及的四个问题[②]“可以说是在中西哲学史上反复讨论了的问题”。[③]

然而，需要注意的是，随后冯契便指出，欧洲近代哲学抛弃了形而上学，转而追求一种狭隘的知识论观点。他们将讨论的问题局限于四个问题中的前面两个问题，也即感觉能否给予客观实在？以及科学知识如何可能？而将后面两个问题（指逻辑思维能否把握具体真理？如何培养自由人格？）当作了形而上学的问题予以抛弃。这当然是对哲学本身的理解的偏差，但却是哲学史上的事实。因此，对于冯契而言，在《中国古代哲学的逻辑发展》中，他急于论证的是中国古代也有狭义的知识论，而不是也有道德哲学、伦理学和美学，因为“理想人格如何培养的问题，发端于先秦的‘天人’之辩……显示出中国传统哲学的特点。”[④]

第二，即便承认中西方哲学都有着自由人格的学说，冯契也认为两者之间存在着显著的差异。在伦理学上，他认为，中国传统哲学较多地考察了伦理学上的自觉原则和“为学之方”（道德的教育

---

① 冯契：《中国古代哲学的逻辑发展》（上册），上海人民出版社，1983年，第23页。

② 也即感觉能否给予客观实在？理论思维能否达到科学真理？逻辑思维能否把握具体真理？以及如何培养自由人格？

③ 冯契：《中国古代哲学的逻辑发展》（上册），上海人民出版社，1983年，第40页。

④ 冯契：《中国古代哲学的逻辑发展》（上册），上海人民出版社，1983年，第42页。

和修养），这倒不是说中国人不注重意志，但突出的是意志的专一品格，对意志的自愿品格有所忽略；相对而言，西方哲学较多地考察了自愿原则和意志自由问题。在美学上，中国传统哲学较早地考察了言志说（表现说）和意境理论，西方则主要考察了典型性格理论。这些都赋予了中国哲学讨论自由人格的民族特色。

四、逻辑发展法："以马解中"的四大典范之一

如果我们将视野放宽至百年以来"以马解中"的历史中，那么就可以发现冯契的逻辑发展法具有其不可替代的地位。

所谓"以马解中"，指的是用马克思主义的基本原理来研究中国哲学史，尤其是中国古代哲学史。如果我们把"解"字作广义的理解，不仅仅指解读，而且指创建、发展，那么，"以马解中"还包含着立足于马克思主义的基本原理进一步发展、创造中国哲学的含义。综合起来看，百年以来，中国哲学史领域至少有四种"以马解中"的范式：以郭沫若、"侯外庐学派"为代表的"社会史还原法"；以张岱年《中国哲学大纲》为代表的"以问题为中心法"；以李泽厚为代表的"文化心理结构法"，以及本书稿所阐释的以冯契为代表的逻辑发展法。

郭沫若率先运用马克思主义的基本原理来研究中国古代哲学史、思想史，创造了社会史还原法。在《十批判书》的后记中，他这样说："我的方法是把古代社会的发展清算了，探得了各家学术的立场和根源，以及各家之间的相互关系，然后再定他们的评

价。"[①] 虽然在此没有出现"社会史还原法"之类的字样，但其主要含义已经具备。社会史还原法的主干是唯物史观的运用。它的两翼则是辩证唯物论和"以人民为本位"的立场。前者的含义较为清晰，不赘；所谓"以人民为本位"的立场，就是从哲学家对人民的态度上来评判其思想的性质，本质上是阶级分析法的细致化："批评古人，……是依据道理。道理是什么呢？便是以人民为本位的这种思想。合乎这种道理的就是善，反之便是恶。"[②] 由此，他判定儒家是"以人民为本位"的，老庄是"以个人为本位"的，墨家是"以帝王为本位"的，提出了令人耳目一新的观点。

继郭沫若采用社会史还原法研究中国先秦思想史、哲学史取得成绩的同时，一大批信仰马克思主义的学者也纷纷采用了相同的方法来研究全部的中国思想史、哲学史，其中蔚为大观者，显然是"侯外庐学派"。郭沫若对社会史还原法本身的理解还是比较朴素的。"侯外庐学派"对此种方法具有了明确的意识。在晚年回顾《中国思想通史》的时候，侯外庐说："运用马克思主义特别是政治经济学理论，分析社会史以至思想史，说明经济基础与上层建筑、意识形态之间的辩证关系，是我们这部思想通史紧紧掌握的原则。把思想家及其思想放在一定的历史范围内进行分析研究，把思想家及其思想看成生根于社会土壤之中有血有肉的东西，人是社会的人，思想是社会的思想，而不作孤立的抽象的考察。对先秦诸子、两汉经学、魏晋

① 郭沫若：《十批判书》，东方出版社，1996 年，第 443 页。
② 郭沫若：《十批判书》，东方出版社，1996 年，第 454 页。

玄学、隋唐佛学、宋明理学、明末清前期启蒙思想，无不如此。”[①]

同样，侯派的社会史还原法是和阶级分析法联系在一起的，主张“根据阶级立场去分析一派学说”。[②] 需要注意的是，侯派的阶级分析法并非全然看思想者本人的阶级出身，而是立足于思想本身的阶级属性。这点和郭沫若主要看思想者的阶级出身大为不同，显示了阶级分析法本身内部的复杂性。另外，在西方哲学的素养上，“侯外庐学派”超过了郭沫若，侯派的社会史还原法往往是和中西比较结合起来的。

张岱年在《中国哲学大纲》中呈现的“以问题为中心研究法”和同为马克思主义哲学史家的“侯外庐学派”的“社会史还原法”形成互补，构成了“以马解中”的第二条基本路径。

张岱年把中国哲学（史）主要分为三部分：宇宙论、人生论和致知论（也即知识论）。每一部分他又划分出更低一级的范畴、论题、概念，然后讨论历史上各个哲学家对此的观点和贡献。从中可见，他所说的“以问题为中心研究法”中的“问题”并非疑问的意思，而是指的是讨论的对象、论域。[③] 因此，他特别注重解析法的运用。解析法的首要任务就是对论题、概念内涵的细致澄清。比

---

① 侯外庐：《韧的追求》，生活·读书·新知三联书店，1985 年，第 327 页。

② 侯外庐，赵纪彬，杜国庠著：《中国思想通史》（第一卷），人民出版社，1957 年，第 19 页。

③ 晚年，张岱年在《中国哲学史方法论发凡》中对问题研究法有新的理解和提法。他认为，“深入考察一个哲学家的思想，首先要联系他所处的历史时代，考察他要解决什么实际问题和理论问题。”（张岱年：《中国哲学史方法论发凡》，中华书局，2003 年，第 53 页）显然，此处的问题指的是疑问意义上的问题，即 question. 这个（转下页）

如，他分析出了“本根”的三层含义：始义、究竟所待义以及统摄义，并且对本根概念和本体概念作出了意义对比。这种做法也即“析其辞命意谓”。①

当然，在《大纲》中张岱年没有明确地提出“马克思主义”，但其基本关心则是和马克思主义合拍的。他主张挖掘中国传统哲学中的辩证唯物主义传统，而这其实也是马克思主义哲学的重要组成部分。同时，我们可以发现张岱年的努力和社会史还原法的做法一定程度上形成互补。因为后者突出的是历史唯物主义。

李泽厚的“文化心理结构法”则构成了“以马解中”的第三种典范。李泽厚早年以美学家闻名，提出了“情（感）本体”的概念，其本质就是某种审美状态的内在对应物，是经过长期的实践“积淀”在人心的。李泽厚将这个思路应用到中国思想史的研究中，创造了独特的研究方法：“我写的这些文章不敢自称哲学史，但哲学史既应是‘自我意识的反思史’，那么对展现在文化思想中的本民族的心理结构的自我意识，也就可以成为哲学和哲学史的题目之一。我所注意的课题，是想通过对中国古代思想的粗线条的宏观鸟瞰，来探讨一下中国民族的文化心理结构问题。”② 如果考虑到美学也是哲学的组成门类，那么，李泽厚在中国美学史研究上的丰厚成果也可以看作是贯彻“文

（接上页）意义上的问题分为实际问题和理论问题。哲学家受到实际问题的刺激，提出理论问题；通过解决理论问题来从一个侧面解决实际问题。

① 张岱年：《中国哲学大纲》，中国社会科学出版社，1982年，自序，第18页。

② 李泽厚：《中国思想史论》（上），安徽文艺出版社，1999年，第300页。应该指出，李泽厚对中国近现代思想史的研究也贯彻了同样的方法。

化心理结构法”的结果。问题在于，“文化心理结构法”为何也是马克思主义的？根本点在于，李泽厚主张从实践中寻找文化心理结构的根源。“研究民族性格或文化心理结构，也可以有各种不同的途径和角度。其中更重要的，也许还是从社会经济、政治的角度出发作些根基的探究。”[①] 他强调，“任何民族性、国民性或文化心理结构的产生和发展，任何思想传统的形成和延续，都有其现实的物质生活的根源。”[②] 就此而言，李泽厚与坚持社会史还原法的郭沫若、侯外庐并无根本差异，但研究哲学史的切入角度存在不同。

与以上三种“以马解中”的典范相比，冯契的“逻辑发展法”特点何在？

第一，冯契的逻辑发展法本身也是对先前“以马解中”方法的逻辑发展。事实上，冯契所认为的荀子是先秦哲学的总结阶段，也不是他凭空提出的，“侯外庐学派”的《中国思想通史》第一卷已经明确提出了这一点。该书明确提出：荀子是“中国古代思想的综合者。”[③] 冯契的特色在于，他从思想的内在发展，尤其是范畴的递进的角度证明了这点。我们可以略作比较而看出。[④] “侯外庐学派”

① 李泽厚：《中国思想史论》（上），安徽文艺出版社，1999 年，第 302 页。

② 李泽厚：《中国思想史论》（上），安徽文艺出版社，1999 年，第 303 页。

③ 侯外庐，赵纪彬，杜国庠：《中国思想通史》（第一卷），人民出版社，1957 年，第 529 页。

④ 从某种角度看，冯契也没有完全摆脱社会史还原法，“某某哲学家是某某阶级、阶层的代表”之类的表达也在其著作中比较多见，这就表明，冯契本身也是处在中华人民共和国成立后“两军对垒”的影响之中的，但他力图超越这个框架，至少在这个框架内提出更加有益的思想。

较多地看到了荀子对先前某些具体思想的取舍，在写作上表现为荀子与先前哲学家的同异比较，然而，他们并没有细致地论述荀子是如何成为先秦哲学史、思想史的总结者的，许多环节并没有进入其论述的苑囿。这就使得“综合者”的论断有时会落空。相对而言，冯契的论述要细致得多，他刻画了荀子是如何扬弃先秦诸多哲学家的思想环节、因素的。

第二，冯契以论题、范畴为中心展示中国哲学史的发展逻辑时，内在地也吸收了张岱年的问题为中心法。但是，区别还是很明显的。张岱年并不认为知识论（用他的话说是“致知论”）是中国传统哲学的主流，在这点上与冯契迥异。更加重要的是，张岱年在写作《中国哲学大纲》时，以问题、论题为经，以时间线索为纬，铺陈中国哲学的洞见，但这些洞见之间并没有构成前后发展、勾连的格局；哲学史更多地表现为各个哲学家对某些问题、论题的观点，而这些观点之间的关系很可能是并列的，并不构成逻辑发展。

第三，冯契根本上是一个哲学家，逻辑发展法是他完成自己独创的哲学体系“智慧说”的一条有力途径。还是一个二十多岁的年轻人时，冯契就写作了论文《智慧》，将庄子思想与实证主义结合起来，提出了从知识到智慧的初步构想。但在其后的思想生涯中，他屡次表达了对这篇文章的不满，认为太学院气。这为其服膺以实践为基础的马克思主义提供了若干说明。更加重要的是，冯契成为哲学家的抱负始终在胸。他需要的是长期的积累以完成新的哲学体系的建构，而在具体内容上，则需要真正咀嚼、消化、吸收先前的哲学成果，无疑，就新的哲学体系的建构来说，“承百代之流而会乎当今之变”是极好的选择，“承百代之流”便要求着吸收先前哲学思想中的任何有益成分。

相对而言，在其他三种“以马解中”的典范中，郭沫若、“侯外庐学派”并无兴趣建构哲学体系，他们本质上是历史学家。张岱年也有着构建哲学体系的愿望，并名之为“天人五论”，然而，他并没有进一步完善那五卷言简意赅的著作，未免失之简略。从体系建构的角度看，这大概也和“以问题为中心法”比较侧重哲学观点的罗列而不注重挖掘内部的联系，从而真正吸取有价值的成果有一定的关系。

冯契的逻辑发展法不仅是他的哲学探索的基本特征，而且，也给了我们丰富的启发。如果说本书稿完全贯彻了这个方法，那也不尽然。但是，本书稿对此有着充分的意识，具体表现在，我们不仅会充分阐释冯契哲学中的新的可能哲学体系的轮廓及内在环节，而且，也会努力说明这种新的哲学可能（及其内在环节）是如何从先前的哲学史，尤其是中国近现代哲学史中“逻辑地发展”起来的。这点必须再三说明，以免读者对本书的某些章节似乎“偏离”了冯契哲学本身而心生疑窦，以为偏离了主题。

第三节　冯契哲学思想的儒学资源

冯契先生创造了“智慧说”哲学体系。无疑，其基本骨架是马克思主义的，同时又吸收了古今中外大量的哲学思想的优秀成果。就冯契本人的认识而言，庄子无疑是其挚爱。他早年的《智慧》论文，就是受到了庄子影响而写成的。[①] 晚年的“智慧说”哲学体系，庄子的哲学思想也在其中起到了重要作用。[②] 我们的问题是，作为中国传统哲学三大支柱之一的儒学，有没有在冯契哲学思想构建的过程中发挥作用？如果是，具体而言，发挥的又是什么作用？换言之，儒学中的什么资源促进了“智慧说”的构成？

一、冯契的儒学观与儒学资源

首先需要区分一个问题：不能把冯契对儒学的观点和他思想中的儒学因素混淆起来。就前者而言，无疑，冯契的两部中国哲学史著作（分别是《中国古代哲学的逻辑发展》和《中国近代哲学的革命进程》）只要涉及儒家处，就显示了冯契与儒学的联系。那这样的资料实在太多了。虽然我们并不否认两者之间存在着血肉联系，也就是说，说到冯契思想中的儒学因素定然需要展现他的儒学观，但两者之间还是存在重要分别的。这个分别就是，前者可以是冯契立足于别的思想资源，对儒家作出讨论；后者却是冯契主要立足于儒家资源，对其他思想观点做出判断。

比如，冯契早年在《智慧》中，主要就是根据庄子思想以及其师金岳霖的认识论思想对儒家作出评判。在这篇文章中，他模仿庄

① 冯契：《智慧》，《智慧的探索·补编》，华东师范大学出版社，1998年，第54—55页。
② 可参蔡志栋：《马克思主义视野下的“逍遥游”》，《人文杂志》2012年第2期。

子，提出了“以我观之”“以物观之”和“以道观之”三个获得智慧的阶段或者方法。“以我观之”所得是意见；“以物观之”所得是知识；“以道观之”所得是智慧。那么，如何从意见发展到知识，乃至“道”？冯契提出了“反复相明”的方法。显然，这个说法来自庄子的“以明”。以此为背景，冯契对儒家做出了评判：

> 儒者非墨，墨者非儒家。究竟谁是谁非呢？郭子玄说，“莫若还以儒墨反复相明。”所谓反复相明，所以让相反的意见互相辩诘，以儒破墨，以墨破儒，从而得到一种超乎儒墨的正确的理论。①

显然，冯契认为儒墨是对等的，虽然各自包含着合理的因素，但也要被扬弃，以获得更正确的理论，“这理论，较之儒墨的意见，当然是提高了一层。”② 早年冯契，大概会认为庄子的思想比儒家要高明。

晚年冯契，关于儒家提出了很多值得反复吟咏的观点。取其大者，至少有以下几项：

第一，冯契明确区分了“正统儒学”和一般儒学。前者主要以程朱理学为代表。其要害是理性专制主义，③ 在道德行为的要求上，

① 冯契：《智慧》，《智慧的探索・补编》，华东师范大学出版社，1998 年，第 7 页。
② 冯契：《智慧》，《智慧的探索・补编》，华东师范大学出版社，1998 年，第 7 页。
③ 冯契：《〈天命的没落——中国近代唯意志论思潮研究〉序》，《智慧的探索》，华东师范大学出版社，1997 年，第 482 页。

单向度突出自觉性，忽视、否定意志自愿；在认识论、方法论上突出了经学思维；[①] 在历史观上，正统儒家有宿命论的倾向。孔子已有，宋明道学家更是如此。[②]

第二，冯契认为先秦时期的荀子和明清之际的王夫之等儒家构成了先秦哲学史和中国封建主义时代的总结。他们对“智慧说”的四个核心问题，即感觉能否给予客观实在？科学真理如何可能？具体真理如何可能？理想人格如何培养？提出了肯定的总结性观点。相对而言，孔子、孟子却有独断论的倾向。[③]

第三，冯契提出除了正统派儒学的形而上学的天人合一论之外，还有荀子-柳宗元、刘禹锡-王夫之一系主张天人互动的积极的天人合一论。[④]

但无论如何，这是立足于其他思想资源对儒学做出评判。也正因为此，笔者认为冯契对荀子的解读存在着过度诠释之嫌。一定程度上，冯契是以智慧说的要求来衡量荀子，有的地方难免削足适履。[⑤]

---

① 冯契：《中国近代对方法论的探索》，《智慧的探索》，华东师范大学出版社，1997 年，第 272 页。

② 冯契：《智慧的民族特征——从中国传统哲学的特点看中国传统文化》，《智慧的探索》，华东师范大学出版社，1997 年，第 529 页。

③ 冯契：《对庄子的相对主义做一点分析》，《智慧的探索》，华东师范大学出版社，1997 年，第 10 页。

④ 冯契：《“究天人之际”与“通古今之变”》，《智慧的探索》，华东师范大学出版社，1997 年，第 494 页。

⑤ 参蔡志栋：《荀子：智慧说的雏形还是反例？——关于冯契荀子研究的三大疑惑》，宣读于 2018 年度华东师范大学哲学系举办的冯契哲学研究学术会议。

所谓思想资源却不同。人们是依靠思想资源对其他研究对象作出考察，而不是反之。它们是依赖，是主体，而不是客体。在冯契那里，早年作为思想资源的主要是庄子，以及金岳霖的知识论。当然后者需要熟悉冯契的思想历程，以及金岳霖的学术话语，才能够理解。就冯契本人而言，他在《智慧》一文里坦诚了自己和庄子的思想渊源，但没有说明他和金岳霖的思想联系。或许这种“忽视”恰恰表明在那个时期，金岳霖的思想内在地构成了冯契思想的血脉。正如人不能拔着自己的头发离开地球一样，那个时期的冯契大概还没有达到对金岳霖作出充分反思的程度，尽管他已经意识到一点问题，也试图在《智慧》这篇文章里予以解决。我这里所说的主要指金岳霖区分了知识和道，但冯契认为两者不可分割，知识应该而且可以进乎道。

中华人民共和国成立后，冯契全方位地接受了马克思主义。他将荀子的“符验”和“辨合”解读为理论和实践的统一、分析和综合的统一，[①] 显然是马克思主义认识论的运用。这样的例子贯穿于他的两部中国哲学史，而且更加明显地体现在他的“智慧说”三部曲中。前者是哲学史，作为评判根据的理论支援还不明显；后者却是论，史料成为论述时候的例子，在逻辑上不再发挥根本作用。所以，在“智慧说”三部曲中我们可以更加清晰地看出冯契的理论根

---

① 冯契：《中国古代哲学的逻辑发展》（上册），上海人民出版社，1983 年，第 299 页。

据就是马克思主义，或者用冯契自己话说就是“实践唯物主义”。[1]

需要指出，研究对象和思想资源的区分有的时候是明显的，但很多时候却是混在一起的。下文我们主要从本体功夫之辨和道德理性主义两个角度显示儒学对冯契思想的影响，但是，似乎也可以反过来说，对于儒家的本体功夫之辨和道德理性主义，不同的哲学史家可以有不同的解读，但是，冯契采取他的解读方式，显然也因为有别的思想资源的支持。不过，相比于他早年立足于庄子，晚年立足于马克思主义，对中国哲学史做出评判，他在这两个问题上的观点，儒家的影响不容否认。

二、“工夫所至，即其本体”

上文已说，冯契认为中国古代哲学中存在着主张天人积极互动从而合一的思想传统。它主要体现在荀子-柳宗元、刘禹锡-王夫之一系。事实上，冯契自身不仅仅对这个脉络作出研究，而且一定程度上也继承发扬了这个传统。

这个发扬至少是在认识论的进路上发生的。冯契指出：“中国传统哲学认为本体论（关于性和天道的理论）和智慧学说是统一的，哲学不仅要认识世界（认识天道），而且要认识自己（自反以求尽心知性），并在认识世界和认识自己的交互作用‘转识成智’

① 冯契特别喜欢使用“实践唯物主义”这个范畴。为什么？因为这个范畴不仅包含了历史唯物主义，而且也包含了辩证法。对此的梳理需要另文。

和培养自由人格。”①

冯契在对王夫之的研究中，将以上意思更加具体化了：

> 这样的问题，特别像王夫之，照他的说法，通过主观和客观、性和天道交互的作用，客观事物的感性性质如色、声、味给我以道，而我接受了道就使性日生日成。转过来，我通过感性活动给客观事物以性，使性在自然现象当中得到表现，这样客观事物各以其道来接受我的性，使人的本质对象化、形象化。这个理论，应该给予很高的评价。他的原话为：“色声味之授我也以道，吾之受之也以性。吾授色声味也以性，色声味之受我也各以其道。”（《尚书引义·顾命》）性和天道通过声色味这些感性活动相互作用，而这个“主”就是“我”。以感性活动为桥梁，性与天道交互作用，天之天化为人之天，即自在之物化为为我之物，我这个“德之主”就越来越自由了，具有自由的个性。中国古代哲学对认识论的考察已经达到了相当高的成就。②

意思很清楚。不过冯契认为这还是主要在认识论的领域内论述。我却认为，冯契思想中其实还存在着另外一个系统，那就是强

---

① 冯契：《认识世界和认识自己》，华东师范大学出版社，1996年，第66页。
② 冯契：《认识世界和认识自己》，华东师范大学出版社，1996年，第69页。

调人在改变世界的过程中改变自己，最终达到价值和德性的统一；而为了成功地实现“两个改变”，就需要认识论的辅助和政治哲学的辅助。当然，就冯契本人而言，政治哲学的辅助讨论得比较少。

或许我的重新构建是可以商榷的。不过，即便按照冯契本人局限在认识论领域内的观点而言，他其实也提出了“两个改变”的思想。“性和天道通过声色味这些感性活动相互作用，而这个‘主’就是‘我’。以感性活动为桥梁，性与天道交互作用，天之天化为人之天，即自在之物化为为我之物，我这个‘德之主’就越来越自由了，具有自由的个性。”[1] 说的就是这个意思。

问题在于，这个思想的源头在哪里？冯契是受了什么观点的影响而得出这个结论的？

一个源头无疑是马克思主义。马克思主义主张实践具有内在关系的特性，也就是说，主体和对象，一方的改变必然引起另一方的改变。而这个思想，在马克思主义的传统中源远流长。毛泽东、艾思奇、张岱年等予以了论述。

除此之外，还有没有别的思想源头？我认为有的。那就是黄宗羲的“心无本体，工夫所至，即其本体”[2] 的观点。这句话可以从三个角度来理解：

第一个角度，它说的是意识（心）本身不能是本体，它只是物

① 冯契：《认识世界和认识自己》，华东师范大学出版社，1996年，第69页。

② 黄宗羲：《明儒学案·序》，中华书局，1985年，第10页。

质的一种作用。“我们认为，心无本体，它是依存于物质的作用。”[①] 这个观点其实是马克思主义物质第一性、意识第二性的另一种表述。并无多少新意。冯契只是借用了中国传统哲学的术语进行了新的表述。而且这种解释存在过度诠释之嫌。可以看作是写作过程中的一种借用。不可深究。

第二个角度，强调的却是第一个角度的反面：精神可以成为本体。冯契说：

> 人的认识过程。我不止一次地说过，体和用（substance and function）之间是相对的，这是中国哲学家讲体用不二的时候的一个很重要的思想。就整个宇宙来说，我们可以说物质和运动是体和用的关系；就每个个体来说，就如范缜讲的，形质神用，也是体用关系；或者如严复讲的牛有牛之体用，马有马之体用。这些例子讲的体用不二，都是物质实体自己运动。在化理想为现实的活动中，目的因贯彻于过程而得到了实现，那么就创造了价值。在价值创造的过程中间，自由的精神是体，而价值的创造是用。因此我们说自我或自由的精神或自由的个性它就具有了本体的性质。这就是我常引用的“心无本体，功夫所至，就是本体。”[②]

① 冯契：《认识世界和认识自己》，华东师范大学出版社，1996 年，第 173 页。
② 冯契：《认识世界和认识自己》，华东师范大学出版社，1996 年，第 110 页。

冯契在此强调的是本体功夫之辨的另一面，体和用之间的关系是相对的。在创造价值的过程中，精神反而成为了本体。不过，仔细品味冯契的如上观点，也许更加精确的表述是，精神成为了“主体”。我个人不大赞成将主体本体化，因为这样一来就和主观唯心主义还分不清。“自由的精神是体”，此处之“体”指的是主体，只能说就其能够进行价值创造而言，“具有本体的性质”，而不能等同于本体。

如果说以上两个角度还存在将“心无本体，工夫所至，即其本体”对象化的特征，也就是说，有没有这句话，对冯契思想的构建影响不大。为了写作上的修辞，显示和中国哲学史之间的联系，可以用这句话。——那么，第三个角度却是明确将这句话资源化的。冯契指出，

> 我们同意中国传统的一个思想，就是王阳明说的；本体即功夫。如果本体是不可知的，它在彼岸，那它就不可能作为认识发展的根据、动力。从体用不二观点说，运动的原因总是在于自身，运动的根据是内在的，不能只是 transcendent，而且也应是 immanent，原因一定要是内在的。从功夫和本体统一、体用不二这个思想，我们要讲客观辩证法和认识辩证法是统一的。当然我们这里是讲认识的辩证法，讲的秩序由无知到知，由知识到智慧，是遵循认识的阶段、环节而展开的，但是我讲认识世界与认识自己这个主题，这里边的世界和自我、客体和

主体都是本体论研究的对象，所以我讲的认识论的辩证法，实际上包含着客观辩证法。现实世界由一个自在之物化为为我之物，精神亦由自在而自为，这就是人类认识辩证法的运动。正是通过这种认识的辩证运动，本然界被人的认识和智慧所照亮。功夫和本体统一，可以说物质的本体即现实世界在认识过程中展开，而精神即自我本来不是本体，是本体的作用，但功夫所至，就是本体，因而在认识的发展过程中，精神越来越具有本体论的意义。这就是本篇的基本思想。①

冯契在此所说的“本篇”，指的是“智慧说”第一篇《认识世界和认识自己》。值得注意的是，他在这里明确表示认同王阳明的观点。不过，根据杨国荣教授的研究，王阳明的本体功夫之辨和黄宗羲的本体功夫之辨存在着一个不同。王阳明认为良知是本体，致良知是功夫。良知既是起点，又是终点。其间存在着本体（良知）的非历史性和功夫（致良知）的历史性之间的紧张。黄宗羲则克服了这个紧张。“在黄宗羲看来，工夫的展开并不表现为先天本体的实现，本体即形成并体现于工夫过程，离开工夫别无本体。”②

杨国荣教授认为，黄宗羲的本体功夫之辨在个体道德践履、类的社会实践以及学术思想史研究中得以贯彻和体现。这里尤其需要提及的是第二点。杨国荣教授指出：

---

① 冯契：《认识世界和认识自己》，华东师范大学出版社，1996 年，第 108 页。

② 杨国荣：《本体与工夫：从王阳明到黄宗羲》，《浙江学刊》，2000 年第 5 期。

本体与工夫的关系并不限于个体的道德实践，广而言之，它亦指向事功等社会活动："道无定体，学贵适用。奈何今之人执一以为道，使学道与事功判为两途。"（《姜定庵先生小传》，《南雷文定五集》卷三）道无定体，可以视为心无本体的逻辑展开，当然它同时又涉及真理的过程性；此所谓事功，属经世致用的社会实践，它在本质上展开为类（社会）的历史过程；学道则泛指把握普遍的自然法则与社会规范，并进而将其化为主体内在精神本体。这里值得注意的是，黄宗羲将把握道体及化道体为本体的过程与广义的经世过程联系起来，从而致知工夫由个体的道德践履，进而扩及类（社会）的实践活动。在黄宗羲以前，晚明的东林学者在强调"学问须躬行实践方有益"的同时，亦已开始将经世活动纳入致知工夫，东林会约之一，便是"或商经济实事"（《东林会约》，《顾瑞文公遗书》第五册），经济实事亦即经世之事。黄宗羲肯定学道与事功的统一，与东林学者的看法无疑有相通之处。不过，黄宗羲由心无本体讲道无定体，更侧重于本体的过程性；所谓学道与事功非两途，意味着将工夫广义地理解为类的历史过程，并进而从类的历史过程这一角度，来规定精神本体。①

① 杨国荣：《本体与工夫：从王阳明到黄宗羲》，《浙江学刊》，2000年第5期。

杨国荣教授这里论述的重点其实有二：一是从个体扩展到人类；二是从道德践履扩展到一般性的社会实践。个人感觉，在此尤其应该突出一般的社会实践对于本体的塑造作用。

如果我们将黄宗羲的本体功夫之辨和冯契的天人互动观对比，可以发现两者之间的高度相似。而杨国荣教授的研究表明，冯契所表述的本体功夫统一的观点，更精确的来源应该是黄宗羲。事实上，冯契本人赞赏的“心无本体，工夫所至，即其本体”，就是黄宗羲的用语。冯契的“智慧说”和王学之间的这种隐秘联系，深入品味，绕梁三匝。

窃以为，冯契对王阳明、黄宗羲的本体功夫之辨的诠释，不仅仅是把它当做一般的研究对象，而且已经成为他进行哲学创造的思想资源，其地位正如其早年《智慧》一文中的庄子。当然，“心无本体，工夫所至，即其本体”只是提供了一个基本的骨架，对它的展开离不开丰富的哲学史知识以及睿智的哲学洞见的支撑。

三、儒家的道德理性主义

冯契的“智慧说”探讨从无知到有知，从知识到智慧的过程。所谓智慧，指的是对性与天道根本原理的洞察。智慧，不仅仅表现为认识世界，而且也表现为认识自己、改变自己。由此，也就有“人的自由与真善美”这个智慧说的一翼。冯契将自由区分为认识自由、道德自由以及审美自由。如果说认识自由主要是马克思主义的在认识世界的基础上成功改造世界，就其直接表述而言，还是比较正统的,[1] 那么,冯契对自由的道德行为的论述是独具一格的。我甚至把它称作一种新型的道德理论。[2]

冯契认为,自由的道德行为具有三个要素:首先需要有道德规范,其次需要理性自觉认识道德规范,此之谓理性自觉;第三则是需要意志自愿执行道德规范,而所谓意志自愿又包含了自由选择和坚持执一两个方面。冯契说:

> 道德行为,即合乎道德规范的行为,包含着三个要素:第一,道德理想表现于人的行为,在行为中具体化为处理人和人的关系的准则(规范);第二,合乎规范的行为应该是合理的,是根据理性认识来的,因此是自觉的行为;第三,道德行为应该是自愿的,是出于意志自由的活动,如果不是出于自愿选择而是出于被迫,那就谈不上行善或作恶。[3]

当然,我在研究中还指出,冯契对自由的道德行为的规定,其实还包含着第四个要素,即情感自然。这充分体现在他对儒家三年之丧的解释中。[4]

---

① 当然,上文已经指出,由于有了王阳明、黄宗羲的本体功夫之辨作为后盾,冯契对认识自由的阐释也没有像其表面上那样缺乏中国特色。

② 蔡志栋:《回应冯契哲学研究中的几个问题》,《学术界》,2015 年第 2 期。

③ 冯契:《中国古代哲学的逻辑发展》(上册),上海人民出版社,1983 年,第 49 页。

④ 蔡志栋:《"圣人"的退场——先秦诸子与中国现代自由人格论》,上海三联书店,2016 年,第 284—288 页。

现在的问题是，这个观点是哪里来的?

我以为，冯契对自由的道德行为的内涵的理解，正是来自于儒家。

虽然冯契屡次批评正统派儒家是理性专制主义，是经学思维，具有宿命论的倾向，这些上文也已经提及了；但是，有一个观点必须引起我们的注意，冯契认为，仁智统一是儒家的真精神。[①]

在研究中国近代的自由思想时，冯契认为，近代中国思想家提出了新的理想、新的自由学说，“这种学说是从对儒学的批判中产生的，但又包含有对儒学的积极方面的继承和发扬。”[②] 具体而言，近代中国提出了平民化的理想人格，取代了儒家的圣贤。

> 这种“新人”的理想，无疑是对正统派儒家的圣贤理想的否定。但是同时也应该说，它包含有对儒家的真精神的追求。孔子的仁智统一学说、孟子的“民为贵”的思想，在新的历史条件下得到了发扬，人道原则和理性原则并没有被抛弃，在批判了正统派儒家的宿命论和理性专制主义之后，人的个性，人的理智、意志和情感才能得到更健康和比较全面的发展。[③]

---

① 冯契：《儒家的理想和近代中国的自由学说》，《智慧的探索》，华东师范大学出版社，1997 年，第 423 页。

② 冯契：《儒家的理想和近代中国的自由学说》，《智慧的探索》，华东师范大学出版社，1997 年，第 422 页。

③ 冯契：《儒家的理想和近代中国的自由学说》，《智慧的探索》，华东师范大学出版社，1997 年，第 423—424 页。

所谓仁智统一，也就是认识论和伦理学的统一。冯契认为中国古代并非没有认识论，而是其主要在伦理关系中发挥作用。“孔子的‘知’主要是指认识人们之间的伦理关系。”① “‘知’是‘仁’的必要条件，对伦理关系没有正确的认识，就不可能有自觉的仁德。所以‘仁’与‘智’是统一的。”②

显然，仁智统一对应的是自由的道德行为中的人道原则和理性原则，或者说，是道德规范和理性自觉原则。当然也涉及意志自由问题。

冯契的自由道德行为的组成要素的观点受到儒家理性主义的深刻影响，我们还可以举出他对冯友兰哲学思想的解读来加以佐证。冯契认为，冯友兰对中国传统理性精神的继承和发扬，不仅仅表现在对概念范畴的细致分析上，而且，最突出的是表现在提出了“人生境界说”。冯契指出，

> 冯先生指出，中国古代儒家已经阐明，道德行为必同时是有觉解的行为。只有对道德价值有觉解，自觉遵循道德的准则行动，才是真正道德行为。就是说，道德行为必须出于理性认识，如果没有理性认识，没有自觉性，那么，善行就只是自发地合乎道德的行为。所以同样做一件事，对做这件事是否自觉、是否理解，意义和思想境界是不同的。这种看法，是孔、

---

① 冯契：《中国古代哲学的逻辑发展》（上册），上海人民出版社，1983年，第89页。
② 冯契：《中国古代哲学的逻辑发展》（上册），上海人民出版社，1983年，第90页。

孟、荀以来的儒家反复论述过的。……以后的儒家大都强调道德行为的自觉原则。这是儒家的理性主义精神，它在民族历史上有持久的影响。①

当然，冯契也一再指出，正统儒家严重忽视意志的自愿原则。冯友兰的人生境界说也有这个问题："片面强调道德行为的自觉原则而忽视了自愿原则。"②

不过，我们的观点所面临的挑战主要不是意志自由这个要素在儒家那里如何落实，因为冯契也明确指出，孔孟荀都是强调意志的；而是，冯契分明说过自由的道德行为还需要自然原则，而这主要是道家提供的，③ 这又如何理解？

答案或许在于，晚年冯契在自由的道德行为的问题上，从儒家那里获得的，远远超过从庄子那里获得的。我们绝不否认，庄子自始至终对冯契哲学思想的构造产生了巨大影响。早年的《智慧》一文显示了庄子在本体论、功夫论、境界论上对冯契的影响。晚年冯契所受到的庄子的影响，或者说对庄子的阐释，主要体现在认识论和审美自由两个方面；至于在道德自由上，庄子只是提出了自然原则。

相比之下，尽管冯契一再批评整体儒家忽视了意志的自愿性原

① 冯契：《"新理学"的理性精神》，《智慧的探索》，华东师范大学出版社，1997年，第468—469页。

② 冯契：《"新理学"的理性精神》，《智慧的探索》，华东师范大学出版社，1997年，第469页。

③ 冯契：《中国古代哲学的逻辑发展》（上册），上海人民出版社，第199—203页。

则，但是，在原始儒家那里，自由的道德行为的三要素是齐全的。不仅如此，第四个要素也即情感自然，也是具备的。

让我们不惮其烦地借用在别处已经阐述过的观点，[①] 冯契认为，在自由人格的培养过程中，要重视礼乐的作用。这在很大程度上也涉及情感的自然原则。冯契指出，撇开荀子的礼乐论在封建社会中的整合的作用之外，一般地看，荀子认为礼乐具有培养人格的功能。礼乐可以培养人的感官："故礼者养也。……雕琢刻镂，黼黻文章，所以养目也；钟鼓管磬，琴瑟竽笙，所以养耳也。"（《荀子·礼论》）礼乐也可以培养内在的精神和外在的威仪："故听其雅颂之声，而志意得广焉；执其干戚，习其俯仰屈伸，而容貌得庄焉。"（《荀子·乐论》）荀子说："故乐行而志清，礼修而行成，耳目聪明，血气和平，移风易俗，天下皆宁，美善相乐。"（《荀子·乐论》）冯契的解释是，人们通过礼乐的熏陶而达到"志清而行成"的境界，"美善相乐"一语说明人的行为从习惯变成自然，成为了审美的对象，人格就具有了审美的内涵了。这就意味着荀子对自由人格的讨论深入到了审美自由的层次。他认识到了自由的道德行为的自然原则。

余论

以上论述也不是没有任何漏洞的。也许我们遭受的最大的挑战

---

① 蔡志栋：《"圣人"的退场——先秦诸子与中国现代自由人格论》，上海三联书店，2016 年，第 288 页。

是，以上论述都是冯契从某种立场对儒家所作的阐释，儒家只是研究对象，而不是思想资源。也许我们保守点的说法是，儒家一定程度上成为了冯契“智慧说”的理论支援，而不是全部思想资源。冯契毕竟不是新儒家。但作为对中国传统哲学中优秀成分的继承者，冯契当然不会忽略儒家中有益于其思想构建的成分。当然，问题的复杂性在于，任何阐释都是诠释。儒家的本来面貌是否就是如冯契所阐释的那样，或许需要更多的证据。这些证据的来源，就是其他研究者对儒学的观点，是否和冯契高度接近。如果是，那就表明冯契的解读具有高度的客观性，而不是一家之言。

第四节　“智慧说”：现代新传统的逻辑发展

冯契的“智慧说”本质上是对中国近现代哲学所形成的现代新传统[①]的逻辑发展。对于现代新传统，需要详细展开。此处重点论述冯契的“智慧说”和新文化运动、1930 年代现代哲学家的关系来表明这一点。本节的目的在于说明，冯契的哲学来自于对先前哲学的反思和总结，因此，当我们讨论他的哲学的另一种新的可能时，也需要从哲学史的发展的角度来诠释其存在。

一百年前的 1915 年，在中国思想史上发生了两件大事。其一为众所周知的《青年》杂志的创刊，这本其后更名为《新青年》的

① 参高瑞泉：《中国现代精神传统》，东方出版社，1996 年。

杂志揭开了新文化运动的序幕。第二件事则是，本书稿的主要人物冯契先生（1915—1995 年）呱呱坠地。一百年后再看这两件事，他们不仅仅有着时间上的巧合，而且，更加重要的是，我们可以发现，冯契先生的“智慧说”本质上是对包括新文化运动在内的中国近代哲学革命的继承和发展。

一、中国近代哲学革命与“智慧说”

冯契认为近代中国的时代问题是“中国向何处去”。在思想上，这个问题表现为中国近代发生了一场哲学革命。这里的“近代”是广义的，实际上包含了 1840 年前后直至当下；他甚至认为，这场哲学革命还在继续。[①] 所谓哲学革命，指的是在认识论、方法论、逻辑学以及人的自由问题也即理想人格问题上所作出的思想突破。冯契这方面的思想，集中在 35 万字的《中国近代哲学的革命进程》一书中。与之相联系，可以成为我们思考背景、参考的是，冯契认为中国古代哲学已经完成了，并且形成了两个圈。一个圈从先秦时代到荀子获得总结；另一个圈从秦汉时期开始，到明清之际获得总结。冯契这方面的思想，集中在三卷本的《中国古代哲学的逻辑发展》一书中。两相对比，便可明白冯契先生以哲学革命概括中国近代哲学发展史的用意之所在：因为这场哲学发展尚未达到总结阶段，各个哲学家分别提出了若干环节，指向着组成一种更圆满的哲

① 冯契：《智慧的探索》，华东师范大学出版社，1996 年，第 29 页。

学。在冯契那里，这种哲学就是其独创的“智慧说”。[①]

对于这场哲学革命，冯契认为，在认识论问题上，毛泽东所提出的“能动的革命的反映论”其实已经对中国近代认识论做出了基本总结；但是，这场革命存在着若干不足：

1. 在方法论和逻辑学问题上，人们对辩证逻辑的研究还很不够，近代哲学在方法论上的成果也没有获得系统总结。有些研究辩证逻辑的人轻视形式逻辑，有些研究形式逻辑的人轻视辩证逻辑，视之为“形而上学”。

2. 在人的自由问题上，形成了一个唯意志论的传统。冯契认为自由问题可以是道德哲学问题，也可以是美学问题，他首先把自由问题理解为道德自由、伦理学问题，他认为，一个真正自由的道德行为必须具备以下三个要素：存在道德规范；对道德规范有理性认识，发挥理性的自觉性品格；发挥意志的自愿性品格，能够选择为善为恶或者选择哪种道德规范，并且坚持下去。相对而言，由于中国近代斗争是一个时代要求，对意志的重视超过了理性。在20世纪中国历史中，唯意志论和宿命论同时泛滥，自觉性和自愿性不

---

① 童世骏教授指出，晚年的冯契有抛弃本质主义，走向存在主义（存在论）的倾向。一个证据就是冯契没有把他的中国近代哲学史研究成果称为“中国近代哲学的逻辑发展”，而是称为“中国近代哲学的革命进程”。（参冯契主编：《中国近代哲学史》，三联书店，2014年，封底）这个观点给了我们很大的启发。但是，从另一个角度看，冯契始终没有放弃构建一个新的哲学体系的愿望和努力。他固然认为中国近代哲学的发展体现的是革命进程，贡献了新的哲学的若干环节，而不是早已完成，形成了圆满的圈，但是，他恐怕还是会认为，他所提出的“智慧说”是对中国近代哲学的革命进程的推进和总结，构成了第三个圈的最后一个搭扣。

能有机结合，说明人的自由问题没有获得很好地解决。

而冯契所独创的“智慧说”就是对这场哲学革命的继承和发展。

所谓智慧，指的是对宇宙和人生根本原理的洞察。“智慧说”又叫广义认识论。之所以如此称呼，因为一般的认识论或者知识论研究的是从无知到有知的问题，“智慧说”还要研究从知识到智慧的发展。与以上对中国近代哲学革命进程的理解相结合，冯契认为在知识论问题上，“能动的革命的反映论”应该被我们继承并发扬光大；以此为基础，冯契先生提出“化理论为方法”和“化理论为德性”。在此，“理论”指的就是“能动的革命的反映论”。从这两“化”的提法中，我们也能看出冯契先生的苦衷：他试图以中国近代哲学革命过程中获得了基本总结的成果来指导存在问题、没有得到反思的部分，此即方法论、逻辑学问题以及人的自由问题。

二、认识论与伦理学

我们对冯契的新文化运动的观点的理解，必须置于如上背景中。用冯契先生的话说，“新文化运动使中国哲学在近代化进程中的批判对象和战斗任务更加明确起来了。”[①] 新文化运动在认识论和伦理学上提供了走向“智慧说”的环节。

---

① 冯契：《中国近代哲学的革命进程》，上海人民出版社，1989 年，第 255 页。为了行文简洁起见，以下引文，皆转引自冯契本书相关章节。由于该书是以人物为章节写作而成的，检索甚为方便，因此不一一指出。

在认识论上，冯契先生认为，李大钊提供了理性主义的环节。他提出“民彝”说，要求“振其自我之权威，为自我觉醒之绝叫”，目的是唤醒人的天赋理性；他主张尊重“真理的权威”，认为通过“查事之精”和“推论之正”相结合，就能够判断“言论之挟有真理否”。李大钊的理性主义包含着唯物主义的因素。

陈独秀提供了经验主义的环节。他也讲理性，但是他的理性是与经验主义结合在一起的，在逻辑上特别重视归纳法。他说：“今欲学术兴，真理明，归纳论理之术，科学实证之法，其必代圣教而兴欤?”同时，他割裂科学与想象，一方面，他认为想象是“抛弃主观之理性，凭空捏造，有假定而无实证”；另一方面，他要求真理是客观的，不是想象构造出来的。

胡适则对认识论和方法论的内在环节做出了更详尽的讨论。他在方法论上提出了三点：1、“拿证据来”，具有实事求是精神的一面。2、“科学的实验室态度”，其核心就是“大胆的假设，小心的求证”，对假设和验证、归纳法与演绎法都作出了刻画；3、“历史的态度”，其实质就是历史主义的方法。胡适的问题在于他忽略了认识论、方法论的唯物主义前提，忽略了实验科学如何运用数学方法、演绎逻辑以使假设变为科学化，而且，他不懂辩证法，其方法具有明显的局限性。

梁漱溟提供了直觉主义的环节。他用直觉来解读儒家的仁，“仁就是本能，情感，直觉”。他认为理性的本质就是直觉、情感，是与通常所说的计较利害的理智不同的。“理性、理智为心思作用之两面：知的一面曰理智，情的一面曰理性。”冯契用直觉主义来刻画梁漱溟，一定程度上具有克服其他思想家对非理性因素重视不够的弊病。

在人的自由问题上，尤其在伦理学领域，冯契认为新文化运动在这方面瑕瑜互见。

他指出，陈独秀主张功利主义的快乐论，主张在利己的基础上利人，这种伦理学一方面尊重个人的快乐，另一方面尊重个人的意志，从而肯定了道德责任。但是，陈独秀把“执行意志，满足欲望”看作人性始终不变的要求，陷入了抽象的人性论；并且把意志形而上学化，陷入了唯意志论。

李大钊的突出之点尤在于主张社会主义和人道主义相统一的社会理想和人生理想，主张“物心两面的改造，灵肉一致的改造”。他相信唯物史观能够给人提供新的人生观，继承中国近代“脚踏实地的人生观”和“乐天努进的人生观”，提出“尊劳主义”和群众“自己解放自己”的观点。冯契明确表示，李大钊“使马克思主义在中国获得了一个富于生机的开端，显出了强大的生命力”。

梁漱溟主张通过直觉的窗户，达到内里的生命与宇宙的生命相通，达到主客观融为一体的境界，这也即仁的境界。梁漱溟甚至认为，“一任直觉活动的人才是真正有美德的人”，高度突出了道德行为中的自由意志的维度。

从“智慧说”的视域来看，冯契以上论述的意义就在于，他揭示了新文化运动诸人在中国近代哲学革命过程中，提供了组成“智慧说”的若干环节。

在认识论上，这个时期经验主义、理性主义、直觉主义都登上了历史舞台，他们各自呈现了正确的认识论、方法论的某个环节并加以夸大；最后“能动的革命的反映论”进行了总结。在道德自由的问题上，这个时期唯意志论泛滥，唯有李大钊提出了“大同团结和个性解放相结合”的光辉命题，成为了这个时期最高的理论成就；但，这本质上只是一个开端，还需要深入而详细地展开。“智慧说”提出的“人的自由与真善美”的命题就旨在这方面进行发展。

三、两个新的特征

冯契对新文化运动的观点，还有另外两个特点值得高度重视。

第一个特点：一方面是多元并存的立场，另一方面对各种思潮中腐朽的成分不遗余力地大加挞伐。

所谓多元并存，指的是冯契对新文化运动的研究绝非局限于自由主义或者中国化马克思主义，而是把文化保守主义（用他的话说是“东方文化派”）也囊括进来。在新文化运动时期，中国自由主义的代表是胡适，中国化马克思主义的代表是陈独秀和李大钊，文化保守主义的代表是梁漱溟。当然，从哲学史研究的角度看，必须尊重历史。可是，把历史认定为三家并存本身，就显示了某种视野。窃以为这点不能轻易忽视。联系上文在认识论、伦理学问题上新文化运动的得与失，这三家的并存不仅是尊重历史事实，而且具有哲学建构的重要意义。换而言之，自由主义、文化保守主义都贡献了认识论、伦理学的某些方面和环节，而中国化马克思主义则成为了冯契构建哲学体系的基础，然后在基础之上再做进一步的推进。

但是，同时需要指出的是，这并不意味着存在即合理。冯契不仅指出自由主义、文化保守主义、早期中国化马克思主义各自存在着某些不足，而且，在这些思潮之中，他是有着自己的评判立场的。“‘打倒孔家店’的口号虽被某些人视为过分激烈了，但当时是完全必要的。李大钊作了解释：孔子早被历代权势者奉为‘偶像权威’，儒学造成为‘专制政治之灵魂’，所以反封建便必须批判儒学，批判那作为纲常名教的理论根据的天命论和经学独断论。”①

这段话今日看来，仍然值得深思。绝非一句“冯契也陷入了反传统的窠臼之中不能自拔”之类的话语能够轻易打发的。从那个年代过来的人有着旁人难以体会的经历，诸多观点往往发至肺腑，我们这些过于现代的人在远离了那个时代之后，却很可能如鲁迅所说，视痈疽为灿烂的桃花。今日我们高度重视中华传统文化，但不必多说，从毛泽东开始，就一再要求区分精华与糟粕。我们所要保持温情和敬意的，从来不是传统文化本身，而是传统文化中的优秀成分。此不必多言。

第二个特点，在人的自由问题上引入了美学思想。冯契认为中

① 冯契：《中国近代哲学的革命进程》，上海人民出版社，1989 年，第 255 页。

国现代美学的一大特质就是对崇高的高度重视。这点充分地体现在新文化运动主将鲁迅身上。

朱光潜认为，艺术的最高境界都不在热烈，而在于和平静穆。“陶渊明浑身是‘静穆’，所以他伟大。”（朱光潜语）对此鲁迅表示反对。他认为，不能忽略陶渊明也曾写过“精卫衔微木，将以填沧海；刑天舞干戚，猛志固常在”，这是金刚怒目式的美。冯契当然也肯定朱光潜在美学形式主义过程中的积极作用，但是，他认为，从审美现代性的角度看，鲁迅的言论值得重视，因为他揭示了“中国古典美学中有一个比‘和平静穆’、‘羚羊挂角’更为重要的‘不平则鸣’的传统。”[①] 笔者以为，虽然冯契这里认为中国古典美学中也有崇高，但是，这更多的是现代性的投射。这就意味着，在新文化运动时期，崇高作为一种现代的审美经验，被鲁迅注意到了。它的内涵在内容上表现为文艺为人生，在表现形式上则是热烈、激烈。

需要略微多说几句的是，这并不意味着王国维、朱光潜、宗白华等人没有主张崇高、壮美的言论。其后也有研究者认为中国近代美学史上存在着一个崇高的传统。这里重要的是，冯契认为，新文化运动时期，在人的自由问题上，审美领域的崇高被注意到了。这就是说，人面对着世界的自由度得到了更高程度的肯定。因为按照康德，所谓崇高恰恰是在生命力受到暂时的阻滞之后更加强烈的喷

---

① 冯契：《中国近代哲学的革命进程》，上海人民出版社，1989 年，第 397 页。

射，[1] 这是人的本质力量更深沉的呈现。不过，与20世纪中国的激进气质相联系，崇高也被过度肯定，需要得到另一种反思。对此，本书稿将予以专论。[2]

---

① [德] 康德著，宗白华译：《判断力批判》（上），商务印书馆，1964年，第84页。

② 具体请参看本书第四章第一节。

第一章　实践新论

实践是实现“两个改变”的枢纽，必须详加论述。我们认为，中国现代哲学史上的实践观本质上是中国近代哲学发展的成果。我们通过阐释章学诚，戊戌、辛亥时期的思想家，新文化运动之后文化保守主义、自由主义和中国化马克思主义的观点，指出，早在章学诚那里，就明确提出了要高度重视民众的实践的观点，认为那是达到圣人之境的途径。其后中国近现代哲学史上的各个思潮、派别、大家，均从若干侧面为实践的重要性和合法性提出了论证，最终指向了实践的核心地位的确立。

冯契的实践观正是处于这条线索之上的。

第一节　“学于众人，斯为圣人”：章学诚实践观的启示

人们一般在历史学领域研究章学诚，但是近年来章学诚逐渐成为了哲学界人士的偏爱，吴根友教授、日本学者山口久和等人均撰

写了章学诚哲学思想研究方面的著述。事实上，从实践思想的发展来看，章学诚也是值得探讨一番的。简而言之，他认为应该学习普通老百姓在日常生活中实践，从而得道，而不能将实践缩减为仅仅是训诂文句。

乾嘉时期以戴震为代表的考据学派主张通过考据、训诂以见道。这种得道方式对不善考据的章学诚造成了极大的心理压力，如何开辟新的得道途径成为章学诚思考的重点。章学诚并不完全反对考据的得道方式，但其立足点主要在于对考据学派展开批评，并提出了“学于众人，斯为圣人”的求道主张。不过，这种得道方式恐怕和考据学派的方式一样缺乏足够的普遍性。章学诚揭示了实践的重要性，但其思想又存在着某种弊端，这也从一个侧面展现了实践观念在近代发展的曲折。章学诚的这种观点一定程度上上接了中国传统哲学的精髓，而又下开中国近现代哲学的实践观的主线。

一、训诂作为乾嘉考据学派的得道方式：以戴震为例

通过考据、训诂以见道是以戴震为代表的考据学家的求道方式，虽然所谓的求道很可能只是流传于口耳之间的标榜，而无实质的行动。这点恐怕也为众多专家所同意。因此，笔者的重点不放在戴震由考据、训诂而得道的证明上，而在对其中的若干曲折作点说明。

有的学者认为，戴震那里缺乏解释学循环，因此他的得道方式

存在问题。[①] 我们认为，在戴震那里，训诂章句实质上包含了诠释学的循环。因此，其不足并不在于训诂技巧的浅薄，而在于训诂本身只是一种实践方式，而不是实践的全部，甚至在严复、康有为那里被批评为中国古代认识论的一个致命不足，此即认识的文本化。康有为说："日埋故纸堆中，汩其灵明……考据家著书满家，如戴东原，究复何用?"[②] 措辞严厉。严复表达了同样的意思，不假辞色："盖吾国所谓学，自晚周秦汉以来，大经不离言词文字而已。求其仰观俯察，近取诸身，远取诸物，如西人所谓学于自然者，不多遘也，夫言词文字者，古人之言词文字也，乃专以是为学、故极其弊，为支离，为逐末，既拘于墟而束于教矣。"[③]

戴震在《古经解钩沉序》中说："经之至者道也，所以明道者其词也，所以成词者，未有能外小学文字者也。由文字以通乎语言，由语言以通乎古圣贤之心志。譬之适堂坛之必循其阶，而不可躐等。是故凿空之弊有二：其一、缘词生训也，其一、守伪传谬也。缘词生训者，所释之义非其本义。守伪传谬者，所据之经，并非其本经。"[④] 我们可以从中解读出训诂的诠释学循环来。本段引文实际上以"是故凿空之弊有二"为界分为两部分。上面说文字、语

① 日本学者山口久和就持这个观点。参［日］山口久和，王标译：《章学诚的知识论——以考证学批判为中心》，上海古籍出版社，2006 年。

② 康有为：《我史》，《康有为全集》（第五集），中国人民大学出版社，2007 年，第 62 页。

③ 严复：《〈阳明先生集要三种〉序》，《严复集》（二），中华书局，1986 年，第 237 页。

④ ［清］戴震：《古经解钩沉序》，《戴震文集》，中华书局，1974 年。

言对于得道的重要性。下面除了总结之外，还有所发挥。戴震明确表示，“凿空之弊有二”。如果说“缘词生训者，所释之义非其本义”还是在强调“由文字以通乎语言，由语言以通古圣贤之心智”的单向发展的话，那么，“守伪传谬者，所据之经并非其本经”却是在说明全文（经）对文字、语言理解的重要性。也就是说，在戴震的思想中，脱离文字、语言解经（缘词生训）和脱离经解文字、语言（守伪传谬）都是有问题的。

如果说以上的论述有过度诠释之嫌，那么，戴震在《与是仲明论学书》里的一段话则意义显豁：“经之至者道也，所以明道者其词也，所以成词者字也。由字以通其词，由词以通其道，必有渐。求所谓字，考诸篆书，得许氏《说文解字》，三年知其节目，渐睹古圣人制作本始。又疑许氏于故训未能尽，从友人假《十三经注疏》读之，则知一字之义，当贯群经，本六书，然后为定。”[①] 如果说从“经之至者，道也”到“必有渐”还是在强调从字到词、句以明道、即从部分到整体的单线解释方向的话，那么，后半部分戴震则认为要确切知道某个字、词的意义，必须放在“群经”的背景中加以厘定。这实际上在强调从整体到部分的解释方向。它和部分到整体的解释方向结合起来构成了戴震的训诂上的解释学循环。

这就表明，单纯从诠释的技艺的不足来批评以戴震为代表的考据学，并未抓住要害。从实践的本质来看，考据学的不足还是在

---

① [清] 戴震：《与是仲明论学书》，《戴震文集》，中华书局，1974 年。

于，将训诂这种有限的实践方式当做了实践的全部，甚至当做了得道的唯一途径，显然忽略了、否定了实践的丰富性，进而否定了训诂以外的实践方式得道的可能性。这种观点一方面严重偏离了古典儒家“愚夫愚妇”可以得道的传统，另一方面也窄化了实践的内涵，否定了得道途径的多样性。

二、章学诚对乾嘉考据学派得道方式的批评

由此，我们也看出了戴震学问的路径：通过获得文字的真理而得道。戴震当然是个考据学家，但与一般的考据学相比，戴震的学问是“广义考据学”，即，考据、训诂不是其学问的根本主旨，而是希望在考据、训诂中求道。这有其长：尚未抛弃对道的追寻和允诺，不是一味沉溺于训诂之中；而其短便在于上文已在阐明的将得道的实践途径狭隘化了。

但这种求道方式对章学诚本人造成了极大的心理压力。章学诚生性不喜欢训诂考订的考据学工作，在这方面绝无天赋可言，甚至连中人之资都称不上：“二十岁以前，性绝騃滞，读书日不过三二百言，犹不能久识；学为文字，虚字多不当理。”[①] 所以，我们可以揣测，面对考据学家、面对戴震，章学诚必须思考如何在不利于自己天性的学术环境中脱颖而出（如余英时所说），因而必须思考如何在考据学之外开辟另一条得道的道路。这个努力如果失败了，其

① ［清］章学诚：《章学诚遗书》，北京文物出版社，1985 年，第 93 页。

结果不单纯是在学术上永无出头之日，更加重要的是，他将终生与道无缘。

那么，由考据、训诂能否得道？简单的答案会是非此即彼，但是，章学诚本人的思想要复杂得多。他对这个问题的回答不是简单的否定或者肯定。简要说来，章氏的见解大约如下：如果说考据、训诂可以得道，那么，所得之道也仅仅是六经中的道；根本的大道并非通过考据、训诂（无论是多么优越、甚至是有着诠释学循环的考据方式）可得，而必须在“学于众人”、研究“阴阳之迹”的过程中获致。正是这种思路，拓展了实践的内涵，一定程度上扭转了被清代考据学歪曲了的实践观念的发展轨迹，使之下接现代的实践观，成为了冯契所刻画的实践观的先声。

首先要肯定，章学诚认为通过训诂六经是可以得道的。这突出表现在他的以下言语中：“夫道备于六经，义蕴之匿于前者，章句训诂足以发明之。”[①] 对此，日本学者山口久和教授的解读是：“章学诚认为，六经之中所存在的是六经成熟以前的道，其深奥的意义（义蕴）可以通过训诂考证的经学方法得以阐明。”[②] 意思说得很清楚了。此话明确突出了训诂六经所得之道的范围：六经成熟之前的道。不过，笔者想对山口教授的论述作进一步的补充：恐怕章学诚在这里所说的“章句训诂足以发明之”是一种权宜的说法。因为正

---

① ［清］章学诚著，叶瑛校注：《文史通义校注》，中华书局，1994 年，第 139 页。

② ［日］山口久和，王标译：《章学诚的知识论——以考证学批判为中心》，上海古籍出版社，2006 年，第 163 页。

如山口久和教授在《章学诚的知识论》第六章中详细论述的那样，章学诚从根本上是反对考据学家机械的训诂方式的，但是他自己也或多或少提出了一套训诂方式。因此，其所谓的“章句训诂”在严格的意义上应该包含了章学诚自己的训诂方法。[①]

显而易见，虽然章学诚认为戴震采取了考据、训诂的进路，但是，无论如何，章学诚还是认为戴震是追求义理（道）的。他在《答邵二云书》中曾说：“求能深识古人大体，进窥天地之纯，惟戴氏可与几此。”[②] 但是，在《又与朱少白》中，他说：“学者……得吾说而通之，或有以……由坦易以进窥天地之纯古人之大体也。”[③] 章学诚描述戴震和他自己，用的居然是相同的词句。所以，他虽然认为自己和戴震有诸多不同，但是又认为两者都能“识古人之大体，进窥天地之纯”，也就是达道方面是一致的。他还认为世人多不解戴震，把戴震看成单纯的考据学家，只有自己深刻地了解戴震的本质：一个求道者。“戴君学问，深见古人大体，不愧一代巨儒……凡戴君所学，深通训诂，究于名物制度，而得其所以然，将以明道也。”[④]

尽管章学诚对考据学的路向作了某种程度的肯定，他还是把更多的精力放在了批判上。

---

① 《章学诚的训诂方式和戴震的不同》，参［日］山口久和著，《章学诚的知识论》第六章，王标译，上海古籍出版社，2006年。

② ［清］戴震：《答邵二云书》，《戴震文集》，中华书局，1974年。

③ ［清］戴震：《又与朱少白》，《戴震文集》，中华书局，1974年。

④ ［清］章学诚著，叶瑛校注：《文史通义校注》，中华书局，1994年，第275页。

第一，对象的批判。考据学家求道的对象主要是六经。他们相信在六经中存在着绝对的真理。顾炎武的“经学即理学”代表了他们的基本观点。章学诚却认为“六经皆史”。六经是记载三代成熟之前的历史的书籍，因此，如果暂时撇开考据、训诂等方式的不足，那么，通过考据、训诂六经是可能得到三代成熟之前的道的。可是，历史是变动的，三代之后的历史绝非六经所能记载，因此，通过考据、训诂六经不能得到发展着的道之全体。那种认为道全在六经的观点是错误的：“儒家者流守其六籍，以谓是特载道之书耳。夫天下岂有离器言道，离形存影者哉？彼舍天下事物、人伦日用，而守六籍以言道，则固不可与言夫道矣。”[①] “近儒谈经，似于人事之外，别有所谓义理矣。”[②] 对近儒的离器言道、妄图完全立足于六经以求道的态度表示不屑。

第二，方法论的批判。在这方面，山口教授已经从各个方面揭示了章学诚心目中的考据学派的训诂方式中的问题，大致可以概括为：[③]一、言与意的乖离。三代以前，官师政教合一；三代以后，官师政教分离，“所以三代以后的私人著述家们，对自己以不在其位之身直言不讳地陈说自己的语言又过分回避，往往使用暧昧的语言（旁申）或相反的表现（反托），多采用出人意料之外的措辞。后世在诗文和史学中留下不朽盛名的人全部采取这样依托文采

---

① ［清］章学诚著，叶瑛校注：《文史通义校注》，中华书局，1994 年，第 132 页。

② ［清］戴震：《戴震文集》，中华书局，1974 年，第 523 页。

③ 以下是概括［日］山口久和著，王标译：《章学诚的知识论——以考证学批判为中心》第六章相关内容。此部分引文若不特别指出即出自该书第六章。

(rhetoric) 自陈其说的方法”。二、语言本质的多义性。言说总是在具体的背景中发生，章学诚认为，如果把语言表现从对话的具体背景中隔离开来，就其自身进行解释时，即采取紧贴文本、作为文本语言表现的唯一线索对文本进行解释的文献实证主义——清代考证学的方法时，作为语言的表现和孔子的“意”之间就产生了乖离。扩而广之，“文本正是从无视语言（行为）的时间制约性、历时性的地方开始经典化、普遍化的”。山口认为，章学诚的论点中还有经书象征主义的味道。即认为六经的文本语言不是无媒介的方式直接表现道，而是以意象或者某种事物为媒介间接地表现内容。因此，机械的、朴素的、认为言意一一对应、直接可从言求意的考据学家的训诂方式是有问题的。

显然，章学诚对考据、训诂方式的充分有效性的质疑是很多的。比如，他认为历史上师徒之间、门派之内有超越文字的“心传口授”方式的存在，所以，单纯训诂记录下来的文字如何肯定能得道呢?[①] 训诂本身就是众说纷纭的：“经师先已不能无抵牾”，如何保证正确答案的获得呢?[②] 在此，笔者并不一一罗列。笔者的兴趣在于由此进一步说明：章学诚实际上宣告了考据学家的考据、训诂求道的方式的不足。这种宣告，从积极的角度看，便是在为广义的实践正名。

第三，主体的批判。即便求道的对象、方式都毫无问题，章学

---

① [清] 章学诚著，叶瑛校注：《文史通义校注》，中华书局，1994 年，第 172—317 页。
② [清] 章学诚著，叶瑛校注：《文史通义校注》，中华书局，1994 年，第 138 页。

诚实际上还是认为主体成为此种得道途径的一个限制。《假年》一文中提出的对人性的看法实际上构成对考据学的一个批判。章学诚认为“神仙长生之说，诚渺茫矣”，“人于天地之间，百年为期之物也。心知血气，足以周百年之给欲，而不可强致者也”。“以有尽之生，而逐无穷之闻见；以一人之身，而逐无端之好尚；尧、舜有所不能也。”[①] 笔者的一个推论是，人生有涯，六经虽然不是“无端”的闻见，并且其范围有所局限，但是，从古至今注疏不知有多少，主体如何能穷尽？如上文所述，戴震认为“知一字之义，当贯群经、本六书，然后为定”。事实上我们完全可以猜测：读完群经和六书，也许留给主体的时间很可能已经不多了。那么，在没有得到所有的资料之前，是否就不能确定字词的涵义？更重要的是，是否就不能得道了呢？这些问题叫人焦虑。

另外，假设人生可以无限，但是，人的性情总有偏向，“年可假，而质性不可变”，[②] 对于不善考据、训诂者，是否意味着道就远离他们了？事实上章学诚本人就是一个生动的例子。如上文所说，他对于考据、训诂绝无天性，那么，他这一类人如何得道？儒家的传统是认为道不远人，人人可以得道。考据学家却将得道变成少数人的专利。

因此，必须扭转得道的方式在考据学家那里所发生的偏离。将实践观念拉上正轨。

---

① ［清］章学诚著，叶瑛校注：《文史通义校注》，中华书局，1994 年，第 322—323 页。
② ［清］章学诚著，叶瑛校注：《文史通义校注》，中华书局，1994 年，第 323 页。

三、“欲知大道，必先为史”：实践观念的隐现

章学诚和戴震有诸多争论，比如关于修志体例、方式。[①] 但是，其最根本的一点差别是，戴震认为求道只能通过考据、训诂，而章学诚认为求道的优先方式是通过探求众人日常生活之“一阴一阳之迹”，同时，在明确“六经皆史”的前提下，他并不否认通过训诂、辞章等其他方式得道的可能性，这使得他的得道主张颇为宽容。一定程度提出了实践是得道的基础的观点。

相比于戴震等考据学家，章学诚首先扩展了道存在的领域。他认为，道不全在六经，而在人伦日用之间：“天地生人，斯有道矣。而未形也。三人居室，而道形矣，犹未著也。人有什伍而至百千，一室所不能容，部别班分，而道著矣。”[②] 所以，“求道必于一阴一阳之迹”。[③] 不过，“三人居室”“部别班分”“一阴一阳之迹”本身不是道，而是“万事万物之当然”，“道者，万事万物之所以然。”[④] 也就是说，求道必须透过一阴一阳之迹，而窥其背后之理。[⑤] 这为实践的地位的恢复提供了前提。

章学诚认为，道之形成是自然而然的：“故道者，非圣人智力

---

① [清] 章学诚著，叶瑛校注：《文史通义校注》，中华书局，1994 年，第 275 页。

② [清] 章学诚著，叶瑛校注：《文史通义校注》，中华书局，1994 年，第 119 页。

③ [清] 章学诚著，叶瑛校注：《文史通义校注》，中华书局，1994 年，第 120 页。

④ [清] 章学诚著，叶瑛校注：《文史通义校注》，中华书局，1994 年，第 120 页。

⑤ 换而言之，道与实践是合二为一的存在。求道离不开对实践的探索，这种观点一方面肯定了实践的重要性，另一方面，又包含着某种不足。

之所能为，皆其事势自然，渐形渐著，不得已而出之，故曰天也。”[①] 众人之日常生活，恰恰就是自然而然的，圣人之作为犹不得不然之处。可见，于自然而然的众人生活中求道可以为圣人：“学于众人，斯为圣人”[②]。倘若向圣人学习，则只能为贤人。

而众人之自然而然的生活，也就是“一阴一阳之迹”，在章学诚看来，主要是“三人居室”“部别班分”等充满伦理、政治意味的活动。因此，所谓“学于众人”，也正是学习这种伦理、政治活动。章学诚说：“故无志于学则已，君子苟有志于学，则必求当代典章，以切于人伦日用；必求官司掌故，而通于经术精微；则学为实事，而非空言，所谓有体必有用也。”[③] 在这个意义上，章学诚多次表示秦朝主张“以吏为师”恰恰是求道的正确途径。六经之所以有意义，也不在于它们记载了道，而在于它们实质上是史，记载了三代以前的“人伦日用”、“官司掌故”、政教典章等实事。也正是这一点，保证了考据、训诂六经还是可以得到三代以前的道的：“道备于六经，意蕴之匿于前者，章句训诂足以发明之。”[④] 但是，历史是流变的，三代不能囊括全部的人类史，所以，章学诚接着说：“意蕴匿于后者，章句训诂不足以发明之，当贵约六经之旨，随时撰述以究大道。”[⑤] 所谓“贵约六经之旨”，绝非要求像考据学

---

① ［清］章学诚著，叶瑛校注：《文史通义校注》，中华书局，1994年，第119页。

② ［清］章学诚著，叶瑛校注：《文史通义校注》，中华书局，1994年，第120页。

③ ［清］章学诚著，叶瑛校注：《文史通义校注》，中华书局，1994年，第231页。

④ ［清］章学诚著，叶瑛校注：《文史通义校注》，中华书局，1994年，第139页。

⑤ ［清］章学诚著，叶瑛校注：《文史通义校注》，中华书局，1994年，第139页。

家那样拘泥于六经的文句，而是要求吃透六经的精神，弄清六经之所以为六经。那就是，“六经皆史也。古人不著书，古人未尝离事言理，六经皆先王之政典也。”[①] “而非圣人一己之心思，离事物而特著一书，以谓明道也。”[②] 六经是对先王时代“经纬世宙之迹”[③] 的记载。因此，后世若需“随时撰述以究大道”，便须对当时人们经世致用的过程加以记录、探求。

正是“撰述”这个概念，拉近了章学诚与实践的距离。表面上，“撰述”和训诂一样，都属于文字性手段。但是，章学诚有一套特殊的文明发展史观念以及“时会说”，这使得“撰述”成为了揭示大道的有力方式。章学诚认为，三代之前，官师、政教合一，六经是各官专守之掌故，并无专门撰述之说。三代之后，官师、政教分离，各官专守之掌故沦为个人私家著述。这也是历史情势使然。[④] 所以，周公有德有位，有制作之权；孔子有德无位，无制作之权，只能述而不作。这一切都是“时会使然”，与周公、孔子本身的能力没有关系。[⑤] 因此，身处章学诚的时代，求道的方式就不可能像周公那样有实际的经世致用，也不可能像孔子那样述而不作，而应有自己的特点。

相比于训诂等求道方式，章氏特别肯定了史学的优先地位。他

---

① [清] 章学诚著，叶瑛校注：《文史通义校注》，中华书局，1994 年，第 1 页。

② [清] 章学诚著，叶瑛校注：《文史通义校注》，中华书局，1994 年，第 2 页。

③ [清] 章学诚著，叶瑛校注：《文史通义校注》，中华书局，1994 年，第 3 页。

④ 参 [清] 章学诚著：《史释》，《文史通义校注》，叶瑛校注，中华书局，1994 年。

⑤ 参 [清] 章学诚著：《原道上》，《文史通义校注》，叶瑛校注，中华书局，1994 年。

之所以将自己归入浙东学术流派，一个原因就在于，浙东学术的特点是“言性命者必究于史”，[①] 也就是并非是在“空言”中，而是在人伦日用之中探究大道。在各个历史阶段，由于“时会”相异，它的表现还是不同的：“浙东之学，虽源流不异，而所遇不同。故其见于世者，阳明得之为事功，蕺山得之为节义，梨洲得之为隐逸，万氏兄弟得之为经术史裁。授受虽出于一，而面目迥殊，以其各有事事故也。”[②] 我们可以接着往下说，正如阳明、蕺山、梨洲、万氏兄弟将所得的浙东之学的根本精神根据“所遇”（时会）之特殊而化为各自的表现一样，自认承接浙东学术学风的章学诚根据当时的“时会”，将浙东学术精神转化为著述、撰述，所谓“实斋得之为著述（撰述）”。虽然表现不同，但是，“自古圣人，其圣虽同，而其所以为圣，不必尽同。时会使然也”[③]。

同时，章学诚也并非全盘否定以训诂、辞章等方式而得道的可能性。如上文提到的，章学诚明确表示戴震和自己一样是追求大道的，差别在于戴震是通过考据、训诂，自己是借助史学。他以为戴震的问题除了其训诂对象、训诂方式有所不足之外，更重要的是“自尊所业，以为学者不究于此（指训诂——笔者），无由闻道”。[④] 而不知道“训诂名物”只是得道的一个途径。章氏以为，在某种意义上，如果在训诂过程中明白训诂之所以为训诂，即明白训

① ［清］章学诚著，叶瑛校注：《文史通义校注》，中华书局，1994 年，第 523 页。
② ［清］章学诚著，叶瑛校注：《文史通义校注》，中华书局，1994 年，第 524 页。
③ ［清］章学诚著，叶瑛校注：《文史通义校注》，中华书局，1994 年，第 122 页。
④ ［清］章学诚著，叶瑛校注：《文史通义校注》，中华书局，1994 年，第 275 页。

诂是周公之制作、孔子之述而不作等在当今“时会”之下的流变，明白六经本质上是史，那么，训诂还是可以成为得道之阶的：“取三者（指训诂章句、疏解义理、考求名物——笔者）而兼用之，则以萃聚之力，补遥溯之功，或可庶几（指得道——笔者）。”[①]“遥溯之功”一方面指考据学家需突破其机械的训诂方式，另一方面又暗指不可拘泥于六经为道之全体所在，明白它们实质上是先王经世致用的陈迹。这种观点，实际上要求恢复训诂作为众多实践方式之一的地位。

章氏还认为，如果知道“六经为史”的道理，那么，辞章也是得道的一个途径。在批评戴震舍训诂无以得道的观点时，章氏明确表示文章大家韩愈、欧阳修也是闻道的。[②] 章氏认为，文字诞生之初，本来就是治世的手段：上古结绳而治，结绳就是文字的雏形。然后演变为书契，如此便“百官以治，万民以察”。[③] 随着官师政教的分离，才有私人著述的产生。作者如果能明白文字的本义，并以之规范后世，知来藏往，阐事述理，“文乃衷于道”。[④] 这种观点实际上把辞章当做实践方式之一种。

无疑，相比于戴震认为道只能通过考据、训诂获得，章氏的观点宽容得多。他说：“六经大义，昭如日月，三代损益，百世可知。高明者由大略而切求，沉潜者循度数而徐达。资之近而力

---

① [清] 章学诚著，叶瑛校注：《文史通义校注》，中华书局，1994 年，第 138 页。
② [清] 章学诚著，叶瑛校注：《文史通义校注》，中华书局，1994 年，第 275 页。
③ [清] 章学诚著，叶瑛校注：《文史通义校注》，中华书局，1994 年，第 139 页。
④ [清] 章学诚著，叶瑛校注：《文史通义校注》，中华书局，1994 年，第 139 页。

能勉者，人人所有，人人可自得也。”[①] “途径不同，而同归于道也。后儒途径所由寄，或于义理，或于制度，或于文辞……”[②] 总之，在肯定六经只是为大义作出了某种示范、真正的大道随同历史的展开而流变的前提下，每个人不妨根据自己的性之所近选择得道的方式。

如此，不喜考据、训诂者也有了得道的机会。否则，“以有尽之生，而逐无穷之闻见；以一人之身，而逐无端之好尚；尧、舜有所不能也。”[③] 正是在错误的学问观、著述观下，生命的有限性才成为得道的一个障碍：章学诚说，难道随着时间的推移，后世的材料越积越多，后代的人必须活到五百岁才能得道不成？真正的学问、著述应该是材料和性情的有机结合。[④] 如此，“宇宙名物，有切己者，虽缁铢不遗。不切己者，虽泰山不顾。如此用功，虽极钝之资，未有不能记也。”[⑤] 从自己的性情出发，关注与之紧密联系的，那么，材料再多也可以化繁为简。生命的有限性似乎得到了某种程度的克服。

章学诚认为：“夫学有天性焉，读书服古之中，有入识最初而

---

① ［清］章学诚著，叶瑛校注：《文史通义校注》，中华书局，1994年，第165页。

② ［清］章学诚著，叶瑛校注：《文史通义校注》，中华书局，1994年，第166页。

③ ［清］章学诚著，叶瑛校注：《文史通义校注》，中华书局，1994年，第323页。

④ 对章学诚的这种观点来自山口久和教授。参其著作《章学诚的知识论——以考证学批判为中心》。山口久和教授认为，章学诚主张真正的学问之中必然存在主观性契机，因此是功力和性情的结合。下文的若干论证也取自该书。本文的主旨却在于由此证明章学诚化解了主体的有限性在得道方面的局限。特此指出，表示感谢。

⑤ ［清］章学诚著，叶瑛校注：《文史通义校注》，中华书局，1994年，第323页。

终身不可变易者是也。学又有至情焉，读书服古之中，有欣慨会心而无焉不知歌泣何从来者是也。”[①] 可见，如果不为风气所动，顺着自己的性情偏好而求道，不仅不会感到不能“遍物”的紧张，反而会有“欣慨会心不知歌泣何从来”的高峰体验。在此，性情不仅没有成为得道的阻碍，而且成为某种助推剂。

这里便包含着多样化的实践观的萌芽。这些实践方式与主体的性情密切相关。

余论

以戴震为代表的考据学家认为道在六经，章学诚则认为六经皆史，求道当于人伦日用中，此从哲学的层面看，可以看作是实践的广义理解对实践的训诂化诠释的批评。不过，章氏的批判有效吗？他的主张成立吗？

上文提到章学诚面临的根本困境：如何在考据、训诂的得道途径之外开辟另一条得道之路。他的答案是学于众人，探究一阴一阳之迹，进行撰述；虽然他同时也认肯了通过训诂、辞章等也是可以得道的，但前提是认清“六经皆史”，承认史学在得道途径中的优先地位。此种回答，和考据学派认为除了考据之外别无得道之阶、别无其他实践方式大概有类似的问题。诚如章学诚自己所指出的，真正的学问必须包含个体自身的性情之偏好。那么，生性喜欢考据

---

① ［清］章学诚著，叶瑛校注：《文史通义校注》，中华书局，1994 年，第 161—162 页。

的钱大昕等纯粹考据学家[1]认为考据本身就是大道，不必另外寻求义理，不必承认六经皆史，那么，他们是否就被排除在得道的可能性之外了呢？根据章学诚的思路，答案是肯定的。纯粹考据学家由于不关心义理便无由闻道。在这个意义上，章学诚所建立的得道方式恐怕还是缺乏足够的普遍性。

另外，诚如余英时所说，章学诚所处的乾嘉时期主要是一个智识主义兴起的时代。尽管章学诚极力强调自己和考据学家之间的区别，但是，从研究历史和考据、训诂最终也表现为撰述这一点上说，章学诚与其极力撇清关系的考据学家似乎没有多大差别。在这个意义上，在智识主义兴盛的时代，无论如何自我辩解，章学诚等都无可奈何地成为了“学者”。他与考据学家的差别只在专业的不同，而非根本得道途径的不同。

最后一个问题是，主体的有限性固然可以通过“性情说”在一定程度上获得缓解，可是，在训诂、辞章、史学等的每一个领域之内，生命的有限性依然存在。在训诂资料无穷的情况下，即便训诂是我所爱，主体也很可能难以穷尽所有的答案；依据章学诚，史学的对象是“一阴一阳之迹”，无疑，它也总在无穷的流动生成之中，材料的积累也无穷尽。那么，得道是否还可能？看章学诚的论述，他似乎并没有从根本上解决这个问题。

出路在哪里？仿造章学诚“学于众人，斯为圣人”的用语，笔

---

① 余英时：《论戴震与章学诚》，三联书店出版社，2005年，第87页。

者以为出路在于“身为众人，斯为圣人”。无论是戴震还是章学诚，都把自己看成外在于道的主体，把道看成在己之外的对象，差别在于一个认为道已凝固为六经，一个认为道在众人的生活中。没有看到自己本质上也是众人之一，自己的训诂、辞章、史学等行为也是历史发展到不同时期，依据性之所近展现出来的人伦日用的一种。在这个意义上，撰述就是学者在当代的存在方式，从而就是求道的方式。因此，希图借之求大道者（如章学诚、戴震）和视之为大道本身者（如钱大昕）并无本质差别。由于训诂、史学、辞章等学问就是道途之一种，“慨然会心”的高峰体验将成为生活中的常态。这本来是中国传统哲学的基本精神，但在智识主义兴起的时代，知识精英俨然将自己立为众人之另一极，从而将得道变得困难重重。

得道的通途就在于肯定实践方式的丰富性、广泛性。训诂、写作是得道的众多途径之一，而不是唯一之途；同时也应该肯定其他的更加普遍的得道方式。借用冯契的话来说，庖丁解牛、老农种田，都是实践的方式，都可以是得道之举。这就是我们最后得出的结论。

当然，需要补充说明的是，在此只是肯定了实践的普遍性，而没有进一步讨论如何通过实践来得道。按照我们的理解，显然需要提出认识论辅助和政治哲学两大辅助。但这是第二、第三章的讨论内容。在本章，还需要完成一个任务：揭示实践所具有的内在关系。所谓内在关系，也就是实践的客体和主体的一方的改变所引起的另一方的改变。对此，我们称之为实践是改变世界和改变自我的统一。这个观点在导论中也有所涉及，在此，我们将回顾中国近现代思想史、哲学史，对实践的这个的特征形成的过程作一素描。

第二节　实践：改变世界与改变自我的统一

章学诚在考据学家林立的清朝重新要求恢复实践的多样性，但一定程度上却又矫枉过正，有将训诂排斥在实践形态以外的倾向。历史发展到晚清，进入中国近现代思想史之后，从康有为开始，就或多或少认识到了作为“两个改变”的实践观、自由观。其后，梁启超、孙中山、章太炎、胡适、熊十力、贺麟、毛泽东、艾思奇以及张岱年等人，都对“两个改变”做出了一定程度的论述。

一、戊戌时期的开拓

早在戊戌变法时期登上思想史舞台的康有为、梁启超那里，就对作为“两个改变”的实践观做出了某种阐述。

被誉为中国近代思想史上创作了两个规模最宏大的体系之一的康有为[①]在解释《中庸》的“成已，仁也。成物，知也。性之德也，合内外之道也。故时措之宜也”一语时，他将成己与成物结合在一起讲，颇接近于“两个改变”的意思。不过他对“改变”的理解没

① 李泽厚认为，“中国近代资产阶级革命时期，真正具有哲学上思辨兴趣和独创性，企图综合古今中外铸冶严格意义上的哲学体系的，只有谭嗣同和章太炎两人。”但他同时指出，就思想体系来说，他们不及康有为和孙中山。（李泽厚：《中国近代思想史论》，安徽文艺出版社，1999 年，第 737 页。）

有达到感性实践的高度。康有为说：

> 此言德性合人己内外。盖道本诸身，有己然后有物。仁者无不爱，而先爱其身。身不能外物，有物然后有己。知者无不知，而必博乎物。孟子曰：万物皆备于我，反身而诚，乐莫大焉。盖仁与智，皆吾性之德，则己与物皆性之体。物我一体，无彼此之界。天人同气，无内外之分。水之周于全地，电之遍于长空。无外则大而无尽，无内则小而无穷。贯澈圆融，不能离断，物即己而己即物，天即人而人即天。凡我知之所及，即我仁之所及，即我性道之所及。其知无界，其仁无界，其性亦无界。故诚者知此，以元元为己，以天天为身，以万物为体。故自群生之伦，无有痛养之不知，无有萎痺之不仁。山河大地，皆吾遍现。翠竹黄花，皆我英华，遍满虚空，浑沦宙合。故轸匹夫之不被泽，念饥溺之在己，泽及草木，信孚豚鱼，皆以为成己故也。①

康有为从本体论的高度将世界（物）和自我（己）结合在一起。不过，和通常将世界置于本体论的首位不同，康有为认为有自我之后才有世界，从这个角度看，世界是自我的延伸。所以，成己以成物为具体展开。不过，两者之间的联系是抽象的。

---

①《中庸注》，《康有为全集》（第五集），中国人民大学出版社，2007年，第384页。

但是，康有为思想中也有反对“两个改变”的思想因素。这突出地表现在他受到了《中庸》“素位”思想的影响。他如此解释《中庸》的“素富贵，行乎富贵。素贫贱，行乎贫贱。素夷狄，行乎夷狄。素患难，行乎患难。君子无入而不自得焉。”他说：

> 人禀天之命，各以受生。境遇遭际，万殊百变，因其遇而居之，所谓位也。位既不同，则名分礼节，起居服食，亦复悬若天壤焉。或生而帝王，或生而奴隶。或富过倚顿，或贫若黔娄。或居夷入海，或流亡囚虏。或始亨而终困，或先贫而后通，流注无穷，皆听造物。虽至仁圣，难与命争。……君子知是皆有命，故思不出位，任投所遇，安之若素。非徒安之也，凡吾位之外，一切境界事物，可欣可慕者，泊然不能动之。非惟不动，且不愿焉。其安而行之，顺受自乐如此。[①]

当然，这种观点未必就使得对自由的追求本身属于多余。按照康有为的观点，这种安之若命的态度本身就是自由，其中大有快乐：“素位而行，自不陵不援。不愿乎外，自不求无怨也。凡人处境不顺，率多怨天。与人不得，则多尤人。怨天，则生理不畅而愁郁多。尤人，则人道多争而祸难作。若知自得，则不怨天，能乐其生矣。”[②] 这种乐某种意义上就是内在的自由。显然，康有为在此论述

---

①《中庸注》，《康有为全集》（第五集），中国人民大学出版社，2007 年，第 375 页。

②《中庸注》，《康有为全集》（第五集），中国人民大学出版社，2007 年，第 375 页。

的自由更多地呈现为改变自我，而对外界的改变则关注不多。这是《中庸》哲学向来的特点。然而，从我们的角度看，这种自由是消极的，满足于内心，而不是出于对世界的现实改变。

事实上，我们需要发扬的是为《中庸》和康有为批评的“小人”的精神：突破所谓命的限制，展开实践，追求外在的自由，其中包括了实在的幸福。《中庸》说：“故君子居易以俟命，小人行险以徼幸。”康有为对之作出了批评性的解释：

> 易，平地也。徼，求也。命者，天之所为。人当奉天，只有俟其驱使而已，故君子居易以俟。故奉义而行，临难不避之，不肯夤缘捷径，冒行险巇，以冀幸得。夫得之不得有命，非求所能获。其有妄求蹈险者，皆小人不知命故也。命为孔子教人大义，故子思郑重发之。诚以人不安命，怨天以伤生。苟能知命，则超然自得。故苦口度人，与以安乐良方，此孔子之大慈也。[①]

从某种角度看，“小人”的突破、创造精神是值得仿效的。但是，如果我们将“不知命”做广义的理解，理解为没有正确认识世界，那么，“小人”的做法就存在缺陷。因为他否定了我们上文所说的成功实现“两个改变”所需要的认识论辅助。在这个意义上，君子

---

①《中庸注》，《康有为全集》（第五集），中国人民大学出版社，2007年，第375页。

的“知命”反而是值得学习的：即，必须正确认识世界。但是，不能把“知命”理解为安于现状。

“思想界之陈涉”梁启超继续阐发作为“两个改变”的实践观。他修正、扩展了其师康有为的有关观点。

在《变法通议》中，梁启超认为在尊重客观规律的前提下正确发挥主体性，就可以达到善的境界。他说：“今夫自然之变，天之道也；或变则善，或变则敝，有人道焉，则智者之所审也。语曰：学者上达，不学下达。惟治亦然，委心任运，听其流变，则日趋于敝；振刷整顿，斟酌通变，则日趋于善。”[①] 可见，主体性的正确发挥，一方面源于对客观规律的遵守；另一方面，又需要正确的政治制度（“惟治亦然”）。不过，这些都是需要进一步阐释才能明确。

在《国家运命论》中，梁启超将“两个改变”的实践观表达得更加明确。值得注意的是，梁启超是借用了佛学理论和先秦思想来阐发的。而其理论上所针对的，就是康有为消极的命定论。他说：

吾先圣昔贤之指此为运命者，何也？曰：凡造业者既必受报，无所逃避，无所差忒。自其因果相续之际言之，确有自然必至之符，无以名之，强名曰“命”。其以不共业而得正报者，则谓之为个人之运命；其以共业而得依报者，则谓之为国家之运命。此运命之说所由来也。虽然，运命云者，由他力所赋以

① 梁启超：《变法通议》，《饮冰室文集点校》（第一集），吴松等点校，云南教育出版社，2001 年，第 18 页。

与我，既已赋与，则一成而不可变者也。业报云者，则以自力自造之而自得之，而改造之权常在我者也。如曰万事惟运命而已，则吾侪之自为私人计者，诚可以终岁偃卧、不复事事，以俟泰运之来，自有彼苍为我两金两粟；而倘遇否运，则亦惟听其蹙我至死，而不一思抵抗。顾虽以至愚之人，犹不肯出此也。独至国家之盛衰兴亡，则壹诿诸运命气数而束手以待之，何其惑哉！我先民之言命也，曰造命，曰立命。《书》曰："天作孽，犹可违，自作，不可逭。"《诗》曰："自求多福。"孟子曰："祸福无不自己求之者。"荀子曰："怨天者无志。"夫天而可违，祸福而可自求，则运命之非前定也明矣。而造之立之，亦视人之有志与否而已矣。①

显然，在此梁启超表现出某种非理性主义的倾向。他认为"立命""造命"还是遵命取决于主体有无志："造之立之，亦视人之有志与否而已矣。"② 事实上，祸福的获得，不完全是主体自身之志所决定的。正如端坐于床不可能有泰运必来，心中希望泰运来，它也不可能因主体之希望而来。改变世界必须既要发挥主体能动性，又要重视客观规律。

就上面的引文而言，梁启超比较多地突出了对世界的改变的方

① 梁启超：《国家运命论》，《饮冰室文集点校》（第二集），吴松等点校，云南教育出版社，2001 年，第 784 页。

② 梁启超：《国家运命论》，《饮冰室文集点校》（第二集），吴松等点校，云南教育出版社，2001 年，第 784 页。

面，对在改变世界过程中主体的改变言之甚少。但是，仔细地分析之下也可以看出某些端倪。因为当主体有志决定改变世界之时，他也从无志之人便成了有志之人。所以，“两个改变”在某种意义上也是成立的。

晚年的梁启超将这层意思表达得更明确。在《敬业与乐业》的演讲中，他高度肯定劳动的重要性，而劳动其实是实践的代名词；同时主张要敬业也即忠于事业，并且认为，“凡职业都是有趣味的，只要你肯继续做下去，趣味自然会发生。”[①] 这种趣味主要表现为人生的快乐，梁启超认识到在改变世界（劳动、职业）的过程中人也是可以获得改变的（获得快乐，远离烦恼）。

二、辛亥时期的探索

历史进入辛亥革命时期，涌上思想史舞台的孙中山、章太炎等众多人物也表达了作为“两个改变”的实践观。[②]

“国父”孙中山在一般的层面上认识到了人力可以胜天：“人力非不可以胜天，要在能善用。”[③] 当然，孙中山在此只是讲了人力胜天，还没有那么细致。在一般性的自由人格的培养方式之外，孙中山认为，积极参与政治活动也是塑造自由人格的一个有效途径。他

---

① 梁启超：《敬业与乐业》，《饮冰室文集点校》（第六集），吴松等点校，云南教育出版社，2001 年，第 3332 页。

② 由于我们会在第五章讨论冯契哲学在章太炎哲学研究上的应用，因此，本部分主要论述孙中山的相关思想。

③《孙中山全集》（第五卷），中华书局，1985 年，第 494 页。

指出，“政治的力量，足以改造人心、改造社会，为用至弘，成效至著。然每闻教育家之言曰‘以不谈政治为高’。此种谬说，不知其何所据而云然?”[①] 并且，孙中山将这种培养方式追溯到了孔子那里。他说：“中国最大之教育家厥为孔子。我国人视孔子为圣人、为宗教家。以世界学者的眼光观察之，则孔子为政治家，为政治教育家。试读孔氏书，其教旨于诚意正心修身，以及齐家、治国、平天下三致意焉。所谓齐家、治国、平天下，非政治教育而何?孔子且以政治为第一要务，而今之教育家辄舍政治而不谈，何也?”[②] 当然，严格地说，“诚意正心修身，以及齐家、治国、平天下”是《大学》所明确表述的思想，但在宽泛的意义上的确与孔子相关。

如果联系我们对“修身-诚意-正心-齐家-治国-平天下”之间关系的解释，那么孙中山在此其实也表达了“在改变世界的过程中改变自己、获得自由人格”的思想。换而言之，政治是通过改变社会而改变人心的。孙中山也认识到中国自古以来的奴隶人格是由专制制度造成的。因此，改变政治制度成为了塑造自由人格的一大前提。

三、胡适的另一面

新文化运动之后，社会思潮风起云涌，而以自由主义、文化保守主义和中国化的马克思主义三家为主流。首先映入眼帘的是中国

---

①《孙中山全集》(第五卷)，中华书局，1985年，第563页。

②《孙中山全集》(第五卷)，中华书局，1985年，第563页。

的自由主义思潮。在此我们以胡适为中心进行讨论。

在胡适的思想中，存在着两种主体性。一种可以称之为实用主义的主体性，或者说主观化的主体性，它主要表现为将实在感觉化、主观化，将真理假设化、人造化、可变化。实际上，这就是实用主义的实在论和真理论。之所以称之为主观化的主体性，是因为这种主体性将实在感觉化，在这个意义上，虽然胡适也说“实在是我们自己改造过的实在。这个实在里面含有无数人造的分子。”① 但是，他所谓的“改造”“人造”不是感性的实践，而主要是感觉的触动、思虑的谋划。同时，在真理的判定问题上，虽然胡适一再强调采取效果论的进路，但是，他所说的效果是和人的感受密切联系的。他说，律例（规律、真理）“原不过是人造的假设用来解释事物现象的，解释的满意，就是真的；解释的不满人意，便不是真的，便该寻别种假设来代他了。”② 可见，这种主体性是主观的、思辨的。

但是，胡适思想中还存在着另外一种为人们所忽视的主体性，不妨称之为现代自然主义的主体性或者说现实的主体性，其要点就在于在天人关系上强调积极的相互作用，一定程度上达到了“在改变世界的过程中改变自己”的高度。

胡适的这个观点的来源，一方面是对古代自然主义的消极面的扬弃，另一方面则是引进了现代科学思想的结果。

---

① 胡适：《实验主义》，《胡适全集》（第1卷），安徽教育出版社，2003年，第298页。
② 胡适：《实验主义》，《胡适全集》（第1卷），安徽教育出版社，2003年，第279页。

显然，胡适认为道家是古代自然主义的主流。它有好的一面（比如政治哲学），但总体上是消极的。后者的表现，主要是在天人关系上主张极端的自然主义，几乎完全摒弃人为；同时，强调人对天（环境）的被动适应，缺乏主动性。胡适指出，极端的自然主义主张严格的天人之别，提倡“不以人易天”，回归最原始的状态，排斥一切人造的文明。

胡适认为，道家的这种极端的自然主义当然是做不到的，所以他们退一步主张“重天然而轻人工”。[①] 这点突出地体现在《庄子》的生物进化论上。胡适指出，《庄子》以“自化”为核心的生物进化论不是生物主动地适合于环境，而是被动地适合：“这种适合，大抵全靠天然的偶合，后来那些不能适合的种类都澌灭了，独有这些偶合的种类能繁殖，这便是‘天择’了。”[②] 相反，所谓主动的适合指的是“本来不适于所处的境遇，全由自己努力变化，战胜天然的境遇”。[③] 胡适认为，《庄子》的进化论的问题就在于不大理会那更加重要的主动的适合。

也就是说，在天人之辨上道家极端的主张是天人二分，较温和

---

① 胡适：《中国中古思想小史》，《胡适全集》（第 6 卷），安徽教育出版社，2003 年，第 135 页。

② 胡适：《中国古代哲学史》，《胡适全集》（第 5 卷），安徽教育出版社，2003 年，第 419 页。

③ 胡适：《中国古代哲学史》，《胡适全集》（第 5 卷），安徽教育出版社，2003 年，第 419 页。注意，胡适并没有说“主动”的适合，他说的是“自动”的适合。但是，此处“自动”的意思显然指的是主动；而且，由于“自动”一词包含着歧义，所以使用“主动”一词来使含义更加明确。

的主张是重天轻人。这些都受到了胡适的批评。

需要指出的是，胡适在对《庄子》的生物进化论基本特质的梳理中，不仅批评了道家的自然主义的消极性，而且指出存在着另外一种积极的自然主义，即主动地适合。这种积极的自然主义又是以现代的进化论为基础，它的一个要点就是“物竞天择”。如果说消极的自然主义在进化论方面侧重于“天择”，那么，积极的自然主义则侧重于“物竞”，后者与胡适所欣赏的新自然主义的要件之一——残酷的生存竞争——相一致。这种观点显然是因为引进了现代科学思想（现代进化论）。请不要忘记，胡适明确指出，现代自然主义是古代自然主义加上现代科学思想。

这种科学思想具体而言，包括科学内容、科学方法、还有科学精神。进化论主要涉及科学内容。事实上，胡适对后两者也高度重视。而在胡适对积极的生存竞争的强调中，我们又可以看到胡适对古代自然主义的某种继承。胡适指出，荀子其实也是自然主义的一种表现形态：“荀子在儒家中最为特出，正因为他能用老子一般人的‘无意志的天’，来改正儒家、墨家的‘赏善罚恶’有意志的天；同时又能免去老子、庄子天道观念的安命守旧种种恶果。”① 这种自然主义显然已经克服了天人关系上天人二分或者“弊于天而不知人”，胡适明确指出，荀子的自然主义几乎就是“培根的戡天主

① 胡适：《中国古代哲学史》，《胡适全集》（第5卷），安徽教育出版社，2003年，第458页。

义”。[1]

但是，胡适同时认为，荀子的积极的自然主义本质上还是古代的，要害就在于他缺乏科学方法以及科学精神。“荀卿的‘戡天主义’，却和近世科学家的‘戡天主义’大不相同。荀卿只要裁制已成之物，以为人用，却不耐烦作科学家‘思物而物之’的功夫。”[2] 胡适指出，先秦名家的思想在某种意义上正是当时科学精神的体现，但“荀子对于这一派人屡加攻击”,[3] “实际上就把自然科学从哲学领域中排挤出去了。”[4]

也就是说，胡适的自然主义的主体性或者说现实的主体性可谓荀子的自然主义（“戡天主义”）和现代的科学思想的结合。这种主体性，一方面强调天人关系上的积极互动，另一方面，又主张这种积极互动不是盲目的，而是以科学思想为指导的。而其所说的科学思想，在方法论上主要是“拿证据来”“科学实验室的态度”以及“历史的态度”等，这些我们都已经是了如指掌了，不赘。下文主要对现实的主体性的内在机制做一阐述。

胡适认为，现代的自然主义是承认因果律的，这就为人的主体性的发挥提供了逻辑前提。他说：“在那个自然主义的宇宙里，天

---

① 胡适:《中国古代哲学史》，《胡适全集》（第5卷），安徽教育出版社，2003年，第458页。

② 胡适:《中国古代哲学史》，《胡适全集》（第5卷），安徽教育出版社，2003年，第458页。

③ 胡适:《中国古代哲学史》，《胡适全集》（第5卷），安徽教育出版社，2003年，第459页。

④ 胡适:《先秦名学史》，《胡适全集》（第5卷），安徽教育出版社，2003年，第171页。

行是有常度的，物变是有自然法则的，因果的大法支配着他——人——的一切生活。”[①] 也就是说，自然主义的宇宙是具有因果大法的。这个因果大法遍布于生物界、人类历史、心理现象以及社会现象（比如道德）。

但这并不意味着人受到了限制。胡适说：“然而那个自然主义的宇宙里的这个渺小的两手动物却也有他的相当的地位和相当的价值……他还能考究宇宙间的自然法则，利用这些法则来驾驭天行。”[②] “天行之有常只增加他制裁自然界的能力。甚至于因果律的笼罩一切，也并不见得束缚他的自由，因为因果律的作用一方面使他可以由因求果，由果推因，解释过去，预测未来；一方面又使他可以运用他的智慧，创造新因以求新果。”[③] 也就是说，胡适认为，人们可以通过科学方法掌握因果律，来解释过去和预测未来。尤其是后者，使得人们的能力得到真正地发挥。

人们通过把握因果律来认识世界、改造世界，一方面将本然世界改变为应然世界，另一方面人本身也获得了广义的德性，锻炼了能力，获得了自由。前者可谓建立了人间的天国。胡适指出，古代虽然也有“自命兼济天下的道德”，但是，由于在科学方法上的欠

---

① 胡适：《〈科学与人生观〉序》，《胡适全集》（第 2 卷），安徽教育出版社，2003 年，第 214 页。

② 胡适：《〈科学与人生观〉序》，《胡适全集》（第 2 卷），安徽教育出版社，2003 年，第 214 页。

③ 胡适：《〈科学与人生观〉序》，《胡适全集》（第 2 卷），安徽教育出版社，2003 年，第 214 页。

缺，“终苦于无法下手，无力实行，只好仍旧回到个人的身心上用工夫”，这样，便越来越忽略了“外面的现实世界”，越来越没有能力应付外面的实际问题。[①] 现代的人们通过科学方法掌握了因果律之后，便可以“制服天行以供人用，来改造物质的环境，来改革社会政治的制度，来谋人类最大多数的最大幸福”，[②]“在理智的方面，用精密的方法，继续不断地寻求真理，探索自然界无穷的秘密。”“在宗教道德方面，推翻了迷信的宗教，建立合理的信仰；打倒了神权，建立人化的宗教；抛弃了那不可知的天堂净土，努力建设‘人的乐国’‘人世的天堂’。”[③] 胡适自信地宣称：“我们现在不妄想什么天堂天国了，我们要在这个世界上建造‘人的乐国’。”[④] 相应地，人也获得了自由。胡适说：“我们不妄想做不死的神仙了，我们要在这个世界上做个活泼健全的人。”[⑤] 而这就在掌握天行之常的过程中实现：人们“充分运用人的聪明智慧来寻求真理以解放人的心灵”，[⑥] 建立在古代自然主义基础上的“人死观”才真正变成“人

① 胡适：《我们对于西洋近代文明的态度》，《胡适全集》（第3卷），安徽教育出版社，2003年，第9页。

② 胡适：《我们对于西洋近代文明的态度》，《胡适全集》（第3卷），安徽教育出版社，2003年，第13页。

③ 胡适：《我们对于西洋近代文明的态度》，《胡适全集》（第3卷），安徽教育出版社，2003年，第12页。

④ 胡适：《我们对于西洋近代文明的态度》，《胡适全集》（第3卷），安徽教育出版社，2003年，第8页。

⑤ 胡适：《我们对于西洋近代文明的态度》，《胡适全集》（第3卷），安徽教育出版社，2003年，第8—9页。

⑥ 胡适：《我们对于西洋近代文明的态度》，《胡适全集》（第3卷），安徽教育出版社，2003年，第13页。

生观”：“吴先生（指吴虞——引者）的人生观是把人看作两手一个大脑的动物在台上做义务戏。这出戏不是容易做的，须充分训练这两只手，充分运用这个大脑，增加能力，提高智慧，制造工具：品物越备，人的能力越大，然后‘能以人工补天行，使精神上一切理想的道德无不可由之而达到又达到’。努力朝着路上走，‘没有一境不该随境努力，没有一时不该随时改进’，这才算得‘人生观’。”[①] 从这个角度看，胡适所宣扬的健全的个人主义也和新自然主义的人生观具有较多的重合之处。一定程度上可以看作是“两个改变”的实践观所指向的人的改变的应然状态之一种类型。

四、文化保守主义的观点

新文化运动时期，随着中国自由主义一起登上思想史舞台的是以现代新儒家为代表的文化保守主义。他们也讨论到了以“两个改变”为主要内涵的实践观。

熊十力借助儒家的术语，表达了“两个改变”的实践观、自由观。《十力语要》中记载了如下故事：

> 先生游圆明园故址，吾随侍。先生语我曰：昔余不信人生有自由，因为一个人在未生以前，早经旁的东西把他底生命规定了。你若不信，试想你底一切知虑、情感及行为，哪有一点

① 胡适：《几个反理学的思想家》，《胡适全集》（第3卷），安徽教育出版社，2003年，第128—129页。

一滴不受社会上学艺、政教、风俗、习惯与其他各种势力底陶铸？易言之，你底整个的人生都是社会造就的，社会是一个鸿炉，也是一个造化主，他在你未生以前，早先安排了种种模型，使你生来便投入模型中，你底种种活动，无非依着这模型做些填实功夫，如此说来，人生哪得自由？问：先生今日意思如何？先生曰：如今又觉得人生真自由，何以故？自由是相对的名词，在限制之中，而有自强自动自创，以变更不合理的限制底余裕，这才叫自由。若是无限制，又从何见出自由？社会底种种模型，固然限制了我人底生命，但是我人如果不受他底固定的不合理的限制，尽可以自强起来，自动起来，自创起来，破坏他底模型，变更他底限制，即是另造一个新社会，使我和我底同类都得扩展新生命。如此岂不是人生有大自由么？又曰：中土圣哲是主张人生有自由，如《易》与《中庸》说圣人范围天地、曲成万物及位育参赞等功用，你看他主张个人自由的力量多么大！晚近诸儒也尝道个人有转移风会的能力和责任，亦是主张自由。①

意思很清楚。熊十力原先觉得人生缺乏自由，后来认识到人生实际上具有自由。这种自由的表现就在于改变不合理的社会限制，在这个过程中，人们得以扩展新生命，也即改变自己。当然，在其直白

①《十力语要》，《熊十力全集》（第四卷），湖北教育出版社，2001年，第477—478页。

的论述中，他所说的改变世界主要改变的是社会制度和社会世界，而不是自然界；但是，当熊十力将这种自由观和先秦文本联系起来时，改变的对象立即扩大了：圣人所范围者为天地、万物。

如果说以上言论尚未揭示出改变世界和改变自己之间的内在关系，那么，在其晚期重要著作《原儒》中，熊十力认为“两种改变”是有机统一的，而且，改变自己需要以改变世界为前提，不能单纯地局限在改变自己的领域中来完成任务。他说：

> 成己成物不二，（治心养心之道，是成己之实基也；裁成天地，辅相万物，乃至位天地，育万物，是成物之极致也。人心与天地万物，本通为一体。故圣学非是遗天地万物而徒返求诸心，遂谓之学也。故字，至此为句。）治心者，治其僻执小己之私，去迷妄之根也；养心者，充养其本心天然之明，而不遗物以沦于虚。不遗物以沦于虚，故穷物理，尽物性，极乎裁成辅相位育之盛。故成己成物是一事，非可遗天地万物而徒为明心之学也。[①]

同样在《原儒》中，熊十力批评宋儒割裂成己与成物，并将成物局限在人伦之中。他一方面继续强调成己成物的一致性，另一方面则提出如果试图成功地成己成物，就需要正确地认识世界，掌握

---

① 《原儒》，《熊十力全集》（第六卷），湖北教育出版社，2001年，第313页。

真理。此充分地体现在“博学于文”一语中。他说：

> 余昔有评宋儒一段文字，自信得甚重要。其文云：宋儒识量殊隘，只高谈心性，而不知心性非离身、家、国、天下与万物而独存。博文之功，何可不注重？孔子言“博学于文”，此文字非书籍，盖自然与人事皆谓之文，如天文、人文等词是也。博学者，即于物理、人事，须博以究之之谓。学字有二义：曰效，曰觉。此处学字是效义。效者仿效，如自然科学的知识只是发现自然现象之公则，不以意见诬解，即有仿效义。宋儒固非全无博文之功，但其精神只专注在人伦日用间存养此心此性而已，博文工夫终非其所注重。①

现代新儒家的另一位代表人物贺麟借助先秦儒家和道家的术语表达了“两个改变”的实践观、自由观。他说：“说宇宙有所谓天或神，犹如说宇宙间也有一总司令。知天就好像直接向宇宙总司令交涉、请示。到后来已经知悉总司令的意旨，为天地立心，代天心立言，终则与天为一，与神为侣，也就是庄子所谓与造物者游，与天地精神相往来的工夫。由知天而希天，由希天而与天为一。不仅是圣人才能希天，人人皆能希天，人人皆在希天。”② 贺麟认为，认识自然、征服自然是与“尽性”“实现自我”相合一的。

---

①《原儒》，《熊十力全集》（第六卷），湖北教育出版社，2001年，第433页。

② 贺麟：《文化与人生》，商务印书馆，1988年，第84页。

以上说法还有点比喻的色彩，且对“知天”的内在含义揭示不足。贺麟继而表示，“人类能够凭借他的理智，构成一理想的世界，以提高其生活，改造现实，征服现实。在一个人用理想来指导他的行为的时候，也就是他发挥他最高的灵性以实现其自身的时候。”[①] 他一定程度上揭示了何以能够在认识世界、改变世界的过程改变自己的机制。这个机制就是，当人们试图改变世界的时候，他必须充分运用其才智以正确认识世界，同时，对于理想的世界是什么样子的做出勾画，在这个过程中，人的才智各个方面都得到了锻炼。而成功改变世界所带来的精神愉悦显然也是对人性之自由的再次确认。

从另一个角度看，贺麟认为，“自然本可以为人生的工具。利用自然，征服自然就是充实我们的工具，因此可使我们的生活更扩展，更丰富，更有意义。”[②] 也就是说，改变世界不仅仅锻炼了人的内在智能，而且，它也产生了有利于人外在的财富，在外在的层面上，自然一方面见证了人的自由能力，另一方面又使得人追求自由有更多的可能。

五、中国化马克思主义的观点

从五四运动时期起，中国化马克思主义便占据了重要地位，其后在历史的演变中更是成为思想界的主流。它显然是表达“两个改

---

① 贺麟:《文化与人生》，商务印书馆，1988 年，第 103 页。

② 贺麟:《文化与人生》，商务印书馆，1988 年，第 313 页。

变”的实践观的核心派别。

中国化马克思主义的先驱李大钊虽未明确论及“两个改变”，但基本意思已经包含在其思想中。他说：“盖文明云者，即人类本其民彝改易环境，而能战胜自然之度也。文明之人，务使其环境听命于我，不使其我奴隶于环境。太上创造，其次改造，其次顺应而已矣。”[①] 换而言之，文明就是改造世界之后的成果。他进而提及改变自我与改变世界是什么关系：“苟吾四亿同胞之心力，稍有活泼之机，创造改造之业，姑且莫论，但能顺应此环境而利用之，已足以雄视五洲威震欧亚矣。而今则何如者？神衰力竭，气尽能索。全国之人，其颖智者，有力仅以为恶，有心惟以造劫。余则死灰槁木，奄奄待亡，欲东不能，欲西不得，养成矛盾之性，失其自然之天。”[②] 也就是说，能够改变世界就能“雄视五洲威震欧亚”，[③] 反之则“死灰槁木，奄奄待亡，欲东不能，欲西不得，养成矛盾之性，失其自然之天”。[④] 则从正反两个方面涉及改变自我的问题。重要的是，李大钊还认识到“两个改变”得以成功的一个辅助是政治哲学。他指出，中国之所以难以进入文明，中国人之所以奄奄待亡，“余思之，且重思之，则君主专制之祸耳。”[⑤]

中国化马克思主义的一大高峰毛泽东指出，人们在实践的过程

---

① 李大钊：《民彝与政治》，《李大钊全集》（第一卷），人民出版社，2006 年，第 163 页。
② 李大钊：《民彝与政治》，《李大钊全集》（第一卷），人民出版社，2006 年，第 163 页。
③ 李大钊：《民彝与政治》，《李大钊全集》（第一卷），人民出版社，2006 年，第 163 页。
④ 李大钊：《民彝与政治》，《李大钊全集》（第一卷），人民出版社，2006 年，第 163 页。
⑤ 李大钊：《民彝与政治》，《李大钊全集》（第一卷），人民出版社，2006 年，第 163 页。

中，既“改造客观世界，也改造自己的主观世界——改造自己的认识能力，改造主观世界同客观世界的关系”。[①] 艾思奇也说：“辩证唯物论的‘有对象性的活动’则在于改变周围，同时改变自己的本性。”[②] 这些我们都已经耳熟能详。“两个改变”的思想得以明确提出。

如果说这些还是官方派马克思主义的观点，那么，实际上学院派马克思主义也持相同的观点。提出“解析的唯物论”的张岱年在其名作《天人五论》里说：“人类生存于广大自然中之中，而能认识自然，不惟能认识自然，而且能知当然之准则，能依当然之准则改变自然，并改变自己之生活以达到人生之理想境界。”[③] 作为学院派马克思主义者，张岱年的这个说法其实已经提出了“两个改变”的自由观。不过，似乎张岱年在此的表述较多侧重于认识论，而对于政治哲学在获得自由的过程中的重要性未作出阐发。

值得注意的是，张岱年结合先秦思想，对这个观点做出了印证。他说：“《易传》云；‘精义入神，以致用也；利用安身，以崇德也。’利用者改善物质生活，崇德者提高精神生活，二者亦相成而相济矣。”[④] 原来“两个改变”的实践观、自由观古已有之：当然

---

① 《实践论》，《毛泽东选集》（第一卷），人民出版社，1991 年，第 296 页。

② 艾思奇：《从新哲学所见的人生观》，《艾思奇全书》（第一卷），人民出版社，2006 年，第 233 页。

③ 张岱年：《天人五论》，《张岱年全集》（第三卷），河北人民出版社，1996 年，第 216 页。

④ 张岱年：《天人五论》，《张岱年全集》（第三卷），河北人民出版社，2007 年，第 225 页。

这是诠释的结果。

不过，张岱年指出，《易传》所说的自由更多的是和谐状态，其所说的“改善”“提高”并非如荀子那般达到“改造自然”的程度，但也并非如庄子那般消极地否定人力。他说：“《易传》天人观的特点是，既承认天与人的联系，又承认天与人的区别，而以天与人互不相违为理想。天不违人，人不违天，即自然与人的谐调。先秦哲学中，庄子主张废弃人事，回到自然；荀子主张发扬人治，改造自然。《易传》则主张尽力解决天与人的矛盾，以达到天与人的和谐。”[①] 然而，在广义上，承认人和天的区别就意味着面对着天人将发挥主体性，而在发挥主体性的过程中，“天不违人，人不违天，”也就是一方面人必须尊重客观规律，另一方面，客观规律也当为人所用。这就包含着“两个改变”的意思。

成为张岱年思想资源的不仅仅是《易传》。张岱年认为，在先秦思想中就存在着关于“两种改变”的实践观的相关表述，其一便是“力命”“义命”问题。他对其中的类型作了区分：一种是道德性的，以儒家思想为主。此时，命指的是客观必然性；义指的是道德的自觉能动性。张岱年指出，“儒家以为，人们在生活上虽然是受命运的限制，而在道德上却有提高品德的自由，不受命运的限制。”[②] 换而言之，儒家认为在道德关系上，人们能够通过改变世界

---

① 张岱年：《中国伦理思想研究》，《张岱年全集》（第三卷），河北人民出版社，2007 年，第 640 页。

② 张岱年：《中国伦理思想研究》，《张岱年全集》（第三卷），河北人民出版社，2007 年，第 510 页。

而改变自己，当然，此处的世界局限于道德世界。另一种类型则涵义更广。张岱年将它与墨子联系了起来。“墨家宣扬‘非命’，以力与命对立起来，所谓力指人的主观能动作用。”[①] 也就是说，墨家的论述突破了道德领域，指出对于外在世界（“命”）可以通过人力而加以改变。张岱年明确指出，“力命”或“义命”问题，即自觉能动性与客观必然性的关系问题，它们是现代所谓“自由与必然”问题的中国表述方式。

张岱年指出，在先秦儒家思想的集大成者荀子那里，提出了改造自然的独到见解。荀子说：“大天而思之，孰与物畜而制之？从天而颂之，孰与制天命而用之？望时而待之，孰与应时而使之？因物而多之，孰与骋能而化之？思物而物之，孰与理物而勿失之也？愿于物之所以生，孰与有物之所以成？故错人而思天，则失万物之情！”“天有其时，地有其财，人有其治。夫是之谓能参。舍其所以参而愿其所参，则惑矣。”（《荀子·天论》）就表达了这个意思。即，人能够改变天、地（世界），达到“参”的状态，按照我们的解释，这种“参”的状态就是包含了“两个改变”的自由状态。

然而，和胡适一样，张岱年指出，荀子并没有提供实现天地人三者和谐统一状态的方法。[②] 他说：“荀子提出了‘制天’、‘理物’

---

① 张岱年：《中国伦理思想研究》，《张岱年全集》（第三卷），河北人民出版社，2007 年，第 510 页。

② 但是，在本书认识自由篇我们讨论到冯契之处，便会发现冯契认为，荀子对于认识论和方法论也贡献了独到而深刻的见解。所以，对于荀子不重视对客观规律的探索这个论点，值得讨论。

的理想，却没有提出实现这个理想的方法。”因为荀子说过“不为而成，不求而得，夫是之谓天职。如是者虽深，其人不加虑焉；虽大，不加能焉；虽精，不加察焉：夫是之谓不与天争职。”可见荀子不重视对于自然规律的探索。张岱年认为，探索自然规律，对于改造自然是十分必要的。①

显然，张岱年较多地从认识论辅助的角度来讨论“两个改变”的自由之可能问题。不过，他似乎忽略了“两个改变”得以成功的另外一个辅助，即政治哲学的辅助。当然，张岱年在解释“天有其时，地有其财，人有其治。夫是之谓能参。”（《荀子·天论》）这段话时也说过：“天、地、人，各有其特殊功能。人惟发挥治理的能力，才可以与天地参。”② 这里所说的人发挥治理的能力具有双重意蕴：第一层，治理指的是实践、改变，指向作为世界的天、地；第二层，治理指的是人治理自身的社会，“明分使群”，使之具有能力改变世界。应该说在《荀子》的文本中我们也能找到相关的言论。“明分使群”就是典型的例证。

思想史发展到中国化的马克思主义，对于“两个改变”的实践观、自由观及其内在机制作出了更加完整、详尽的阐释。冯契的实践观、“两个改变”的思想正是承接中国现代思想史、哲学史的如上脉络而来。

---

① 张岱年：《中国伦理思想研究》，《张岱年全集》（第三卷），河北人民出版社，2007年，第647页。

② 张岱年：《中国伦理思想研究》，《张岱年全集》（第三卷），河北人民出版社，2007年，第647页：

第二章　认识论的新探索

成功地实现"两个改变"的辅助之一就是正确的认识论机制。我们不准备全面论述冯契在认识论上的成绩，因为这方面的成果早已非常丰富。

我们紧紧抓住冯契对庄子的研究来显示冯契的认识论的特点及其内在的矛盾，最重要的是，这种矛盾预示着发展的契机。冯契看到了庄子一定程度上否认人们能够把握认识论领域内的自由，但庄子对逻辑思维和客观对象之间矛盾的揭示从另一个侧面表明运用辩证法人们可以得到此种自由。和认识论领域内的这种消极性相反，冯契认为庄子通过庖丁解牛的故事肯定了劳动的技艺达到出神入化的境地就能够获得审美的自由。在此，冯契既立足于马克思主义的美学原理对庄子作出了解读，这种诠释又迫使冯契必须引进新的认识论观点，此即默会知识的维度，给马克思主义认识论的发展造成了契机。

而冯契对荀子的研究，一方面贯彻着"智慧说"的原则，另一方面，又内含紧张。那么，冯契的荀子研究，究竟是"智慧说"的雏形，还是反例？正是对这个问题的思索，从一个角度帮助我们引出了良好的政治哲学的问题。

第一节　紧张与契机：冯契庄子研究的认识论意蕴

无疑，在认识论上冯契的指导思想是马克思主义。马克思主义中国化、时代化、大众化的过程离不开中国的马克思主义者以马克思主义为指导，对中国传统文化所作的诠释。无疑，关于马克思主义和中国传统文化之间的关系这个问题已经有很多研究者注意到了。和这些研究不同的是，我们关注的不是两个对象（即马克思主义和中国传统文化）之间的关系，而是三个对象之间的复杂纠葛。这三个对象是，马克思主义，中国传统文化，以及中国的马克思主义者立足于马克思主义的立场对中国传统文化所作的诠释[①]。我们的考察重点不在前两者之间所发生的联系，而在于通过对第三者的解读展示马克思主义如何在与中国传统文化的互动之中获得了中国化、时代化、大众化的存在形态；同时，中国传统文化又如何经过

---

① 如果仔细区分，对第三个对象的这种说法可能还有进一步分梳的必要。因为中国的马克思主义者对中国传统文化的诠释固然在显意识上努力立足于马克思主义，但是，先不说其马克思主义立场本身是否坚固，其马克思主义理论素养是否深厚，乃至是否正确，在潜意识里，身为中国的马克思主义者或多或少必然也受到了中国传统文化以及当事人所生活的环境的影响。由于引进这种维度展开论述将大大增加论证的复杂性，我们暂且对此不加考虑。

马克思主义的诠释而获得了当下的生命力，成为其在历史延续中的新的存在样式[①]。

这是一个大问题。冯契对《庄子》[②] 的研究某种意义上是一个颇能说明问题的个案，下文加以剖析。

一、认识的自由与辩证法

中华人民共和国成立后的冯契显然是一个马克思主义哲学家。他明确地"试图用马克思主义的辩证方法来研究中国古代哲学史"。[③] 而他对《庄子》情有独钟；中华人民共和国成立前，他师从金岳霖先生读研究生，所写的毕业论文《智慧》便深受《庄子》的影响。这是我们以《庄子》来讨论冯契的认识论思想的两点缘由。

冯契认为，庄子已经意识到"人的自由就在于与自然的必然性为一"，[④] 问题在于，庄子主要是通过审美的方式达到这一点（具体下文再述），在认识论上，庄子陷入了相对主义的困境，不过他从反面提出的问题却引领我们进一步思考，给予我们深刻的启发。也

---

① 如果我们联系西方的诠释学（比如伽达默尔），这点可以更加清楚。按照诠释学的观点，固然存在中国传统文化本身，然而，每一个时代又有其独到的中国传统文化，后者离不开当时的人们对先前传统文化的诠释。诠释延续了传统文化的生命力，并使之获得了新的存在样式。

② 学界对庄子是否就是《庄子》的唯一作者甚至是真正的作者是存在争论的。我们不打算介入这个争论，我们以《庄子》这个文本为中心，但为了行文简略起见，也简写成"庄子"，不用书名号（"《》"），特此指出。

③ 冯契：《中国古代哲学的逻辑发展》（上册），上海人民出版社，1983 年，绪论，第 1 页。

④ 冯契：《中国古代哲学的逻辑发展》（上册），上海人民出版社，1983 年，第 219 页。

就是说，冯契认为，庄子在认识论上其实走向了自由的反面，之所以如此，原因就在于庄子没有运用辩证法，不能解决认识主体和认识对象之间如何达到一致的问题。换而言之，虽然庄子一再地追求“真人”，但是，在认识论上庄子否定了真理的可能性。而真理这个范畴，恰恰是用来表征认识论领域内的自由的。

首先，冯契认为庄子否定了通过感性、理性获得真理的可能性。庄子在《齐物论》中说：“民湿寝则腰疾偏死，鳝然乎哉？木处则惴慄恂惧，猨猴然乎哉？三者孰知正处？民食刍豢，麋鹿食荐，蝍蛆甘带，鸱鸦耆鼠，四者孰知正味？猨猵狙以为雌，麋与鹿交，鳝与鱼游。毛嫱丽姬，人之所美也，鱼见之深入，鸟见之高飞，麋鹿见之决骤。四者孰知天下之正色哉？自我观之，仁义之端，是非之途，樊然殽乱，吾恶能知其辩！”冯契的解读是，“这就是说，色、味的‘正’与‘邪’是依认识主体的感觉如何而决定的，但感觉是千差万别的，因而‘正’、‘邪’并无客观标准。”不仅感觉经验如此，而且理论思维也如此。“善和恶，是和非的界限是无法辨明的。”[①] 庄子的相对主义突出地表现在所谓“辩无胜”的故事中。[②] 就是说，我和你辩论，无论是我赢还是你赢，都不能证

---

① 冯契：《中国古代哲学的逻辑发展》（上册），上海人民出版社，1983 年，第 204 页。

② 原文如下：既使我与若辩矣，若胜我，我不若胜，若果是也，我果非也邪？我胜若，若不吾胜，我果是也，而果非也邪？其或是也，其或非也邪？其俱是也，其俱非也邪？我与若不能相知也，则人固黮闇。吾谁使正之？使同乎若者正之？既与若同矣，恶能正之！使同乎我者正之？既同乎我矣，恶能正之！使异乎我与若者正之？既异乎我与若矣，恶能正之！使同乎我与若者正之？既同乎我与若矣，恶能正之！然则我与若与人俱不能相知也，而待彼也邪？（《庄子·齐物论》）

明每个人观点本身的正确与否。事实上，谁对谁错这件事谁也不能知道。如果我们请第三人来做评判，那么，无论这个人是和我的观点一致还是和你的观点一致，或者他有他的观点，和我们都不同，都不能证明谁的观点是正确的。这里的关键在于人和人之间是不能相知的。冯契评判道："它否定真理的客观标准，断定人与人之间'俱不能相知'，每个人的认识都成了把自己与客观世界隔绝的屏障，这当然是荒谬的。"① 显然，相信真理存在客观标准，相信人与人之间是可以相通的，人的认识是连接自己和客观世界的纽带，这个立场是马克思主义的。

其次，冯契认为庄子从反面揭示了通过辩证法人们是可以获得真理的。

逻辑思维和语言之间的关系是一个值得深入考察的问题。两者之间是否必然一一对应？但毋庸置疑的是，如果我们的认识成果需要用语言来加以表述，那么，两者之间还是存在着紧密的对应性。也就是说，如果语言在表述认识成果方面具有某种困难，那么，逻辑思维是否能够把握真理也就成为一个问题。冯契认为，庄子凭借其诗人的天赋，轻易地发现了逻辑思维在把握认识真理方面存在的不足，这主要体现在语言概念和客观世界的矛盾性上。不过，庄子夸大了这种矛盾性，走向了不可知论。但是按照马克思主义原理，语言、概念（其内在实质是逻辑思维）和世界之间的这种矛盾性可

① 冯契：《中国古代哲学的逻辑发展》（上册），上海人民出版社，1983年，第204—205页。

以通过辩证法获得解决。冯契指出，庄子主要从三个方面揭示了语言和世界的矛盾性。

第一，庄子认为抽象的名言不能把握具体事物。庄子说："道未始有封，言未始有常。"（《庄子·齐物论》）即语言总是抽象的，而事物是具体的，为了把握事物，语言就要把具体的事物分割开来；而一旦加以分割，具体的事物就不再是整体的事物了。庄子坚信有些事物只能意会，难以言传。这点下文讲到庖丁解牛的典故时会更加清楚。

第二，庄子认为概念是静止的，而世界是变化的，静止的概念无法表达变化。他说："夫言非吹也，言者有言；其所言者，特未定也。"（《庄子·齐物论》）即，语言总是涉及对象，但对象总是处于不停的变动之中，而语言本身却是静止的。所以，庄子认为要用语言来表达和对象相符合的认识是不可能的。即便表述出来了，所说之对象也已经发生了变化，而表述出来的语言却凝固化了。

第三，庄子认为有限的概念不能表达无限的世界。庄子说："天地与我并生，而万物与我为一。既已为一矣，且得有言乎？既已谓之一矣，且得无言乎？一与言为二，二与一为三。自此以往，巧历不能得，而况其凡乎！故自无适有以至于三，而况自有适有乎！无适焉，因是已。"（《庄子·齐物论》）冯契的解释是，一旦用语言（"一"）来表达世界（"一"），那么就产生了语言和世界之间的对立，就需要用"二"来表达这个对立，这个对立和世界又成为了"三"。这样无穷递进，即便是最会计数的人也计算不清。

所以用语言来把握世界是不可能的。这个论证的关键在于每一次新表述出来的语言本身也应该被算作世界的组成部分，可是在上一次表述的过程中它没有被囊括进世界，因此需要重新表述，如此无穷递进，以至于无限。

冯契认为，庄子揭示逻辑思维及其表征语言和世界之间的矛盾性是有贡献的，但是不能因此往前多走一步，否认它们能够把握世界。“从逻辑思维说，人的概念要反映对象，必须和对象有一一对应关系，因而有相对静止的状态，但将概念的稳定状态绝对化，就要走向形而上学。为了把握宇宙发展规律，概念必须是经过琢磨的、灵活的、能动的、对立统一的。”① 也就是说，通过批评庄子的相对主义和形而上学，冯契相信人们采取辩证法是可以认识世界的，能够达到主客观的统一而获得真理，也就是获得认识论上的自由。

一般而言，中国的马克思主义者基本上都认为庄子否定了通过把握客观规律而获得真理（自由）的可能性。比如，侯外庐指出：“在《逍遥游》中，庄子讴歌了现实世界不存在的绝对的个人自由。这不是通过把握了必然的客观规律所取得的自由，而是在自己的头脑里幻想出超越了一切自然的、社会的规律的限制，泯没了物我的对立，达到所谓‘无待’（按指绝对）。他把这种绝对自由描写成为一种神仙的境界……”② 杨荣国也指出：庄子不承认“有什么客观

① 冯契：《中国古代哲学的逻辑发展》（上册），上海人民出版社，1983 年，第 216—217 页。

② 侯外庐：《中国思想史纲》（上），中国青年出版社，1963 年，第 70 页。

真理"[1]。冯契和他们的区别在于，他进而认为庄子揭示了逻辑思维和客观现实之间存在的辩证矛盾，并且指出反其道而行之、运用辩证法是可以获得真理和自由的。在某种程度上，任继愈对庄子的研究达到了和冯契相似的深度。他说："后期庄学对中国哲学史上的认识论有促进的意义，至少他从认识的主观能力、对象、是非标准各方面深刻地提出了问题。"[2] 不过，任继愈借此强调的是庄子看到了"人们任何时候，认识都不免带有局限性、片面性这一事实"。[3] 他并没有从庄子所揭示的逻辑思维和客观对象之间的矛盾的角度来立论。除此之外，冯契还强调了要用"经过琢磨的、灵活的、能动的、对立统一的"概念来把握对象的要求和途径。从以上角度看，我们可以得出如下结论：在中国的马克思主义者普遍认为庄子否定了认识论领域内的自由的背景下，冯契对庄子的认识论的研究还是具有自身的特色。他高度肯定了庄子在认识论上的丰富启示。这就为展现其认识论内部的紧张以及发展契机提供了基础。

二、美的认识论前提

冯契认为，庄子虽然否定了通过认识论获得自由的进路，但是在根本上他还是相信人是能够获得自由的。庄子说："天地有大美而不言。"（《庄子·知北游》）可见，庄子肯定了天地之间有大美，

---

① 杨荣国：《简明中国思想史》，中国青年出版社，1962 年，第 26 页。
② 任继愈主编：《中国哲学史》（第一册），人民出版社，1963 年，第 172 页。
③ 任继愈主编：《中国哲学史》（第一册），人民出版社，1963 年，第 171 页。

此即自由，但是，“天地之大美非名言、知识所能把握，却可以用诗、寓言来暗示。”[①] 冯契认为庄子此处不仅指出诗、寓言这些和概念相异的语言形式可以把握世界，而且还认为可以通过劳动这种实践形式来把握天地之间的大美。

> 庖丁为文惠君解牛，手之所触，肩之所倚，足之所履，膝之所踦，砉然响然，奏刀騞然，莫不中音。合于桑林之舞，乃中经首之会。文惠君曰：“譆，善哉！技盖至此乎?”庖丁释刀对曰：“臣之所好者道也，进乎技矣。始臣之解牛之时，所见无非全牛者。三年之后，未尝见全牛也。方今之时，臣以神遇而不以目视，官知止而神欲行。依乎天理，批大郤，导大窾，因其固然。技经肯綮之未尝，而况大軱乎！良庖岁更刀，割也；族庖月更刀，折也。今臣之刀十九年矣，所解数千牛矣，而刀刃若新发于硎。彼节者有间，而刀刃者无厚：以无厚入有间，恢恢乎其于游刃必有馀地矣，是以十九年而刀刃若新发于硎。虽然，每至于族，吾见其难为，怵然为戒，视为止，行为迟，动刀甚微，謋然已解，如土委地。提刀而立，为之四顾，为之踌躇满志，善刀而藏之。”文惠君曰：“善哉！吾闻庖丁之言，得养生焉。”（《庄子·养生主》）

---

① 冯契：《中国古代哲学的逻辑发展》（上册），上海人民出版社，1983年，第220页。

冯契指出，这里庄子显然是在说“劳动的技艺达到神化的境界，成了完全自由的劳动，成了美的享受。”[①] 这个观点是建立在马克思主义劳动创造了美这个原理的基础之上的。不过，它又呈现出自己的特点。[②]

第一，冯契在解读庖丁解牛的寓言时将马克思主义的美学观点和庄子的自然主义结合了起来。马克思主义认为，劳动创造了美。冯契在诠释、应用这个观点时认为劳动意味着庄子所指的人为，美则和庄子所赞赏的自然相类。通常以为庄子完全反对人为，坚持纯然的自然主义。比如，侯外庐说：“庄子不仅反对知识，也反对变革自然。”[③] 冯契却指出，在庖丁解牛的寓言中，庄子并不反对人为，而是要求更进一步，从人为回到自然，也即由技进于道。

第二，冯契在解读如上故事时还是贯彻了马克思主义的认识论基本原则，对庄子之美的获得做出了诠释，同时，这种诠释又迫使冯契必须引进新的认识论观点，给马克思主义认识论的发展造成了契机。后者在其后学中得到了回应。

众所周知，马克思主义劳动创造了美的原理要求真善美的统一，也即要求在认识论领域获得真理，否则最终所得将是丑陋、滑稽、荒诞等等背离了和谐之美的审美形态。按照庄子对逻辑思维和世界之间根本矛盾的揭露，庄子否认了在认识论上获得真理的可能

---

① 冯契：《中国古代哲学的逻辑发展》（上册），上海人民出版社，1983 年，第 220 页。

② 关于冯契如何立足于马克思主义的立场对审美自由的获得所作出的理论说明，请参见本书第四章第一节。

③ 侯外庐：《中国思想史纲》（上），中国青年出版社，1963 年，第 70 页。

性。也就是说，按照庄子的原则和理路，庖丁解牛并不能毫无争议地被诠释成劳动创造了美。冯契之能做出这样的诠释，完全是坚持了马克思主义认识论基本原则的结果。他认为，庖丁之所以能够通过解牛的方式获得自由，原因在于他经过了长期的锻炼，达到“以神遇不以目视”（《庄子·养生主》）的境界；是长期“用志不分，乃凝于神”（《庄子·达生》）的结果。也即长时间集中注意力，执着于解牛这件事，不断地锻炼，通过掌握解牛的内在规律而获得如何解牛的真理，所以才可能达到神出鬼没的境界。换而言之，通过冯契的解读，我们发现虽然按照庄子的认识论原则（见上文），庖丁本人不可能认识解牛的真理，不过，庖丁在实践过程中还是掌握了真理。虽然冯契认为，在此庄子还是贯彻了“自由是对必然的认识”的原则，不过显而易见，庖丁的认识并非通常所谓的明觉性的知识，而更多的是一种默会之知。但无论如何，冯契还是认为庖丁是在认识必然的基础上达到审美自由的高峰的，只是这种认识不是能够用逻辑思维和语言表达出来的。

这点联系冯契对轮扁斫轮的故事的解读可以更加明了。《庄子·天道》里面说：“斫轮，徐则甘而不固，疾则苦而不入。不徐不疾，得之于手而应于心，口不能言，有数存焉于其间。”冯契的解释是，“这种不快不慢、得心应手的具体的斫轮技巧，是无法用言语说明的，父亲（‘轮扁’）也无法讲给他儿子听。”[1] 如果遵从

[1] 冯契：《中国古代哲学的逻辑发展》（上册），上海人民出版社，1983年，第211页。

逻辑的严格性，既然轮扁斫轮的故事说明“抽象概念无法把握具体的道”[①]，那么，认识真理就是不可能获得的，所以轮扁斫轮和庖丁解牛都不可能在实践的过程中获得审美的自由，但对于两者之获得这种自由冯契都表示肯定，并且认为还是贯彻了“自由是对必然的认识”的原则，从这个角度，我们发现，冯契在对两个故事的解读中还是坚持了马克思主义美学的基本原则，同时，《庄子》对马克思主义的认识论有所拓展，那就是实际上引进了默会知识的维度。应该说冯契本人对此还没有一种十分自觉的认识，不过，到了冯契的弟子郁振华教授那里，这种意识逐渐明确化、主题化。郁教授目前的学术兴奋点正是默会知识的探索。[②]

第二节　雏形或反例：冯契荀子研究再探

引子：问题的缘起

冯契先生主张哲学史和哲学的统一。他的“智慧说”是对中国古代哲学史以及中国近现代哲学史的逻辑总结。[③] 从某种角度看，

---

① 冯契：《中国古代哲学的逻辑发展》（上册），上海人民出版社，1983年，第210页。

② 请参见郁振华的相关论著，比如，《波兰尼的默会认识论》，《自然辩证法研究》2001年第8期；《扩展认识论的两种进路》，《华东师范大学学报》2007年第2期；《人类知识的默会维度》，北京大学出版社，2013年。

③ 参拙作《逻辑发展法：冯契哲学探索的基本特征——兼论“以马解中”的四种典范》，《现代哲学》2017年第2期；《冯契先生的“智慧说”与新文化运动》，《文汇报》2015年7月24日。

荀子[1]既被冯契认为是先秦哲学史的总结，又在很多场合被看作是“智慧说”的雏形，如果不是直接表达的话。比如在《逻辑思维的辩证法》里，第九章是对逻辑思维的辩证法的具体展开，而冯契认为荀子的“辨合”“符验”就是辩证法的中国古典表达。冯契说：

> 荀子早已经指出：“凡论者，贵其有辨合，有符验。故坐而言之，起而可设，张而可施行。”（《荀子·性恶》）他所说的“辨合”就是分析和综合相结合；他所讲的“符验”就是理论要受实验的检验。这就说明，古代的哲学家已经认识到要达到主观与客观、知和行的统一，最基本的方法就是“辨合”和“符验”。而“辨合”和“符验”也是不能分割的，“辨合”和“符验”的统一就是唯物主义的辩证逻辑的全部方法论。[2]

然而，现代新儒家的一位特殊的代表[3]徐复观却认为荀子并没有表达个体能够单纯通过自身的努力掌握真理的观点。

徐复观认为，《荀子·解蔽篇》可谓中国古典认识论。荀子虽然也说过强调心的主宰性的话，“但这种决定性的力量，并非等于

---

① 目前学界对荀子是不是《荀子》的唯一作者表示怀疑。但本文的重点不在于争论这个问题，因此，为了方便论述起见，直接将《荀子》看作是荀子思想的表达。换而言之，荀子、《荀子》，在本文中除非作出特别说明，一般不认为有差别。

② 冯契：《逻辑思维的辩证法》，华东师范大学出版社，1996 年，第 407—408 页。

③ 之所以说是特殊，是因为徐复观在文化上是保守的，在政治上却有着鲜明的自由主义色彩。

即是保证一个人可以走向善的方向。在荀子的立场，认为心可以决定向善，也可以决定不向善。”“所以心的主宰性，对于行为的道德而言，并不是可以信赖的。”徐复观明确指出，“心的主宰性，是由其认识能力而来；心的主宰性之不可信赖，即是心的认识能力之不可信赖。”① “荀子则认为心之本身是容易动摇歪曲的（危，倾），要靠客观的‘道’来作权衡（‘而中县衡焉’），才能保持其大清明的本体本性。”②

问题就产生了：如何确保不可靠的心认识真理？答案是，“要使心的认识能力，成为可信赖的，则必须先依靠外在的道，以规正认识的方向。”③ “他所谓道，是生于圣人或圣王；他之所谓心求道，并不是直凭自己的知去求道，而是要依靠外在的师法的力量。”④

徐复观说：荀子“对于学，不是从知开始，而是从君师执（势）等外在强制之力开始。”⑤ 甚至为人所称道的荀子重“统类”，也是由圣王传下来的。⑥ “在荀子思想的系统中，师法所占的分量，远比心知的分量为重。”⑦

徐复观还说：“仅有个人的努力及环境的渐靡，还没有把握，所以还要得师。”“心的知，并没有把握能直接知到到仁义法正，而

---

① 徐复观：《中国人性论史（先秦篇）》，上海三联书店，2001年，第213页。
② 徐复观：《中国人性论史（先秦篇）》，上海三联书店，2001年，第216页。
③ 徐复观：《中国人性论史（先秦篇）》，上海三联书店，2001年，第213页。
④ 徐复观：《中国人性论史（先秦篇）》，上海三联书店，2001年，第217页。
⑤ 徐复观：《中国人性论史（先秦篇）》，上海三联书店，2001年，第217页。
⑥ 徐复观：《中国人性论史（先秦篇）》，上海三联书店，2001年，第217页。
⑦ 徐复观：《中国人性论史（先秦篇）》，上海三联书店，2001年，第218页。

须要靠师、法之力，来保证心知，心始能知仁义法正。”[①] “在师之外，还要加上‘君’；且尚须临之以执。换言之，要以政治的强制力量作为教育的手段。”[②]

将冯契和徐复观两位思想家对荀子的解读进行对照阅读，问题便产生：究竟哪一位说得对？或许都只是有见于荀子某个侧面？正如荀子所说，任何人都由于自身的立场而会产生弊？（《解蔽》）荀子对于“智慧说”，究竟是雏形，还是一个反例？

我在读冯契对荀子的研究过程中，主要产生了三个疑惑：

疑惑之一：“圣人”能否解释为“人们”？

疑惑之二：“贤明的君主”运用权力引导人们走上正道，不必进行辩说，在荀子那里究竟是主流还是支流？

疑惑之三：将心解读为意志的有效性问题。

一、疑惑一：“圣人”还是人们？

众所周知，荀子提出了解蔽来应对认识过程中产生的各种各样的蔽。

怎样才能“解蔽”呢？荀子说，“圣人知心术之患，见蔽塞之祸，故无欲、无恶，无始、无终，无近、无远，无博、无

① 徐复观：《中国人性论史（先秦篇）》，上海三联书店，2001年，第221页。
② 徐复观：《中国人性论史（先秦篇）》，上海三联书店，2001年，第223页。

浅，无古、无今，兼陈万物而中悬衡焉，是故众异不得相蔽以乱其伦也。（《解蔽》）”

冯契是如此解释荀子的这段话的：

> 由于心术上有主观偏见，人们往往对欲恶、始终、远近、博浅、古今等对立的东西只看见一面而看不见另一面。因此，荀子认为，必须全面把控各种事物，并以“道”作为衡量一切的标准，这样就能不受蔽塞，而认识事物的本来面貌。[①]

仔细辨析荀子的原文和冯契的解释，可以发现一个重要的差别。这个差别就是，荀子认为能够解蔽的其实唯有“圣人”。

荀子认为，因为圣人知道“心术之患，见蔽塞之祸“，所以主张各种“无”的手段，达到获得道的境界。

冯契认为，“人们”由于各自的主观偏见，所以产生各种蔽。在这个解释中，存在一个疑问，即人们为什么能够最后解蔽，从而获得真理？无疑，其主体是人们，也就是所有的人；其方法则是“辨合”、“符验”为核心的认识论、方法论环节。

荀子也承认圣人达到无蔽，也需要认识论、方法论环节。但是，能够施展这些环节的，究竟是圣人还是一般人？显然，荀子和

① 冯契：《中国古代哲学的逻辑发展》（上册），上海人民出版社，1983年，第304页。

冯契的回答是不同的。

当然，我的这个解读或者说疑惑会受到某个反驳：荀子所指的圣人指的是解蔽之后的“人们”。

在荀子的文本中，这种用法上的圣人也不是没有。比如，荀子认为普通人通过遵循礼仪制度就可以成为圣人，这种意义上的圣人是和能够制定礼仪制度的先天的圣人是不同的。

或许，这么解释也可以。

但我心中的疑惑还是没有解答。因为就以上引文而言，荀子说的是唯有圣人才能解蔽，而不是解蔽之后才是圣人。

也有人质疑，《荀子》首篇《为学》明确指出普通人就可以学习。我的初步想法是，荀子肯定普通人可以为学，不假，但是，为学的标准何来？事实上，就在以上引文中，冯契也认为“道”才是衡量一切的标准。这句话虽然可以理解为普通人通过解蔽可以获得道，但是，也可以理解为普通人必须以道为标准进行解蔽。也许冯契在写作时已经有点微妙的感觉流露出来。①

这第一个疑惑的要命之处何在？

如果唯有圣人才能解蔽，荀子其实剥夺了普通人解蔽的可能性。也许这个结论走得太远，但至少可以说荀子剥夺了一般人通过自身的努力解蔽得道的可能性。除非我们对自身努力做广义的理解，将徐复观所说的接受“君师势”的强制也看作是努力。可是，

① 对此的证据是第二个疑惑。

这样理解个体努力，无疑离开主体性过远。

二、疑惑二：君主的认识论地位如何？

冯契说：

> 总之，荀子在逻辑学上的贡献是巨大的，但也有其局限性。他所谓的“解蔽”是以封建主义的“道”来批判各家学说，并把“道”说成是永恒的，以为真理到了圣人手里就可以一劳永逸了，这是形而上学的观点。荀子还说：
>
> > 夫民易一以道而不可与共故，故明君临之以势，道之以道，申之以命，章之以论，禁之以刑，故其民之化道也如神，辨（辩）说恶用矣哉！（《正名》）
>
> 他以为对老百姓易于用“道”来统一他们的思想，而难于用辩说来让大家了解所以然之故，所以贤明的君主依靠政治权力，运用行政命令和刑罚，引导大家走上正道，而用不着进行辩说。这是封建专制主义的观点。[①]

这就是我所谓的第二个疑惑。从行文篇幅以及写作习惯来说，

① 冯契：《中国古代哲学的逻辑发展》（上册），上海人民出版社，第305页。

这些文字处于总结之中，一方面是对上文的总结，另一方面，则是对上文未尽之处的补充。这种补充，未必意味着是和上文的核心观点相一致的，在很多情况下，甚至恰恰是相反对的。在此，显然，冯契对荀子认识论思想的判断发生了转变，虽然这种转变是以顺带一笔的方式提及的，目的是显示论述的圆满。

可是，在我看来，在此恰恰暴露了冯契论述荀子时的内在尴尬和焦灼。因为他明明发现了荀子思想中和主张辩证法不同的内容。要点有三：

第一，所谓的道是封建主义的。虽然封建主义这个提法有着1980年代特殊的痕迹，但其基本意思是清楚的。这个道是先在的。

第二，把道看成永恒的，这就是形而上学，走向了辩证法的反面。辩证法所承认的道是开放的。

第三，荀子认为，君主可以通过政治权力来宣布真理，强迫人们接受真理，并认为那就是正道。这里，不仅仅放弃了获取真理过程中所包含着的内在讨论的环节，而且，也放弃了使人们通过自我认识来掌握真理的环节，更加重要的是，君主成为真理（“正道”）的化身。

正是这一点，使得冯契和徐复观相接近。徐复观认为，荀子那里的“君师势”代表着道、代表着绝对真理、永恒真理。有点超脱于六合之外的意思。

冯契和徐复观的差别是，冯契对君主的认识论含义的意识是细枝末节的，所以放在总结中给予了很小的篇幅。徐复观却将此当做了论述的重点。

那么，君主这个认识论形象究竟在荀子思想中处于什么地位？是可有可无的，还是至关重要的？

三、疑惑三：心是意志吗？

冯契说：

> 荀子还特别考察了意志的特点。他说：
>
> > 心者，形之君也而神明之主也，出令而无所受令。自禁也，自使也，自夺也，自取也，自行也，自止也。故口可劫而使墨（默）云，形可劫而使诎（屈）申，心不可劫而使易意，是之则受，非之则辞。故曰：心容，其择也无禁，必自见；其物也杂博，其情（精）之至也，不贰。（《解蔽》）
>
> 这里讲的作为“神明之主”的心，就是意志。意志具有自夺、自取的品格，外力可以迫使形体或屈或伸，迫使嘴巴或开或闭，而意志却不能由外力迫使改变，它以为“是”便接受，以为“非”便拒绝。所以说，心理状态是这样的：它自由选择而不受限禁，必定自主地表现；它应接事物既杂且博，但专注之至，就不分心了。荀子在这里讲到了意志的双重品格，即自

主与专一。[①]

很明确，冯契在此将荀子的心解读为意志。并在基础上展开了意志的基本品格。

不能否认，就“智慧说”而言，意志的自主性和专一性综合而成的自愿性成为自由的道德行为的组成要素之一。[②] 但是，严格地说，这是意志的品格，而未必是心的品格。

可以从三个角度考虑。

第一个角度，就荀子的这段话而言，虽然他说到了心的选择功能。可是，选择未必只是意志的作用的发挥，“是之则受，非之则辞”，显然也可以解释成理性的判断和权衡。

第二个角度，其他马克思主义者如何解读“心”？在本文比较倚重的任继愈主编的《中国哲学史》中，荀子的心被诠释成“思维活动”，[③] 而不是意志。虽然荀子作为先秦哲学总结的地位没有改变。

第三个角度，需要我们对“心”这个概念作出一般的考察。这里还不能充分展开。很长一段时间来，我们会把谭嗣同的“以心力挽劫运”看作是唯意志论的发挥。但是，我在阅读蔡元培的时候，发现蔡元培也屡次提及心力，他却把心力明确解读为理性。

回归常识，在日常生活中，心、心力显然包含的内容更加广

---

① 冯契：《中国古代哲学的逻辑发展》（上册），上海人民出版社，第 307—308 页。

② 冯契：《人的自由与真善美》，华东师范大学出版社，1996 年，第 219—223 页。

③ 任继愈主编：《中国哲学史》（第一册），人民出版社，1963 年，第 228 页。

泛。通常的知、情、意、心智结构都是包含在内的。仅仅把它们解读成意志，未必准确。

那么，在此冯契将荀子的心解读成意志，会造成什么结果？

冯契接下来说：

> 荀子认为，正因为意志“其择也无禁”，所以一定要由理性来掌握“道”，以便能正确地权衡是非。

> 道者，古今之正权也；离道而内自择，则不知福祸之所托。（《解蔽》）[①]

如果把心解读成意志，那么，由理性来指导意志，这就是一个老生常谈，不会引起多大争议的观点。只是荀子正好也表达了这个观点。

问题在于，如果心指的是认识功能，包含了理性的，那么，“离道而内自择”就不能简单地解读成（如果）离开理性的指导而意志自我做主，而是可以解读成（如果）离开道的指导而理性或者认识能力自作发挥。如此，困难就产生了。这里的道究竟是什么？显然，不能直接等同于理性。

这就重新回到上文提到的第二个疑惑。增加了这个内容，君主

---

① 冯契：《中国古代哲学的逻辑发展》（上册），上海人民出版社，第308页。

运用政治权力左右人们的认知的篇幅增加了，比重在发生变化。

这里，恰恰也蕴含着徐复观对荀子认识论的品质的质疑的一个关键。徐复观把荀子的心解读成认识能力，而且是不可靠的认识能力。“择”不是意志的发挥，而是心的不可靠性的证据。

四、“以马解荀”的遗产

如何理解冯契对荀子的研究中存在的三个疑惑？如果仅仅是因为笔者个人的问题，那至少是没有正视徐复观的荀子研究。

我们可以在更广的视野内来理解冯契的荀子研究。

从晚清开始，荀子就属于“异端翻为正统”的一个典型，他的地位逐渐上升。[①]

在以马克思主义基本原理解读中国哲学史的历程中，由于很多因素的集合，荀子的地位被拔得很高。这些因素包括：

1. 荀子思想中所具有的唯物主义因素，使之与马克思主义相接近。当然，荀子也有神秘主义的因素。但因为以马解中的需要被轻易忽视。著名的例子比如“唯圣人为不求知天”。

2. 荀子处于先秦末期，这就赋予其哲学总结的地位以某种合法性。至少解释起来方便很多。

3. 冯契本人的研究方法使其不得不高度重视荀子。冯契采取逻辑发展法研究中国哲学史，这个方法与马克思主义的螺旋形上升

---

① 参江心力：《二十世纪前期的荀学研究》，中国社会科学出版社，2005年。

的提法密切相关。荀子处于先秦末期，他的思想优势比较丰富的。这就使得荀子成为了一个不错的承担总结功能的思想家。但历史的丰富性往往会冲破逻辑的必然性。这点冯契本人也有所意识。可参其《中国古代哲学的逻辑发展》之导论。

另外，需要提及的是，在“以马解荀”的历程中，荀子作为先秦哲学总结的地位逐渐被确立，而冯契对荀子的研究也处于这个研究传统之中。如果对比“侯外庐学派”的《中国思想通史》，任继愈主编的《中国哲学史》（出版于1960年代）以及冯契的《中国古代哲学的逻辑发展》，这个线索是非常清晰的。

也必须指出，在“以马解荀”的传统中，荀子思想中所蕴含的和唯物主义、辩证法不相符合的内容早已引起了关注，但由于行文的需要，往往被当做补充性意见撇在一边。比如，任继愈主编的《中国哲学史》就指出“荀子的认识论还有不少缺点”[①]，

> 他还不可能正确理解感性认识与理性认识之间的辩证关系。他在强调理性认识的重要性时，不免夸大了心的作用，认为心可以“出令而无所受令”（《解蔽》），认为心只是发号施令而不受任何限制，这样就把心（思维活动）说成不受物质条件、客观环境的制约，将会走入唯心主义认识论的歧途。他还过分夸大圣人的认识作用，他认为只有圣人或君子才能在认识

① 任继愈主编:《中国哲学史》（第一册），人民出版社，1963年，第228页。

论上达到较高的成就，只有圣人能够“言必当理，事必当务”（《儒效》），农人、劳动者永远抵不上君子（统治者）。由于君子把封建的礼义当成绝对真理，把“其言有类”与“其行合礼”（《儒效》）等同起来。礼义成为认识论的一个标准，所谓“非察是，是察非，谓合王制与不合王也”（《解蔽》）。这也是使他的认识论不能完全符合科学的原因。①

具体而言，荀子的认识论有四大缺点：

1. 没有认识清楚感性认识和理性认识之间的辩证关系。

2. 夸大了心的作用。

3. 夸大了圣人的作用。

4. 把礼义当成了认识的一大标准。

其中后面两点其实是徐复观观点的马克思主义式的表达。

冯契对荀子的研究自然有着自己建构“智慧说”的关心，但就其对荀子的高度推崇，对荀子认识论的不足的揭示而言，无疑继承了“以马解荀”的遗产。冯契本人的逻辑发展法，以及荀子本人特殊的哲学品性，使得冯契并没有翻转性地解释处于上升性的解释域中的荀子。荀子在冯契那里，成为了“智慧说”在先秦的雏形。但这个雏形，无疑会引起很多争议。其中，包含着冯契的哲学创造，而同时，也表明史本身的复杂性被颠覆了。

---

① 任继愈主编：《中国哲学史》（第一册），人民出版社，1963年，第228页。

第三章　政治哲学的新阐发

冯契的“智慧说”能不能为我们在政治哲学的思索上提供什么启示？出于这个考虑，我们提出了“化理论为政道”的命题，意图从“智慧说”中发现建设政治哲学的若干原则，目前发现了人道主义、群己之辩的民主含义、政治实践智慧等内容。

为了深化冯契的政治哲学思想，需要在纵横两个层面上进一步加以诠释。

纵的层面上，冯契扬弃了金岳霖的自由主义思想。众所周知，金岳霖的博士论文研究的是自由主义大家 T·H·Green 的政治哲学，而金岳霖本人也是一个具有自由主义色彩的知识分子。冯契作为其弟子，在政治哲学上对自由主义也有反思，并进一步扬弃之，走向了马克思主义。

横的层面上，在同样经历了社会主义建设的曲折之后，与冯契同年出生的顾准转向了自由主义，[①] 成为了中国当代自由主义思潮

---

① 关于顾准晚年究竟是马克思主义还是自由主义，学界存在争论。从这个角度看，不加辨析地将顾准界定为是自由主义，是独断的。但是，不能否认的是，有的学者的确将顾准划归为自由主义阵营。从他们的判定理由出发，比较冯契和顾准，是有意义的。

的精神导师，但是，冯契却在“文革”之后对马克思主义愈加信任，并老而弥坚，立足于马克思主义基本原理，创造了“智慧说”。这从一个侧面突出冯契的政治哲学的独特风采。

第一节　化理论为政道：对冯契“智慧说”的一个发挥

冯契创造了“智慧说”，其核心就是探索从无知到有知、从知识到智慧的历程，其两翼是“化理论为方法”和“化理论为德性”。这在形式上形成了《智慧说三篇》，即《认识世界与认识自己》《逻辑思维的辩证法》《人的自由与真善美》。

冯契并不将政治哲学作为重要讨论对象。一定程度上，他将政治哲学的内容放在了与真和美并列的善的范畴内加以讨论。这点读其《人的自由与真善美》一书就可以发现。在更广的背景下，我们可以说，冯契先生对社会理想的勾画从一个角度显示了他的政治哲学思想。不过，也很明显的是，冯契多次表示，他所理解的自由主要是三项：认识自由、道德自由和审美自由，政治自由不在其列。他甚至认为，政治自由不是一个哲学问题。[①] 可是，在今日政治哲学昌盛的情境下，忽略政治哲学是不恰当的。

毋庸置疑，发展冯契哲学并不意味着局限在冯契哲学之内，也就

① 冯契：《人的自由与真善美》，华东师范大学出版社，1996 年，第 1—2 页。

是说，不妨大量地援引古今中外政治哲学方面的积极成果，拓展冯契所开创的“智慧说”脉络。但在走得那么远之前，不妨回归冯契哲学本身，我们发问：冯契的“智慧说”能不能为我们在政治哲学的思索上提供什么启示？出于这个考虑，我们提出了“化理论为政道”[①] 的命题，意图从“智慧说”中发现建设政治哲学的若干原则。

一、人道原则的突出：政治哲学第一义

“化理论为政道”中“理论”究竟指的是什么？我们以为至少包含两个含义：智慧论和知识论。

什么是智慧？冯契认为智慧就是对宇宙人生根本原理的洞察。智慧既注重自然原则，又注重人道原则。所谓自然原则，一方面当然要尊重宇宙本身，但在广义上，人也是宇宙的成员，是宇宙的组成部分。因此，对于人也要讲自然原则，这就是正确地认识人本身。也正是在这个意义上，冯契认为，在善的领域，也要以真为前提。[②] 所谓人道原则，“道德的主体是人，以道德的准则处理人与人之间的关系，一个一个的人都是主体，都是目的，所以要肯定人的尊严、人的价值，这就是人道（仁爱）原则。”[③] 这种说法显然深受康德影响。一个一个的人就是目的。

窃以为，这就为政治哲学提供了第一个根本的原则：任何政治

① 其实，在冯契那里，理论究竟指的是什么，也有多重含义，也有历史的变迁。参陈来：《“化理论为德性”简论》，《华东师范大学学报》（哲社版），2006 年第 2 期。

② 参冯契：《人的自由与真善美》，华东师范大学出版社，1996 年，第 3 页。

③ 冯契：《人的自由与真善美》，华东师范大学出版社，1996 年，第 208 页

哲学，都应该是将每一个人放在重要地位的。

或许我们可以从历史和思想两个角度展开。从历史的角度看，冯契对中国哲学史上人道主义的揭示可以为我们建设人道的政治哲学作参考。比如儒家的“问人不问马”（《论语·乡党》），中国近代李大钊提出的“大同团结和个性解放的统一”的主张。这点我们可以在冯契的两部哲学史著作《中国古代哲学的逻辑发展》《中国近代哲学的革命进程》中发现大量的证据。

从思想的角度看，也许冯友兰的观点可以为我们深入思索提供启示。冯友兰认为中国传统哲学中也有民主的思想。和别的研究者习惯于在古典文本中寻找“民主”、“民本”、“民权”的对应词不同，冯友兰采取的是“因素法”，而不是一一对应法。换而言之，他将现代的民主解构为人道论、平等论、多元论与中和论四种因素，然后在中国古典哲学中寻找类似的资源。他认为，如果中国古典哲学中也有这四种因素，那么，那就表明中国古代也是有民主思想的。[①] 以下加以简述：

第一，人道论。也就是把人看作是人，这句话有两种解释，第一种解释，就是认为人有独立的人格，自由的意志，凡人都是彼此平等，绝不能拿任何人当作工具。这个精神充分地体现在康德的道德律令“不能把人当作工具”之中。重要的是，在中国古典哲学中

① 这种做法有其长处，但显然忽略了与因素对应的另一个要素：结构。相同的因素、不同的结构会产生不同的结果，这点在金刚石和石墨两者身上获得了典型表现。但冯友兰显然没有注意到这点。不过，就其抛弃一一对应法而采取因素法而言，显然还是有进步的。

也有相关资源。冯友兰认为，孟子所说，“行一不义，杀一不辜，而得天下，皆不为也。”（《孟子·公孙丑》）就和这种尊重人的精神高度契合。中国传统哲学中对人尊重的思想，可以成为发展出现代政治哲学的源头活水。

“人是人”的第二种解释是人不是神。由于人不是神，所以人是必然会犯错误的。“人人可以批评别人，人人可以接受批评，这是民主社会里应有的风度。”[①] 它不仅意味着要尊重人，而且意味着要看到人的不足，“人不是神”，所以必然是会犯错误的。冯友兰对于后面一点的揭示与现代政治哲学对于人在认识论上的可错性这点提供了衔接的渠道。现代政治哲学的成立在认识论上预设了人是会犯错误的，所以需要彼此之间敞开交流来舍弃偏见，获得真理。而冯契对个人的认识的有限性的思想与之有异曲同工之妙。[②]

第二，平等论。冯友兰认为，把人看作人、不把人看作工具，也就意味着所有的人彼此之间是平等的。孟子说：“人皆可以为尧舜。”（《孟子·告子下》）荀子说：“涂之人可以为禹。”（《荀子·性恶》）就是表达了平等的思想。“孟子和荀子都主张人类是平等的，这就是民主思想中的重要核心。”[③] 这是冯友兰说的，在冯契先

① 冯友兰：《中国哲学与民主政治》，《三松堂全集》（第十一卷），河南人民出版社，2001年，第565页。

② 现代政治哲学不仅预设了人在认识论上的有限性，而且也预设了人性论上的“幽暗意识”（张灏语），就后者而言，墨子刻教授认为，包括冯契在内的中国现当代哲学家本质上还是持乐观主义立场的。故我们不在这方面加以展开。

③ 冯友兰：《中国哲学中之民主思想》，《三松堂全集》（第十一卷），河南人民出版社，2001年，第577页。

生那里，“平民化的理想人格”的提出超越了传统的成就圣贤人格的主张，其对平等的诉求更加强烈。[①]

已有研究者指出[②]，冯契对中国哲学史上某些人物的研究（比如龚自珍）就显示了平等的内涵。龚自珍说：“天地，人所造，众人自造，非圣人所造。众人之宰，非道非极，自名曰我。”[③] 这样的自我既是世界的本体，又在表现形态上是多样化的：“古未曾有范金者，亦无抟埏者，亦无削楮、楺革、造木几者，其始有之，其天下豪杰也。”[④] 尽管如此，就其最终所成就的是“豪杰”而言，无疑是平等的。无疑，“豪杰”只是诸多理想人格之一种，冯契某种意义上继承了龚自珍所说的任何普通劳动者都能达到理想人格的主张，表示：“我们讲的自由人格则是一种平民化的、多数人可以达到的人格。这样的自由意识并不是高不可及的，而是一般人在其创造性活动中都能达到、获得的意识。任何一个‘我’作为创作者，不论是做工、种田，还是作画、雕塑、从事科学研究，都可以自觉地在自己的创造性劳动中改造自然、培养自己的能力，于是自作主

① 崔宜明明确指出，冯契先生的平民化的理想人格的第一个特点就是平等。参崔宜明：《从“圣人”到“平民化的自由人格”》，《追寻智慧》，杨国荣主编，上海古籍出版社，2005年。

② 蔡志栋：《回应冯契哲学研究中的几个问题》，《学术界》2016年第5期。

③ 龚自珍：《壬癸之际胎观第一》，转引自冯契：《中国近代哲学的革命进程》，上海人民出版社，1989年，第34页。

④ 龚自珍：《纵难送曹生》，转引自冯契：《中国近代哲学的革命进程》，上海人民出版社，1989年，第46页。

宰，获得自由。”[①] 肯定了每一个劳动者都能获得自由。而对平等的肯定也是人道主义的一个内涵。

第三，多元论。冯友兰认为，道家主要表达了多元论的思想。道家已经看到人和人之间是不同的，最好应该听其自然发展，各适其所适，顺其性情，不必使其整齐划一。《庄子》的齐物思想就表达了这个观点。庄子认为，“凫胫虽短，续之则忧；鹤胫虽长，断之则悲”（《庄子·骈拇》）。万物的标准就在自身，不能以别的标准来做判断。对此，冯契是以自然原则[②]来称呼的。自然原则的要义之一，[③] 就是万物本身的自足：“自然界千差万别，都是各顺其性而又各有所待的条件的。人类也一样。”[④]

多元论之所以能够称为政治哲学的重要内容，原因在于，和“人是人”相联系，人是会犯错误的，也就是说，世间万物都是多方面的，不能从一个方面出发概括其余全部方面，不能从一个人的立场出发做出全部的判断，而必须承认多样性的存在。如果说平等论是“人是人”的尊重人的一方面的发展，那么，多元论则是“人

---

① 《认识世界与认识自己》，《冯契文集》（第一卷），华东师大出版社，1996 年，第 404 页。

② 参冯契：《中国古代哲学的逻辑发展》（上册），上海人民出版社，1983 年，第 190—221 页。

③ 需要指出的是，冯契有时候又把自然原则等同于无为：“老子提出价值观上的自然原则。说：‘道之尊，德之贵，夫莫之命而常自然。’（《老子·五十一章》）自然就是无为，他否认人为的重要性。”（冯契：《人的自由与真善美》，华东师范大学出版社，1996 年，第 110 页。）我们在此并不采纳这个意义上的自然原则。

④ 冯契：《中国古代哲学的逻辑发展》（上册），上海人民出版社，1983 年，第 201 页。

是人”的人会犯错误一方面的延续。按照冯契的理解，他以自然原则所表达的多元论本身也是人道主义的一个方面：“这种人道观以自然为原则。”[①]

第四，中和论。冯友兰以为，多元论的思想蕴含着冲突的可能。因为既然肯定世间万物存在本身的合理性，那么每一个人按照自己的愿望活动就是无可非议的，可是，显然如果按照这种原则进展下去，人和人之间会发生冲突。对此该怎么办？冯友兰认为对于这个问题主张多元论的道家没有考虑到，儒家的中与和的思想为此提供了解决之道。“中”的意思是适当的限度，“和”就是各种“不同”的“协和”，就是集合众异，融为一体。冯契并没有使用中和论这样的字眼，但是，为其所一再称道的“大同团结”就是消除“个性解放”可能带来的冲突的基本原则。

我们在此的重点不在于论述冯友兰所说的中国传统哲学中的民主论，而是以之为支援，指出，人道主义原则也可以做出丰富的诠释。它从政治哲学的根本目的和实现手段等方面作了展开。为我们阐释冯契的人道主义原则提供线索。[②]

二、群己之辩的民主意义

“化理论为政道”中的“理论”也可以指知识论。作为知识论的“理论”也不是指随意的某种知识论。事实上，冯契认为中国近

---

① 冯契：《中国古代哲学的逻辑发展》（上册），上海人民出版社，1983年，第200页。

② 至于人道主义原则所涉及的民主思想，下文还会从别的角度继续论说。

代哲学革命中提出了很多类型的知识论，但大都是一偏之见，唯有毛泽东的“能动的革命的反映论”对中国近代哲学革命在认识论上的成果作出了总结。而在方法论、逻辑和人的自由问题上却只有经验和教训，没有总结。或许正是有鉴于此，冯契提出了“化理论为方法”和“化理论为德性”，意图用获得总结的理论来指导没有获得总结的领域的建设。[①] 那么，能否用“能动的革命的反映论”来指导政治哲学的建设？

回答是肯定的。

在“能动的革命的反映论”的理路中，包含着众多的维度可以为政道、政治哲学的建设提供启发。比如，充分尊重现实世界。这点可以表现在调研上。虽然这么说似乎极其形而下，但是，毋庸否认，忽略现实，死守书本或者脑袋中的教条，所产生的后果在中国革命史和社会主义建设史上是有目共睹的。比如，强调在正确认识世界的基础上发挥主体能动性，这也应该是政治哲学中的重要原则。马克思说，和（机械）唯物主义不同，唯心主义却发展了能动的方面。将尊重客观实在性与发挥主体能动性统一起来应该是马克思主义的一条重要原则。

除此之外，“能动的革命的反映论”还包含着其他的环节可以为我们所用。其中一个就是群己之辩。冯契先生在论述从无知到知识的过程中，提出了群己之辩在获得真理机制中的重要意义。群己

① 参蔡志栋：《冯契先生的“智慧说”与新文化运动》，《文汇报》2015 年 7 月 24 日。

之辩不仅具有伦理学的意义，强调群己协调，而且也有认识论的价值。其本质就是马克思主义的群众路线。对此，冯契有多次表述。他说：

> 我们要培养学术上的民主作风。一个人讲出一个意见，谁也不能说，我这个意见就是百分之百的正确。马克思主义就是赞成通过不同意见的争论、通过自由的讨论来明辨是非的。真理是要通过讨论、辩论才能越辩越明，才能和错误划清界线。这是辩证法。辩证法原来的意义就是进行对话、论战、讨论，只有通过对话、讨论，经过逻辑的论证、实践的检验，才能使得真理和错误的界线越来越清楚，那也就能更好地坚持真理，改正错误。①

这里很清楚，第一，允许不同意见发言、交流，本身就是民主。用密尔的话说，就是言论自由。如果联系冯契在“反右”、“文革”时的遭遇，这种民主作风的意义可以更加突出。那个时候，冯契被剥夺了写作、发言、出版的自由。他所剩下的唯有思想的自由。人们常常将思想自由和言论自由混为一谈，其实两者之间还是存在某个关键性的分野：前者可以局限于一己的脑袋之中，后者却必须以某种形式表现出来，或者是言语，或者是笔墨，或者是形

① 冯契：《谈谈宗教研究的重要性》，《智慧的探索·补编》，华东师范大学出版社，1998年，第385—386页。

象；这就意味着，前者至多是自己与自己对话，后者却有了交流的可能性，也就有了发现思想自由的错误的可能性。冯契在历史的曲折时期坚持思想自由，这比放弃思想当然要好。但是，恐怕他同时也切身认识到了缺乏言论自由的痛处，所以他特别突出言论自由，而这才是群己之辩的前提：局限于自身内部的思想自由是很难发生群己之辩的。

第二，以对话的方式来理解民主，一定程度上扩展了我们对民主的理解。

何谓民主？众说纷纭。一般我们把民主理解为选举、投票，在此基础上少数服从多数，更加完善一点的说法是，多数保障少数。注意，这个观点也是冯友兰在 1980 年代说过的。[①] 在当时，冯友兰先生能够发掘多数保障少数在民主中的不可或缺的价值，是颇有眼光的。

然而，民主是否还有其他理解？在此，冯契给出了自己的答案，这就是理性讨论。

在我们看来，这是对中国现代民主思想发展过程中某些被忽略的成绩的挖掘和延续。我们在此以梁漱溟、冯友兰的相关思想为例来加以讨论。

众所周知，现代新儒家的重镇梁漱溟一生要解决两个问题：社会与人心。他认为中国缺乏真正的团体生活，缺乏民主的实践能

---

① 参冯友兰：《中国哲学中之民主思想》，《三松堂全集》（第十一卷），河南人民出版社，2001 年。

力。一个核心表现就是不会商量着办事。因此，他提出建设新的团体生活的一个要件就是“要会商量着办事”。[①] 其本质也就是对民主思想的补充。[②]

梁漱溟认为，为了建设新的团体生活，“我们必须发挥情义观念，本着情义关系，大家和和气气商量着办事，团体生活也许可以练习出来；……所以我们在乡学村学办法中，虽然是处处想法子引导大家过团体生活，让大家商量着办事；可是，不敢提多数表决的话，我们只是说：‘尊重多数，舍己从人’。但仍怕固执尊重多数之义，遂又说：‘更须顾全少数，彼此牵就’。我们是要发挥伦理上互以对方为重的精神。”[③]

这里梁漱溟一方面提出了少数服从多数的民主（用梁漱溟的话说就是“民治”）论的补充：多数尊重少数；另一方面，更加重要的是，他明确提出了“本着情义关系，大家和和气气商量着办事”[④] 的主张。他认为，西方人之所以组织能力强，一个原因就是会商量着办事情；相反，中国人的组织能力差，也表现为不会商量着办事情。

---

① 梁漱溟：《乡村建设大意》，《梁漱溟全集》（1），山东人民出版社，2005 年，第 698 页。

② 为什么“会商量着办事”是民主？具体论证请参蔡志栋：《“对于自由另有一种新讲法”——梁漱溟政治自由观简论》，《思想与文化》（第十九辑），华东师范大学出版社，2016 年。

③ 梁漱溟：《乡村建设大意》，《梁漱溟全集》（1），山东人民出版社，2005 年，第 698—699 页。

④ 梁漱溟：《乡村建设大意》，《梁漱溟全集》（1），山东人民出版社，2005 年，第 698 页。

那么，什么是“会商量着办事”？

梁漱溟指出，“真正有组织能力，会商量着办事的人，他是遇事便抱着一个商量的态度。对于团体的事情，自己肯用心思，肯出主意。但同时也知道尊重别人的意见，参酌别人的意思。他既不是漠不关心；也不是揽到自己身上。事情怎样办法，他是要尽着大家来决定，要大家来共同磋商讨论，以期商量出一个都首肯的办法来。自己的主意如果得不到大家的同意，便自己让步，把他拿回来修改；修改了再提出，仍不通过，则再修改；就是说十句大家一句也不采用，那么，也得跟着大家的公共决定去做，不能说因为己意不得行，便不管不问了。总之。所谓商量着办事，就是大家对于团体的事，彼此都要用心思、出主意。在磋商讨论的时候，一方面不肯随便牺牲自己的意见；而同时也要知道尊重别人的意见。大家总是彼此牵就，彼此让步，末了自会商量出一个各都首肯的办法来。”①

梁漱溟对民主过程中的情义关系的揭示应当引起我们的重视。如果我们有兴趣，还可以将之与哈贝马斯的交往行动理论比较，可以发现两者之间的某种相似性。不过，在此，梁漱溟对民主的理性的维度似乎并未突出。事实上，如果我们回顾梁漱溟的“情理儒学”，就可以发现，他把理性分为了西方式的和中国式的，西方式的理性其实是知性，并不为其赞赏；中国式的理性已经被他高度情感化了。换而言之，虽然梁漱溟提出了理性在民主过程中的重要地

---

① 梁漱溟：《乡村建设大意》，《梁漱溟全集》（1），山东人民出版社，2005 年，第 631 页。

位，但由于他的哲学的偏向，这个创见并未得到突出和贯彻。

从某种角度看，在真理问题上解放初的冯友兰也主张采取群己之辩的方式，具有了民主的意蕴。此处从冯友兰做出新解的《韩非子》之“理”的特征来加以诠释。

《韩非子》说：“凡理者，方圆、短长、粗靡、坚脆之分也，故理定而后物可得道也。”冯友兰认为，这就是把理理解成事物所有的性质。这里需要重视的是“理定而后物可得道也”这句话。显然，事物的存在是不以人的主观意志为转移的，但是，当事物进入人的认识领域，它们必须就某一方面用思维和语言来加以把握，也只有在这个时候，我们才能说事物是被正确地认识了。“理”也就是事物的某个（些）方面的性质（因为言说——道——不可能把事物的所有性质都说出来）的存在及其被言说（“道”）成为了我们认识世界的前提，或者说，我们就是以这样一种方式认识世界的：世界被分割成各种各样的“理”，同时“理”被“道”出来。

理是客观存在的事物的性质，它其实就是事物为人所认识的方式。离开理，事物当然还存在，但是，它不能为人所认识。同时，理还需要被道出来，即，人对世界的认识还必须用语言来刻画。无疑，即便是相同的语言对不同的人的意义、意蕴等等都是存在差异的。可见，“理”（性质、规律）和“道”（言说）都打上了人的烙印。这就意味着在认识世界的过程中极易产生“盲人摸象、各得一腿”的情形，甚至由于语言的存在，即便人们所得事实上是同一事物，但在表述出来时却会发生偏离和误会。正是出于这样的考虑，大家就某一问题敞开交流是获得真理、从而是获得自由的前提。真理并不预先存在，它是人们充分交流之后的产物。这并不是说真理是约定的，也不是说真理和客观事物没任何关系，而是说，只要我们承认人在认识世界过程中的个体性特征，以及反映这种认识的语言的局限性，那么，我们也要承认真理越辩越明。正是在这个意义上，冯友兰说："凡是讨论一件事情，最后才可以得到它的规律。"[①]

由此，冯友兰对《韩非子》的"议于大庭而后言则立"这句话做出了民主化的诠释。他认为，这句话的基本意思当然是专制的，君主成为了大臣们在"大庭"上的讨论的最后决定者。但就允许大臣们展开讨论（"议"）而言，并将此看作是"言则立"的前提，显然是具有民主意蕴的。

在此背景下，冯契高度肯定理性在民主过程中的价值，是有意义的。

首先，冯契预设了客观世界的多样性和人性在认识论上的有限性。冯契认为，从认识对象的角度看，微观世界和宏观世界"都包含着矛盾，都有一个相互联系、相互作用的关系"。[②] 这就意味着，和冯友兰借助韩非子的语言揭示客观世界的多样性一样，冯契也肯定了客观世界具有多个侧面，绝非个体能够直接完全把握。冯契进而还确立人在认识论上的有限性。这种有限性不仅仅是由个体的文

---

① 冯友兰：《韩非〈解老〉、〈喻老〉篇新释》，《三松堂全集》（第十二卷），河南人民出版社，2001 年，第 541 页。

② 冯契：《认识世界和认识自己》，华东师范大学出版社，1996 年，第 220 页。

化素质、生活条件、实践经验，乃至个体智力等决定的，而且，每个人是有观点的。“观点是观念结构，……通常是意念图案与社会意识的结合。”[①] 它是某人一贯性的看法，贯穿于他认识世界的过程中。一定程度上，拥有观点可谓达到了一定的知识境界，但仍然因其有所见而有所蔽。克服人性的有限性，更全面地掌握客观世界，就需要展开群己之辩。冯契对世界和人性的认识论（不否认具有本体论意味）的预设同时也为民主的展开提供了前提。

其次，冯契的民主化的过程是和“分析-综合”这一理性化的过程紧密联系在一起的。

就冯契对世界和人性的预设而言，一定程度上和冯友兰借助韩非的理来表述的思想相差不大，但是，两者之间还是有一个根本的差异，那就是冯契并不认为君主是对“议于庭”的结果做出最后裁断的权威。[②] 最后做出结论的还是个体自身，但这期间却需要经历一个“一致而百虑”的过程：“对一个特定的问题，许多人从不同角度提出自己的意见，起初显得很分歧，经过论辩，互相启发、互相纠正，最后集中起来，达到比较一致的结论。”[③] “这个把分散意见集中起来的过程，也就是分析和综合的过程。”[④]

就冯契在此的表述而言，显然离梁漱溟对“会商量着办事”的说法近，而离冯友兰对“议于大庭而后言则立”的解释远。其中也

---

① 冯契：《认识世界和认识自己》，华东师范大学出版社，1996 年，第 228 页。

② 事实上这样的权威正是其大力反对者。参看本节下文“再次”部分。

③ 冯契：《认识世界和认识自己》，华东师范大学出版社，1996 年，第 227 页。

④ 冯契：《认识世界和认识自己》，华东师范大学出版社，1996 年，第 227 页。

包含有较多理智的过程，较少情感的考量。虽然冯契认为这是整个人类的认识史的本质，但是，他也一再表示这个过程的主体是个体本身，这充分体现在他对“保持心灵的自由思考”这句名言的解释中：“只有解除心灵的种种束缚，才能与时代的脉搏一致跳动，无所畏惧地致力于寻求真理，而在展开不同意见、不同观点的辩论中便能自尊也尊重别人。”[①] 请高度重视“自”这个字眼。

再次，最重要的是，冯契对群己之辩的讨论是和对专制主义的批评联系在一起的。

冯契认为，人们在认识对象的过程中如果坚持把自己的意见当作真理，其他不同意见一律看作谬误，那在认识论上便陷入了独断论。可怕的是，这种独断论在中国古代史中演变为（理性）专制主义。他认为，古代哲学史上的正统派儒家把儒学思想变成了经学独断论，用戴震的话说便是“尽以意见误名之曰理”（戴震：《与段玉裁书》），“任其意见，执之为理义。”（戴震：《孟子字义疏证》）对此，冯契严厉地批评道：“主观武断地拿自己的意见作为判断是非的标准并强加于人，要所有的人以自己所理解的孔孟之道为真理，以孔子之是非为是非。道学家的这种做法导致了理性专制主义、‘以理杀人’。”[②] 冯契认为，新文化运动的一个使命就是抨击经学独断论，反对专制主义，主张科学、民主。这显然又从一个侧面为民主与理性的关系做出了论证。

---

① 冯契：《认识世界和认识自己》，华东师范大学出版社，1996 年，第 235 页。
② 冯契：《认识世界和认识自己》，华东师范大学出版社，1996 年，第 225 页。

三、政治实践智慧的提示

政治哲学不仅是理论，而且也是对实践的理论概括和反思。实践在其中占有重要地位。这就要求我们关注政治哲学当中与认识论等不同的方面。同时，近期认识论的新发展也为我们深入思考政治哲学提供了契机。我的意思是默会知识论的提出。

按照郁振华教授的研究，默会知识分为强的和弱的。所谓强的默会知识，指的是原则上不能充分地用语言加以表达的知识；弱的默会知识，指的是虽然事实上没有用语言来表达，但原则上并非不能用语言来表达的知识。[①]

而在政治实践中，有许多知识是只能使用不能明确表达出来的，这些知识就具有了实践智慧[②]的含义。

不能说冯契对此有非常明确的认识。但是，在其著作中已经蕴含了默会知识的思想。

可以从两个角度理解：

---

① 郁振华：《人类知识的默会维度》，北京大学出版社，2012 年，第 18 页。

② 这里有必要回应张汝伦教授对冯契先生“智慧说”的批评。张教授认为，冯契的智慧说只是理论，而不是实践智慧。（参张汝伦：《创新、超越与局限——试论冯契的广义认识论》，《复旦学报》（社科版）2011 年第 3 期）从本文可见，冯契的“智慧说”也可以指导政治实践，在这个意义上，“智慧说”也有实践意义，只是的确需要我们进一步阐发。另外，冯契的确没有专门论述政治实践的问题，但是，就其对技术实践（技能）的涉及而言，他也涉及到了默会知识的问题。张教授从亚里士多德出发，区分了技术知识和政治知识；但是我们认为，技术实践、政治实践在不可学不可教而必须亲身锻炼来掌握的角度来看，两者具有高度的相似性。在这个意义上，冯契对技术实践的认识也可以运用到政治实践上去。

第一个角度，为冯契热衷地举的几个例子都涉及默会知识，但他是从正确地认识世界的规律才能获得自由的角度来加以诠释的，比如《庄子》中的庖丁解牛、轮扁斫轮的故事。其实这种技能性的知识不是语言能够表达出来的，而只能心心相印、从实践中获得。这点和政治实践具有高度的相似性。不同点在于，一个是在技术性的实践领域，一个是在政治实践领域。①

第二个角度，如果说第一个角度有着我们的先入之见的话，那么，在冯契的论述中，其实包含着默会知识的含义，但他没有意识到。这点本书第二章第一节中已经做出了论证，这里扼要地简述：冯契认为庄子揭示了逻辑思维当中的内在矛盾，实际上否定了正确地认识世界的可能性；同时，他却认为庄子也是主张人是可以获得审美自由的。按照马克思主义的观点，美是合规律性和合目的性的统一。在真理（合规律性）不可能获得的情况下，审美自由何以可能？但实际情况恰恰是可能的。那么，我们只能放弃明觉性的知识，而转向默会知识。

这就为默会知识从冯契先生的“智慧说”那里顺理成章地提出提供了合法性。在政治哲学中默会知识如何展开？这个问题显然应该是我们这些后学所着重思考的。

---

① 张汝伦教授指出，亚里士多德区分了技术知识和实践知识，前者指的是工匠制造一件东西的知识，后者指的是道德政治知识；前者可教可学，后者只能通过自己的历练才能掌握。（参［英］欧克肖特著，张汝伦译：《政治中的理性主义》，上海译文出版社，附录，第196页。）亚里士多德的这种观点值得商榷。就庄子对庖丁解牛、轮扁斫轮的运用而言，他也认为技术性的知识不科学不可教，要想获得它还需要亲身实践。

第四章 精神哲学的新发展

“两个改变”最终指向的是自由之境或者智慧之境。它既包含外在世界的改变，也包括自我的改变，对于后者而言，具体的研究论域便是精神哲学。[①] 所谓的精神哲学，指的是关于价值世界、德性、应然状态的哲学，在具体表现形态上主要包含美学、道德哲学等。我们不准备、也没必要全面对此作出研究，而是紧紧抓住两个方面展开论述。

1. 冯契的美学思想。冯契始终关注着美。他倾心于金刚怒目，它近乎崇高；它是为人生而艺术，是真善美的统一，在风格上表现为热烈。金刚怒目本质上是中西美学精神交汇的产物，它在中国近现代美学思想史上形成了一定的传统，连较多关注形式主义、注重和平静穆的王国维、朱光潜、宗白华都注意到了它。在中国近现代的特殊语境下，它又和改变国民性联系在一起。在冯契的

---

① 这并不意味着我们割裂了自我和世界，走向了一味强调内在发展，而忽略外在改变的境界论。如何看待世界及其改变，不仅仅是一个政治哲学的话题，而且也是本体论、认识论的问题。这是需要专门论述的。本书的构架并没有突出这点，只能留待未来作专题研究了。

思想中，由于有了形象思维的辩证法，审美的自由是可能的；由于有了人道原则，作为特殊审美形态的金刚怒目也是可能的。在冯契的思想中，美和善（自由人格）互为前提。形象思维的辩证法既产生了审美的自由，又以个性化的感性形象为手段，培养了自由个性；进一步，作为特殊审美形态的金刚怒目也在双重意义上培养着自由个性：它唤醒了人的生命力感，它又有德育作用，有助于培养自觉自愿的理想人格。可见，崇高感的产生的确离不开现代的道德哲学原则和政治哲学原则。由此又与本书其他部分相呼应。

2. 通过回应目前冯契哲学研究中的若干问题，突出冯契道德哲学的基本特征：一种新型的道德哲学。有种观点认为冯契的“化理论为德性”是对德性伦理学的回归。这是误解。冯契认为合理的道德行为是道德规范、理性自觉和意志自愿三者的统一，从某种角度看是德性伦理学与规范伦理学的统一。有的研究者认为“平民化的自由人格”是高不可攀的。这也是误解。“平民化的自由人格”，作为理想人格，普通民众通过多样化而切实可行的实践是可以实现的。最后，有的研究者对冯契“智慧说”中“理性的直觉”、“智慧”的理论化、“德性自证”等问题提出了质疑，需要认真对待。冯契的“理性的直觉”实为“后理性的直觉”或“理性后的直觉”；而“智慧”一方面作为思想本身必然表现为理论，另一方面在于它显然是高于理论之物，具有实践特性；关于“德性自证”，如果我们借助认识论的论证思路，其中的“自证”在真理的确立过程中无需再次证明，否则将陷入逻辑困境。

第一节　金刚怒目：冯契美学思想要旨

无疑，冯契创造的“智慧说”引起了学界广泛的注意与研究。不过，对于冯契的美学（广义的，并非单指作为一门学科的美学）思想人们的关注度还不够。不能说学者们完全忽略了冯契的美学思想，但是，他们的研究往往是在“智慧说”的框架内展开的。“智慧说”实际上是真善美统一的学说，在这个意义上，在其整体框架内研究美是必要的；不过，冯契美学思想的特色或许因此而被忽视了。与之形成对比的是学界对冯契方法论思想的重视。冯契的“智慧说”也可以用“化理论为方法，化理论为德性”来简单地表示。德性者当然不局限于美，它包括了作为价值的真善美：可见美是其中的一个重要组成部分。方法的主要表现是对逻辑的重视。彭漪涟教授对冯契逻辑思想的阐发就形成了一部又一部的专著。

实际上冯契对美是相当重视的。美不仅在其“智慧说”中占据了一个重要地位，而且，冯契的生涯也与美发生了紧密的联系。冯契自己承认，在“一二·九”运动时期，他曾是一家青年文学刊物的编辑。他还写过一些文学习作，包括诗、小说、杂文，还有电影剧本。[1] 1956 年，冯契中年了，还在《文汇报》上发表杂文《匹夫

---

①《冯契文集》（第九卷）华东师范大学出版，1998 年，第 566 页。

不可夺志也》[1]，并因此而受到错误的批判。而所谓杂文就是文艺性的议论文，它不仅有观点，讲论证，有真有善[2]，而且，要给人以美的享受。广义的杂文当然自古就有，但是，现代的杂文经过鲁迅的改造已经成为投向敌人、丑恶现象的匕首与投枪。因此，它是充满了战斗性的。以哲学家而写杂文，这里面大概透露了一点冯契当年的美学品味的信息。冯契还积极发起了上海市美学协会的组建工作；晚年，他还带起了美学方面的博士生……以中国哲学专家的身份而做美学方面的工作，在当代中国学界，大概还是比较少的。从中可见冯契和美发生了不解之缘。

那么，冯契的美学思想的特质是什么？从冯契哲学的新的可能的角度看，这又意味着什么？这就是本节要探讨的问题。

一、金刚怒目正解

（一）冯契对金刚怒目的理解

通观冯契的美学思想，他似乎有点偏爱"金刚怒目"这个审美范畴。什么叫"金刚怒目"呢？我们的研究就从这个范畴开始。

"金刚怒目"出自《太平广记》卷一七四引《谈薮》："隋吏部侍郎薛道横尝游钟山开善寺，谓小僧曰：'金刚何为怒目，菩萨何

---

① 顺便说一句，旧版《冯契文集》煌煌十卷，却缺少冯契的文学作品的收录，不能不说是一个遗憾。我们因此而难见冯契的面貌。新版《冯契文集》十一卷，终于弥补了这个缺憾。然而，空间仍然很大。

② 在此，我把真和善作广义的理解。简单地说，真就是论证严密，无懈可击；善就是确立了某种观点，宣扬了某种价值。

为低眉?’小僧答曰：‘金刚怒目，所以降伏四魔，菩萨低眉，所以慈悲六道。’”[①] 可见，金刚怒目的原始涵义说的是金刚这种塑像的模样。金刚怒目能够成为一个美学范畴，和朱光潜分不开。[②] 朱光潜第一次提到金刚怒目是在《无言之美》中。他说：“中国有一句谚语说，‘金刚怒目，不如菩萨低眉’，所谓怒目，便是流露；所谓低眉，就是含蓄。凡看低头闭目的神像，所生的印象往往特别深刻。”[③] 朱光潜推崇含蓄胜于流露，因此金刚怒目就不是一个令他欣赏的概念。在《说“曲终人不见，江上数峰青”》[④] 一文中，朱光潜提到这两句是诗美的极致，进而说：“艺术的最高境界都不在热烈。‘静穆’是一种豁然大悟，得到皈依的心情。它好比低眉默想的观音大士，超一切忧喜，同时你也可以说它泯化一切忧喜。这种境界在中国诗里不多见。屈原、阮籍、李白、杜甫都不免有些像金刚怒目，愤愤不平的样子。陶潜浑身是‘静穆’，所以他伟大。”就是这几句话，引起了鲁迅的反驳。[⑤] 鲁迅以为，金刚怒目胜过静穆。

---

① 转引自《鲁迅全集》(第六卷)，人民文学出版社，1981 年，第 436 页。

② 虽然单纯从冯契的文本上考察，金刚怒目来自鲁迅，但鲁迅也是从朱光潜那里借用了这个词的。冯契对鲁迅的借用是出于学术目的，也可能因了对鲁迅的钦佩。另一个证据是，冯契总喜欢用“羚羊挂角，无迹可寻”来代替“形式主义”范畴。这八个字也是出自鲁迅。鲁迅对朱光潜的借用却是出于文学需要。鲁迅写作的是杂文，杂文笔法之一就是大量借用对手的说法。朱光潜提到了金刚怒目，鲁迅就把这个词接过来，反驳了朱光潜。见《鲁迅全集》(第六卷)，人民文学出版社，1981 年，第 421—435 页。

③《朱光潜全集》(1)，安徽教育出版社，1987 年，第 65 页。

④《朱光潜全集》(8)，安徽教育出版社，1987 年，第 393—397 页。

⑤ 鲁迅的反驳要点有二，除了正文中所述这点之外，鲁迅还批评这寻章摘句、不顾作者写作的社会背景的作风不可取。“曲终人不见，江上数峰情”所作诗歌的全(转下页)

"自己放出眼光看过较多的作品，就知道历来伟大的作者，是没有一个'浑身是"静穆"的'。陶潜正因为并非'浑身是"静穆"，所以他伟大'。"陶潜也有"精卫衔微木，将以填沧海，形天舞干戚，猛志固常在"之类的"金刚怒目"式。[①] 可见，金刚怒目的意思在朱光潜那里也经过了一定的变化：从"流露"到"愤愤不平"。如果说流露还有平静和热烈之分的话，愤愤不平只能是热烈的。这是两者之间的主要区别。但两者之间也是有联系的：它们与含蓄、静穆相比，都是向外的、开放的。而鲁迅所取的金刚怒目的意思，在风格上主要是愤愤不平，是热烈。

冯契就是借用了鲁迅的说法。他描述了中国古代的金刚怒目的传统，这个传统"要求艺术具有风骨、兴寄，讲艺术是为人生的。这个传统在唐人那里演变到后来，就成为白居易、韩愈的理论。白居易说'歌诗合为事而作'（《与元九书》），强调诗的美刺比兴作用。韩愈讲'不平则鸣'（《送孟东野序》），因为这是社会矛盾加深了，他们就强调文学艺术要反映社会矛盾，有批判现实的作用。后来的大作家都强调这个传统，认为诗文要干预现实，反映社会矛盾。一直到黄宗羲讲'文章，天地之元气也'（《谢翱年谱游录注序》），强调风雷之文，鲁迅强调'金刚怒目'，都是这个传

（接上页）篇并非静穆，"中间的四联，颇近于所谓'衰飒'"，而且，由于该诗歌作于省试，如果表现得愤愤不平，难免落第。

① 《鲁迅全集》（第六卷），人民文学出版社，1981 年，第 421—435 页。

统。"[①] 冯契又在别处说："黄宗羲发挥了韩愈的文艺应当反映社会矛盾即'不平则鸣'的观点，认为真正的好文章应该是风雷之文，是现实矛盾冲突的表现，能够激发人们的斗争热情。这接近于西方美学的'崇高'（Sublime）范畴。"[②]

可见，冯契所理解的金刚怒目的构成，在艺术内容上，主张文艺为人生，也就是真善美的统一；在艺术风格上，金刚怒目则表现为热烈、激烈。冯契以为，金刚怒目的艺术传统就是要反映社会矛盾，主张不平则鸣，因此难免愤愤。这表现出来，就是热烈的风格。另方面，反映社会矛盾也就是主张文艺要有兴寄，要为人生。实际上，冯契对中国"文以载道"的艺术传统保持一点同情的态度，他反对的是过分讲究文以载道，结果把文艺变成了政治的附庸。而在冯契的理解中，文艺为人生也就是真善美的统一。冯契批评王国维的美学思想有形式主义的倾向，所谓形式主义，就是"把美和善，美和真完全割裂开来"。[③] 因此，作为形式主义反面的为人生而艺术就是主张真善美统一。[④]

（二）金刚怒目：中国现代美学传统

虽然冯契追随鲁迅，强调在中国传统艺术中便有个金刚怒目的脉络，但是，理论的来源并不能完全代表理论的特征。我们认为，

---

①《冯契文集》（第三卷），华东师范大学出版社，1996年，第275—278页。

②《朱光潜全集》（1），安徽教育出版社，1987年，第65页。

③ 冯契：《中国近代哲学革命进程》，上海人民出版社，1989年，第228—276页。

④ 这个很重要，它关系到我们下面要讨论的内容：审美领域内的金刚怒目何以可能？只有真善美相统一，它才是可能的。

金刚怒目本质上是古今中西文化艺术精神交汇的产物。

一般以为，西方文化本质上是向外的，是普罗米修斯式的，这个表现在审美精神上，就是强调对立冲突的崇高更能代表西方的美学特质。虽然在西方美学史上，崇高的涵义本身也有一个发展变化的过程[①]，但总体上它代表着以冲突为美的审美态度。中国文化本质上是和谐型的，不否认其中包含冲突的因素，但处于支流。[②] 体现在美学精神上就是更多地以和谐为美。连被王国维激赏为“列之于世界大悲剧中，亦无愧色”的《窦娥冤》和《赵氏孤儿》，[③] 其结局也是和谐、圆满的。1840 年之后显著起来的中西文化的交汇要求着中国美学也要吸收西方美学的精神。这种吸收除了直接引介西方美学思想之外，深入的一层，是以在传统语汇下隐含外来精神的方式表现出。金刚怒目这个词语，其来源是中国化的，但其内在的精神实质已融入了西方精神的因子：以冲突为美。

在中国现代美学史上，别的思想家、美学家未必直接使用金刚怒目这个词，但是，他们的美学思想中实际上也有以冲突为美的观念。冯契以为，王国维、朱光潜、宗白华是偏重形式主义、和平静穆的。[④] 但是我们接下来要表明，连他们也注意到了金刚怒目（崇

---

① 大致经历了郎吉弩斯、博克和康德。

② 注意，这是一般的理解。正如我们在导论里面指出的，即便是和谐，也分为古典的和现代的。两者的区别就在于，现代和谐也肯定了冲突的过程，而不是一味的泯然。

③ 王国维：《宋元戏曲考》，上海古籍出版社，1998 年，第十二章。

④ 参冯契的中国近现代美学史研究。主要见冯契：《中国近代哲学革命进程》，上海人民出版社，1989 年，以及《冯契文集》（第八卷）华东师范大学出版社 1997 年版中的相关章节、内容。但事实上，我们会在适当地方指出，冯契的看法值得商榷。

高）系列的美学范畴。上文说过，金刚怒目接近于崇高，它包含两个部分：内容上的为人生而艺术和艺术风格上的热烈。因此我们以此为纲分析王国维、朱光潜、宗白华思想中的相关观念，以证明崇高系列的审美范畴在中国近现代美学史上的某种普遍性。

1. 从文艺为人生的角度看

王国维美学思想的主流无疑是形式主义的[①]，这主要由他所秉承的康德、叔本华等的理论来源所决定的。但是，不能因此而可得出结论说王国维没有一点文艺为人生思想的痕迹了。的确，王国维很强调美感和快感的区别。[②] 不过，如果我们仔细考察王国维这么做的背景，就会发现其形式主义的主张所服务的却是一个非形式主义的目的。十九世纪末、二十世纪初，中国遇“三千年未有之大变局”，困惑的思想家们开始思考起中国的国民性问题。王国维也不例外，且见解独出机杼。他认为除了知识启蒙（理性：真）和道德重建（意志：善）之外，还须注意“情育”[③]：教育之宗旨何在？在使人为完全之人物而已……完全之人物，不可不备真善美三德。欲

① 冯契：《中国近代哲学革命进程》，上海人民出版社，1989 年，第 228—229 页。考冯契对王国维的美学思想有形式主义倾向的结论的作出，主要建立在两个论证上，第一个论证是强调快感和美感的区别。这点正文中已经作出分析、反驳。而第二个关于用语的论证似乎是无效的。形式主义也就是为艺术而艺术，不能因为王国维动辄将美学范畴归到形式的名下就说“他的美学理论有形式主义的倾向”。“形式”与“形式主义”是两个概念。

② 冯契：《中国近代哲学革命进程》，上海人民出版社，1989 年，第 228 页。

③ “美育”实为“情育”的一部分。两者可以是一回事，但言说的角度不同。美育说的是教育的手段和目标，即用美教育主体使之能欣赏美、创作美；情育说的是美所教育的对象是情感。

达此理想，于是教育之事起。教育之事分为三部：智育、德育（即意育）、美育（即情育）是也。”① 情育（美育）和智育、德育、还有体育一起，成为培养“完全之人物”的必要手段。对中国人来说，情育尤其显得重要。一方面，中国历史上缺乏情育的传统；② 另一方面，人的情感总要有所寄托，否则便空虚无聊而日以吸食鸦片为业。③ 因此，王国维强调美感和快感的区别，目的在于挽救中国传统美学思想的偏失，恢复美的独立地位，使之成为塑造“完全之人物”的手段。在这个意义上，王国维也是认为文艺是为人生的。④

朱光潜美学思想的某些观点、主要倾向是形式主义的，但这也并不意味着朱光潜不重视文艺对人生的功用，文艺和道德、政治等非文艺因素的关系。

朱光潜是从广义、狭义两个角度论证文艺为人生的观点的。广义上，他从“美术”、也就是文艺、美的使命的角度论证它们有助于人生。朱光潜说：“人类何以有美术的要求？这个问题并非一言可尽。现在我们姑且说，美术是帮助我们超现实而求安慰于理想境

---

① 王国维：《论教育之宗旨》，《王国维论学集》，傅杰编，中国社会科学出版社，1997年。

② 王国维：《孔子之美育主义》，《王国维哲学美学论文辑佚》，佛雏编，华东师范大学出版社，1993年。

③ 王国维：《去毒篇》，《王国维论学集》，傅杰编，中国社会科学出版社，1997年。

④ 当然，有的读者会问：这样论证文艺为人生行不行？我的回答是，实际上冯契对美的功利性的论证也是这一思路，即指出美有助于人的精神境界的提升。见《冯契文集》（第三卷），华东师范大学出版社，1996年，第287—248页。

界的。”朱光潜认为，人类的意志可以朝两方面发展：一个是现实界，一个是理想界。现实界有时受我们的意志支配，有时不受我们的意志支配；我们的意志不能不和现实发生冲突。发生冲突时就有两种解决方式。第一种，“让现实征服了意志，走到悲观烦闷的路上去”，这是一条消极的路。第二条路是积极的，那就是“超现实”。“人力莫可奈何的时候，我们就要暂时超脱现实，储蓄精力待将来再向他方面征服现实。超脱到哪里去呢？超脱到理想界去。”于是人们“超脱现实，去在理想界造成理想的街道房屋来，把它表现在图画上，表现在雕刻上，表现在诗文上。于是结果有所谓美术作品。美术家成了一件作品，自己觉得有创造的大力，当然快乐已极。旁人看见这种作品，觉得它真美丽，于是也愉快起来了。”[①] 可见，文艺至少在两个层面上对人生有意义。第一，它避免人们走上消极的道路，以储蓄精力，等待将来的作为；第二，它让人当下获得愉快，这其实也就是指向了德性的改变。

在《文艺心理学》一书中，朱光潜花了整整两章的篇幅讨论文艺与道德的关系。朱光潜认为，“文艺与道德有无关系”这个问题太笼统。为精确起见，它应该分为如下三个问题：一、在美感经验中，从作者的观点与读者的观点看，文艺与道德有何关系？二、在美感经验时，从作者的观点与读者的观点看，文艺与道德有何关系？三、在美感经验后，从作者的观点与读者的观点看，文艺与道

---

①《朱光潜全集》(1)，安徽教育出版社，1987年，第66—68页。

德有何关系？朱光潜逐条加以研究，得出如下结论：一、“就美感经验本身说，我们赞成形式派美学的结论，否认美感和道德观有关系。”二、但是，“一个人不能终身都在直觉或美感经验中过活，艺术的活动不仅限于短促的一纵即逝的美感经验。一个艺术家在突然得到灵感、见到一个意象（即直觉或美感经验）以前，往往经过长久的预备。在这长久的预备期中，他不仅是一个单纯的‘美感的人’，他在做学问，过实际生活，储蓄经验，观察人情世故，思量道德、宗教、政治、文艺种种问题。这些活动都不是形象的直觉，但在无形中指定他的直觉所走的方向。”“就读者方面说，一个人的道德的修养和见解，往往也可影响到他对文艺的趣味。”三，美感经验之后，“文艺能发生道德的影响，连形式派美学也并不否认”。具体来说，文艺能发生两种道德的影响：第一，“美的嗜好的满足，犹如真和善的要求得到满足一样，人性中的一部分便有自由伸展的可能性。”第二，“就社会说（读者在内），艺术的功用，像托尔斯泰所说的，在传染情感，打破人与人之间的界限。”①

朱光潜正面论述了文艺与道德的积极关系，突破了形式派美学的金科玉律，而且，朱光潜批评了形式派美学的主张。朱光潜说：“我们把美感经验解释为‘形象的直觉’，否认美感只是快感，排斥狭义的‘为道德而文艺’的主张，肯定美不在物亦不在心而在表现，都是跟着克罗齐走。”通常，看见这句话大家就以为朱光潜完

---

①《朱光潜全集》(1)，安徽教育出版社，1987 年，第 319—324 页。

全接受了克罗齐的观点，他们恰恰忽略了朱光潜紧随其后的另一句话："同时，我们否认艺术的活动可以挤入美感经验的狭窄范围里去，承认艺术与知觉联想仍有相当的关系，反对把'美感的人'和'伦理的人'与'科学的人'分割开来，主张艺术的'独立自主'是有限制的，这都是与克罗齐背道而驰的。"[①] 朱光潜认为人生是一个有机体，不能机械地分割，因此，美感经验不能从整个有机的生命中分割出来加以分析。克罗齐的错误之一就在于他的机械观。朱光潜认为，"任何艺术和人生绝缘，都不免由缺乏营养而枯死腐朽；任何美学把艺术看成和人生绝缘的，都不免像老鼠钻牛角，没有出路"。[②] 这一些都是从狭义的角度论证了艺术与人生的紧密联系。

宗白华也注意到了文艺对于人生的功用。他说："艺术是人类文化创造生活之一部，是与学术、道德、工艺、政治，同为实现一种'人生价值'与文化价值'。""艺术不只是具有美的价值，且富有对人生的意义、深入心灵的影响。"宗白华认为艺术至少有三种价值：形式的价值、抽象的价值和启示的价值。"我们在艺术的抽

---

① 冯契论证朱光潜的美学观点是形式主义的，主要引述了他在《文艺心理学》中的两段话。但那两段话的下一句却都是反形式主义的，冯契没有引述。其中一段笔者在此引了，见《朱光潜全集》（1），安徽教育出版社，1987 年，第 359 页。另一段的下文是，"但是根本问题是，我们应否把美感经验划分为独立区域，不问它的前因后果呢？美感经验能否概括艺术活动全体呢？艺术与人生的关系能否在美感经验的小范围里面决定呢？形式派美学的根本错误就在忽略这些重要的问题。"（《朱光潜全集》（1），安徽教育出版社，1987 年，第 314 页。）这里的关键在于美感经验和艺术不是同一个概念。回顾冯契的论述，他无疑忽视了两者之间的区别。可是朱光潜对这区别十分重视，三番五次地加以说明。

②《朱光潜全集》（1），安徽教育出版社，1987 年，第 359—362 页。

象中，可以体验着‘人生的意义’、‘人心的定律’，‘自然物象最后最深的结构’，就同科学家发现物理的构造与力的定理一样。艺术的里面，不只是‘美’，且饱含着‘真’。这种‘真’的呈露，使我们鉴赏者，周历多层的人生境界，扩大心襟，以至与人类的心灵为一体，没有一丝的人生意味不反射在自己的心里。在此，已经触到艺术的启示的价值。”①

宗白华还看到了文艺与其他非文艺因素的联系。他说：“哲学求真，道德或宗教求善，介乎二者之间表达我们情绪中的深境和实现人格的谐和的是‘美’。文学艺术是实现‘美’的。文艺从它左邻“宗教”获得深厚热情的灌溉，文学艺术和宗教携手了数千年……文艺从它右邻‘哲学’获得深隽的人生智慧、宇宙观念，使它能执行‘人生批评’和‘人生启示’的任务。”“文艺站在道德和哲学旁边能并力而无愧。它的根基却深深地植根在时代的技术阶段和社会政治的意识上面，它要有土腥气，要有时代的血肉，纵然它的头绪伸进精神的光明的高超的天空，指示着生命的真谛，宇宙的奥境。”②

2. 从热烈风格的角度看

冯契认为，金刚怒目接近于崇高。它从艺术内容的角度讲就是提倡文艺为人生，提倡真善美的统一。从艺术风格的角度讲，就是

①《宗白华全集》(2)，安徽教育出版社，1994年，第69—72页。

②《宗白华全集》(2)，安徽教育出版社，1994年，第344—345页。

推崇热烈。[1] 上文已经证明，王国维的美学思想中也有文艺为人生的因素，这里要说明的是，王国维直接提出了“壮美”和“宏壮”的概念（它们一定意义上是崇高的同义词[2]），并且主张中国人要能鉴赏崇高。

在《叔本华之哲学及教育学说》和《红楼梦评论》中，王国维区分了两种美以及与之对应的审美心理结构：优美和壮美，以及优美之情和壮美之情：“而美之中，又有优美与宏壮之别，今有一物；令人忘利害之关系，而玩之不厌者，谓之曰优美之感情。若其物直接不利于吾人之意志，而意志为之破裂，唯由知识冥想其理念者，谓之曰壮美之感情。”[3]“而美之为物有二种：一曰优美，一曰壮美。苟一物焉，与吾人无利害之关系，而吾人之观之也，不观其关系，而但观其物；或吾人心中，无丝毫之欲存，而观其物也，不视为与我有关系之物，而但视为外物，则今之所观者，非昔之所观者也。此时吾心宁静之状态，名之曰优美之情，而谓此物曰优美。若此物

① 这里需要说明一个问题。通常理解的崇高仅仅是一种艺术风格。但是，崇高和优美的差别之一就在于崇高还要讲内容，内容也成为了崇高得以成立的可能性。对此的证明主要是康德给出的，我们在下文适当时候会给予详细的说明。由于崇高通常主要被理解成一种风格，因此本部分对热烈风格的讨论实际上也是对崇高的讨论。

② 严格来说，壮美和宏壮是不同的。前者完全建筑在叔本华思想的基础上，认为处于壮美审美状态的主体是无意志的；后者则吸收了康德、尼采、老庄的思想，认为处于宏壮审美状态的主体还有“生命力”意志。见蒋永青：《境界之“真”：王国维境界说研究》，中国社会科学出版社，2001 年，第三章。但在本书的语境内，这种差别可以忽略不计。

③ 王国维：《叔本华之哲学及教育学说》，《王国维论学集》，傅杰编，中国社会科学出版社，1997 年。

大不利于吾人，而吾人生活之意志为之破裂，因之意志遁去，而知力得为独立之作用，以深观其物，吾人谓此物曰壮美，而谓其感情曰壮美之情。”[①] 这里的关键在于王国维提出了“壮美”。所谓壮美，在此其实质是以叔本华哲学为依托的崇高。优美及优美之情在美学上是两个烂熟的概念，表现在文学艺术上，就是艺术家创作的作品都有一个圆满的结局，读者与观众也只能欣赏这样的作品。王国维正是有鉴于中国人的精神偏重于优美之情，才极力推荐与此种精神大异其趣、为彻头彻尾悲剧中的悲剧的《红楼梦》。[②] 王国维指出：《红楼梦》“中壮美之部分，较多于优美之部分”。[③] 因此，王国维之荐《红楼梦》，实有一个明显的目的：要培养国人的壮美之情，也即崇高感。这一目的伴随着王国维美学思考的始终，在其后期美学代表作《人间词话》中，还出现了与“壮美”同义的“宏壮”字样：“（四）无我之境，人惟于静中得之；有我之境，于由动之静时得之。故一优美，一宏壮也。”[④] 需要指出的是，我们在此所使用的“热烈”的概念是广义的，它不仅指我们通常所理解的冲突、对立、斗争，而且也指艺术作品结局的不圆满。因此，王国维推崇《红楼梦》，赞赏崇高的范畴，实际上也是对热烈这种风格的欣赏。

至于朱光潜，他固然说过“艺术的最高境界都不在热烈”，而在静穆，但是，他本人也是注重对热烈、也就是崇高的研究的。

---

① 王国维：《红楼梦评论》，《王国维论学集》，傅杰编，中国社会科学出版社，1997 年。
② 王国维：《红楼梦评论》，《王国维论学集》，傅杰编，中国社会科学出版社，1997 年。
③ 王国维：《红楼梦评论》，《王国维论学集》，傅杰编，中国社会科学出版社，1997 年。
④ 王国维：《人间词话》，《王国维论学集》，傅杰编，中国社会科学出版社，1997 年。

朱光潜的博士论文是《悲剧心理学》。什么悲剧呢？朱光潜明确地说："我们对悲剧效果的描述在基本特点上很近似康德关于崇高的学说。""简言之，悲剧在征服我们和使我们生畏之后，又会使我们振奋鼓舞。在悲剧欣赏之中，随着感到人的渺小之后，会突然有一种自我扩张感，在一阵恐惧之后，会有惊奇和赞叹的感情。"因此，"悲剧感是崇高感的一种形式"。"要给悲剧下一个确切的定义，我们可以说它是崇高的一种，与其他各种崇高一样有着令人生畏而又使人振奋鼓舞的力量；它与其他各类崇高不同之处在于它用怜悯来缓和恐惧。"[①] 将悲剧和崇高的联系说得很清楚了。到了《文艺心理学》，朱光潜直接论述了"崇高"。朱光潜区分了两种美：刚性美和柔性美。刚性美中的极致就是 sublime，一般翻译成崇高，但朱光潜觉得这个翻译只是取得了 sublime 片面的涵义，不如"雄伟"合适。显然，采用什么翻译在此不是一个大问题；这里重要的是朱光潜对"崇高"的实质性认同。[②]

当然，论述了崇高（悲剧）未必意味着赞赏崇高（悲剧）。朱光潜进而主张人生不能没有悲剧。朱光潜说："…人生有价值正因

---

① 《朱光潜全集》(2)，安徽教育出版社 1987 年，第 294—302 页。

② 当时在那场鲁迅和朱光潜论争的公案中，鲁迅批评的一方面是朱光潜的治学态度；另一方面是朱光潜的具体思想：鲁迅的确更加欣赏"金刚怒目"见《鲁迅全集》（第六卷）中《且介亭杂文集》之《"题未定"草》一文。

但鲁迅对朱光潜或许也存在一些误解。考朱光潜的《悲剧心理学》和《文艺心理学》的出版情况，前者是朱光潜用英文写的博士论文，直到 1983 年 2 月人民文学出版社才出中译本；后者 1936 年才定稿，由开明书店出版：此时的鲁迅已经病体沉疴，会不会读到这本书也很难说。总之，鲁迅很可能与以上两本有着热烈内容的书无缘。

其有悲剧。”“悲剧也就是人生的一种缺陷。它好比洪涛巨浪，令人在平凡中见出庄严，在黑暗中见出光彩。假如荆轲真正刺中秦始皇，林黛玉真正嫁了贾宝玉，也不过闹个平凡收场，那得叫千载以后的人唏嘘赞叹？……人生本来要有悲剧才能算人生，你偏想把它一笔勾消，不说你勾消不去，就是勾消去了，人生反更索然寡趣。”①

宗白华也在悲剧的形式下讨论了崇高的热烈风格问题。宗白华区分了悲剧的和幽默的两种人生态度。所谓悲剧的人生态度，就是“肯定矛盾，殉于矛盾，以战胜矛盾，在虚空毁灭中寻求生命的意义，获得生命的价值”。② 宗白华认为，“中国人心灵里并不缺乏他雍穆和平大海似的幽深，然而，由心灵的冒险，不怕悲剧，以窥探宇宙人生的危岩雪岭，发而为莎士比亚的悲剧、贝多芬的乐曲，这却是西洋人生波澜壮阔的造诣！”对西洋艺术的悲剧精神在中国社会得不到发挥，宗白华未免感到一丝遗憾。③

通过以上考察，我们发现，金刚怒目首先是一个以冲突为美的审美范畴：在某种意义上，它也构成了中国近现代史中的一个美学传统。在中国近现代的特殊语境中，它又与变化国民气质紧密联系。王国维、朱光潜、宗白华等人都注意到了文艺对人生的功用，他们还特别突出地考察了壮美、宏壮、崇高、悲剧等崇高系列的审

---

①《朱光潜全集》(1)，安徽教育出版社1987年，第60—61页。
②《宗白华全集》(2)，安徽教育出版社1994年，第67页。
③《宗白华全集》(2)，安徽教育出版社1994年，第410—414页。

美形态对人性发展的价值。

接下来的问题是，审美领域的金刚怒目何以可能？金刚怒目又如何有益于人性的发展？

二、审美领域内的金刚怒目何以可能？

金刚怒目何以可能？——首先是审美领域内的金刚怒目何以可能？我们从以下两个依次递进的层面回答这个问题。首先，金刚怒目是个美学范畴，因此，审美的自由何以可能？其次，在冯契的理解中，金刚怒目是种特殊的审美形态；它接近于崇高，是真善美的统一，是为人生而艺术，是热烈的风格：这又何以可能？冯契在这两个方面分别给出了自己的思考。

（一）“形象思维的辩证法”

冯契认为，人的自由从一个角度说就是人的理想得到实现。“人们在现实中汲取理想，又把理想化为现实，这就是自由的活动。在这样的活动中，人感受到自由，或者说，获得了自由。”[①] 因此，所谓审美活动的自由，就是人类在现实中形成人生理想，然后人生理想通过人的活动，把人的本质力量对象化、形象化，使人能够从人化的自然中直观自身的力量。

获得审美活动的自由的总的机制是，人和自然、性和天道以感性形象为中介形成互动。这也就是形象思维的辩证法。冯契认为正

①《冯契文集》（第三卷），华东师范大学出版社，1996 年，第 3 页。

如逻辑思维遵循着概念的辩证法，“形象思维也有辩证法”。[①]

我们可以从四个方面理解冯契独具特色的形象思维的辩证法，从而在一般的层面理解审美的自由何以可能。

第一方面：艺术形象结合的形式。

冯契认为，艺术形象结合的形式共有五种：赋、比、兴、[②] 对照、补充。冯契认为，人类从现实中获得人生理想，人生理想包括了审美理想。审美理想包括自然美和艺术理想。冯契主要谈论的是艺术理想。艺术理想必须得到表现，离不开艺术形象。一般性的形象之间的结合遵循联想律，但艺术形象体现艺术理想，除了联想律之外，还要较多地依靠想象力，形成有机的整体。艺术形象的结合有如上五种方式。赋就是直陈其事，用陈述句铺叙事实。而事实是在时空之中的，联想律就按时空的接近和运动中的展开而把形象结合在一起。冯契认为，无论语言艺术，造型艺术，音乐……都是利用时空秩序的。比就是比喻，包括了明喻、隐喻和象征等等。冯契认为，形象思维中的比可以突破逻辑思维中异类不比的原则。比如，在形式逻辑中，粮食和智慧不能相提并论，但是，在艺术中，我们不妨说农民的智慧和他的粮食一样丰富。兴就是起。朱熹说：

① 《冯契文集》(第三卷)，华东师范大学出版社，1996 年，第 268 页。

② 形象思维需要赋、比、兴，在现当代中国明确地讲出这个论点的首先是毛泽东。见毛泽东《给陈毅同志的信》。而此信在二十世纪七十年代末发表之后，兴起一股讨论形象思维的热潮。冯契大概也受了点影响。其实，在《〈智慧说三篇〉导论》中，冯契明确地显示了毛泽东的《论持久战》对他的深刻影响。如果说《论持久战》的影响主要是理论思维方面的，《给陈毅同志的信》的影响主要是形象思维方面的。

"兴者，先言他物以引起所咏之词也。"[①] 冯契认为，这个"引起"在逻辑思维上就是因果联系，客观上是引因起果，推理上是理由和推断的关系。在艺术中这个"引起"比逻辑思维的因果关系和推论关系要广泛得多，可以因比喻某种意义而引起一件事情，可以因某种景物而引起某种感情，若即若离，但很自然。艺术形象的结合方式还有对照和补充。比如，《红楼梦》中的林黛玉和薛宝钗，可以说体现了中国传统文化中儒和道、名教和自然原则的对立，这就是一种对照。在《红楼梦》中，用自然形象、芙蓉、湘妃竹、《楚辞》和《庄子》中的形象来补充林黛玉，又用牡丹、厚重的家具和种种温柔敦厚的形象来补充薛宝钗的形象。这就是形象的补充。

第二方面：形象思维的特点。

冯契认为，形象思维其实也就是艺术想象。艺术想象有三个特点：特点之一，有无动静的统一。冯契认为，刘勰的《文心雕龙·神思篇》就是讲形象思维的，这样的思维是"神与物游"，是"寂然凝虑，思接千载；情焉动容，视通万里。"陆机的《文赋》里讲："课虚无以责有，扣寂寞而求音。"他们都很强调有无动静的统一。他们的话表明，艺术想象既要有形象又要超脱形象，既要有感情又要超脱感情，要能入能出，善入善出。这样，情景结合才能体现理想。冯契认为，"神与物游"总有一个物是形象，但是游又是要超脱形象与时空的限制。只有这样才能像陆机所说的"观古今于须

① 转引自《冯契文集》(第三卷)，华东师范大学出版社，1996年，第266页。

臾，抚四海于一瞬”。把握的是须臾，但是在这个须臾中间贯通了古今；把握的是一瞬，但是这个一瞬实际上超过了自身而包含了四海。冯契认为，理论思维也要像荀子所说的“虚一而静”，但是，形象思维因为密切结合着形象，而且形象又灌注了感情，就越发要求每一步都要有形象直觉但又要超脱形象，因此精神就要像《文心雕龙》所讲的“澡雪精神”，澄心凝思，思维要善于把握有无动静的统一。因为密切结合形象进行想象活动，就特别需要让心灵摆脱意见、情欲的限制，特别需要超脱。只有这样，才能在具体的形象中把握天地万物本质的东西。艺术想象的这个特点特别体现在冯契的感性形象理论（意境理论和典型性格学说）中，一定意义上也是冯契美学思想的特色之所在：思考如何在有限中达到无限、通过个别把握一般、从而获得自由。我们将在下文“中介”这部分中再次从别的角度讨论这个问题。

特点之二，个性化。冯契认为，艺术创作作为一种精神生产特别要求个性化；艺术创作和物质生产、科学研究相比，有一个明显不同的特点。在物质生产、科学研究中，人们从实践经验中总结出科学理论，又把它通过技术用于生产。这个过程可以分为若干个阶段，可以由不同的人来进行。艺术创作却不同了。艺术家要把生活和理想、构思和创作统一于一个人。当然，剧作家、作曲家和表演艺术家三者可以分开，但是，这三者之中的每一个人都是一个完整的创作过程。

特点之三，冯契认为，艺术创作中构思和表现、形式和内容是统一的，艺术理想必须通过艺术手段表达出来，表达得好，构思和表现是一贯的。这就需要艺术技巧。艺术技巧需要培养，也需要有天赋。而每一种艺术都需要使用特定的物质媒介来使它的内容取得形式。形式很重要，但更重要的是内容。努力争取内容与形式的统一。

第三个方面：中介。

冯契认为，人与自然、性与天道通过感性形象这个中介互动，从而获得审美的自由。因此，所谓的中介就是感性形象。那么，什么叫感性形象？它有什么特点？

感性形象包括了艺术意境和典型性格，前者侧重于抒情，后者侧重于叙事。冯契认为，无论是艺术意境还是典型性格，感性形象的特点是个性化。冯契一方面同意宗白华的观点，认为“艺中有道”①：“艺术尽管可以虚构、夸张，可以写梦、幻景和鬼神，但是归根结底艺术不能违背生活的逻辑。”② 这是强调了艺术的普遍性的一面。另方面，冯契认为“感性形象一定是个性化的，是个性自由的体现”。③ 自然界的秩序、人类社会生活的秩序，是客观的道（自然过程）。这种客观的道表现于形色、声音，人通过目睹耳闻这些感性活动接受了道。在这相互作用中人的性就显现为情意，情意通

① 当然，冯契的“道”和宗白华的“道”是不同的。冯契自己也看到了这点：宗白华的道“主要是庄子、禅宗的道，”冯契的“道”却是广义的“生活的逻辑”。见《冯契文集》（第三卷），华东师范大学出版社，1996年，第288—289页。

②《冯契文集》（第三卷），华东师范大学出版社，1996年，第288页。

③《冯契文集》（第三卷），华东师范大学出版社，1996年，第282页。

过艺术手段表现出来，就是感性形象。这样的感性形象实质上是个性化（人、性）和共性化（自然、道）相结合的。冯契着意突出的却是它的个性化的特点。[①]

冯契对中国近现代美学史中相关思想的考察表明更好的感性形象理论应该是意境理论和典型性格学说的结合。所谓更好的感性形象理论，它应该是中西艺术传统的结合。该问题换种表达，即，“如何使意境具有现代气息?”答案是“使叙事和抒情更好地结合”。[②] 在这种理论中，感性形象之个性与共性的结合、有限与无限的统一、理想与现实的统一的特色能够得到更好的说明。冯契以为，中国近现代美学史上的王国维、朱光潜、宗白华和鲁迅从各个角度对这个问题作出了自己的贡献。[③]

意境理论有一个历史流变的过程。冯契认为总体上，“艺术家、诗人用灌注了感情的形象来表现人的本质力量，这样就构成了艺术意境”。[④] 意境是情（感情）景（形象）理（人的本质力量，又可用“道”名之）三者的统一。

意境理论发展到中国近现代，有了新的特点。一方面，它仍旧是形象化的，是情与景的结合。冯契写道，王国维分析了体现审美

---

① 为什么呢？要理解这个问题，就要牵扯到理论思维（逻辑思维）和形象思维的区别。见下文之第四方面。

②《冯契文集》（第三卷），华东师范大学出版社，1996 年，第 281 页。

③ 参冯契《中国近代哲学的革命进程》中的相关章节，为了简便起见，本部分所涉及的内容就不具体标明出处了。

④《冯契文集》（第三卷），华东师范大学出版社，1996 年，第 270 页。

理想的“须臾之物”的构成，指出它有两个因素：情与景，也就是感情和形象。艺术就是在情景交融中来体现审美理想的，所以理想不是用抽象议论来说明，而是表现于情感；不是单纯地记述事实，而是要诉诸艺术想象。朱光潜说：“每个诗的境界都必有情趣和意象两个要素。”在诗、艺术中，情感表现于意象。被表现者是情感，表现者是意象。情感、意象（景）经心的综合（即直觉）而融贯为一体，就构成意境。

另一方面，意境理论结合了主要发展在西方的典型性格学说，逐渐现代化了；意境是个别与一般的结合，是有限中的无限，是理想和现实的统一：这点在理论上得到了更深入的说明。冯契以为，王国维在美学上的真正的贡献在于，他是第一个沟通了西方艺术典型学说与中国传统的艺术意境理论的人。冯契认为，运用艺术手段从个别来揭示一般，通过具体的个性来揭示人类的普遍性质，这就是塑造典型。西方人很早就提出了艺术上的典型理论。王国维已经开始注意到艺术当中一般与个别的关系问题，也就是说，实际上他注意到了典型性格学说：“美术之所写者，非个人之性质，而人类全体之性质也。惟美术之特质，贵具体而不贵抽象。于是，举人类全体之性质，置诸个人之名字之下。……善于观物者，能就个人之事实，而发现人类全体之性质。”而中国美学传统却是长期注重于讲意境理论，那主要是关于抒情艺术的理论。王国维讲“境界”，开始把典型学说和意境理论结合起来：“夫境界之呈于吾心而见于外物者，皆须臾之物。惟诗人能以此须臾之物，镌诸不朽之文字，使读者自得之，遂觉诗人之言，字字为我心中所欲言而又非我之所能自言。此大诗人之秘妙也。”“境界”就是从个别中揭示一般，暂时中揭示永久，有限中抓住无限，短暂中显示不朽。对于意境中的一般、永久、无限的性质，宗白华给予了特别的关注。冯契认为，宗白华重视“艺中之道”，强调了意境的理想性。他讲“道表象于艺”，这个艺中之道其实就是艺术理想。宗白华说：“灿烂的‘艺’赋予‘道’以形象和生命，‘道’给予‘艺’以深度和灵魂。”“深沉的静照是飞动的活力的源泉。反过来，也只有活跃的具体的生命舞姿、音乐的韵律、艺术的形象，才能使静照中的‘道’具象化、肉身化。”所以艺中之道不是抽象的，而是形象化了的，它为深沉的静照所把握，而表现于生动活跃的节奏。因此，宗白华认为，艺术意境不是单纯的写实，不是平面地再现自然，而是一个有层次的创造。第一层是写直观的形象，第二层是传神，第三层是妙悟。达到最高层次就可以把“鸿蒙之理”表现出来。

冯契还考察了鲁迅。冯契认为，鲁迅在美学上的最重要的贡献在于，他受了西方美学理论的启发，研究了中国传统文学艺术，特别是结合自己的创作经验，对典型学说作了探讨。鲁迅认为，艺术创作要诚实，就是要如实地反映现实：但也不能只求形似，重要的是画出精神来，要形神兼备。以讽刺作品为例，它既是对现实的艺术概括，又是对某一群人的善意批评，融合了某种价值，是现实因素与理想因素的统一。而要体现形神兼备，现实与理想的统一，就要用典型化的艺术手段。鲁迅总结自己的创作经验，说：“所写的事迹，大抵有一点见过或听到过的缘由，但决不会全用这事实，只是采取一端，加以改造，或生发开去，到足以完全发表我的意思为止。人物的模特儿也一样，没有专用一个人，往往嘴在浙江，脸在北京，衣服在山西，是一个拼凑起来的脚色。”

第四个方面：两种思维的区别。

为了更好地理解形象思维的辩证法，就有必要将它和逻辑思维的辩证法作一个简略的比较。有的学者认为冯契的文学艺术的理想形态和概念的理想形态之间存在两个根本区别，[①] 笔者以为，这两个区别也适用于形象思维和理论思维。第一，两种思维都必须借助想象、运用想象力，但是，艺术想象（形象思维）和理论思维有着明显的不同。前者是用形象结合的方式，而后者是通过概念逻辑联系的方式，由此，两者的想象也就有不同的方式，遵循不同的规律。第二，两者都要求个别与一般、具体与抽象的统一，但是这种统一的侧重点有所不同。形象思维侧重点是在于以个别、具体的形象来表现一般，它的重点是落在个别上。理论思维的基本点却是一般。冯契一直强调，所谓特点，是要比较中突出的。或许正是为了突出形象思维的重点在于个别，所以他强调了感性形象的个性化特点，而不提形象思维和理论思维、感性形象和概念共有的特点：一般性，共性化。

但是，无论哪种思维的辩证法，其意义都不仅仅在于获得本领

① 彭漪涟：《冯契辩证逻辑思想研究》，华东师范大学出版社，1999 年，第 161—162 页。本段的两个区别就是来自该书，但作了一点修正。

域的真理性结果，比如，形象思维的辩证法使主体获得审美的自由，逻辑思维的辩证法使主体获得真理性认识，而且，它们都是获得智慧的有效手段。在最高的境界上，两种思维方式彼此纠葛。从逻辑思维的辩证法获得的真理性认识往往给人情感的自得，这也近乎审美的愉悦了；而感性形象的辩证法所达到的，不单纯是审美的自由境界。正如冯契一再表示的，“艺中有道”，通过艺术的途径也能获得智慧、自由。这点下文还会有更详细的说明。

（二）为人生而艺术何以可能？——人道原则

上文说过，金刚怒目是为人生而艺术与热烈风格的统一。因为是为人生而艺术，所以见到现实中的矛盾就不加回避，反而用艺术的手段表现出来，也就难免愤愤，故而体现为热烈的风格。可见，为人生而艺术是热烈风格的前提。所以，本部分主要解决为人生而艺术何以可能的问题。

金刚怒目首先是一个美学范畴，因此，达到那种境界也需要运用形象思维的辩证法。金刚怒目又有自己的特点，这决定了达到那种境界还需要别的条件。为了明确这个问题，让我们回到康德。康德所认为的崇高的前提实有二：一、文化修养。康德认为，对于崇高，我们不能期望像优美那样容易获得一致。“事实上，没有道德诸观念的演进发展，那么，我们受过文化熏陶的人所称为崇高的对象，对于粗陋的人只显得可怖。”[①] 二、人类天性里的某种基础。

---

① 康德著，宗白华译：《判断力批判》（上卷），商务印书馆，1964 年，第 105 页。

"那就是对于（实践的）诸观念（即道德的诸观念）的情感是存在天赋里的。具有健康理性的人同时推断每人都禀具着，并且能对他要求着。"[①] 后者在根本上保证了对于崇高的审美判断的普遍必然性。康德在别处更明确地说出了人类天性里的基础是什么。"自然的崇高只是非本质地被这样称呼，实际上它必须被归属于思维方式，或者更确切地说必须被归属于人类本性中思维方式的基础。"[②] 第一句话的意思是说崇高严格的表述是崇高感。所谓"思维方式"，就是康德所说的"纯粹实践理性"。[③] 可见，两者都与道德观念密切相关。

但具体来说是什么道德观念呢？为了说清楚这个问题，有必要对康德的崇高感的产生机制做一个简略的描述。康德是这样界定崇高感："而后者（崇高的情绪）是一种仅能间接产生的愉快；那就是这样的，它经历着一个瞬间的生命力的阻滞，而立刻继之以生命力的因而更加强烈地喷射，崇高的感觉产生了。"[④] 可见，崇高感的产生，首先需要一个否定的环节，即生命力受到了瞬间的阻滞，其次才是肯定的环节，即生命力得到了更强烈的喷射。与之不同，优美感永远是肯定的。隐含其中的问题是，为什么崇高感先有否定的环节？后起的肯定环节的依据又何在？我们可以更加细致地把优美

① 康德著，宗白华译：《判断力批判》（上卷），商务印书馆，1964 年，第 106 页。
② 康德著，宗白华译：《判断力批判》（上卷），商务印书馆，1964 年，第 122 页。
③ 曹俊峰：《康德美学引论》，天津教育出版社，2001 年，第 284 页。
④ 康德著，宗白华译：《判断力批判》（上卷），商务印书馆，1964 年，第 84 页。

感和崇高感的获得机制作番比较。优美感的心理机制：想象力把审美表象带到知性面前，出于想象力和知性都是把握有限的，两者能够自由和谐游戏，产生快感。崇高感的心理机制：想象力把崇高审美表象带到感性知性面前，但后者不能把握它，因为知性把握的是有限，崇高的对象是无限、无形式的，于是有“生命力的阻滞”，即不快。好在人还有理性，理性把握了无限、无形式的崇高表象，从而证明人的伟大，唤起人的优越感和自豪感，产生愉快。——注意崇高感的愉快不是优美的自由和谐游戏，即不是想象力和理性之间的自由和谐游戏。想象力与理性是冲突的，因为前者把握有限，后者把握无限。崇高的快感是异于优美的。总之，正是理性所显示的人之为人的关节处成为了崇高感的基础。

一切的关键在人。金刚怒目并不简单地等同于崇高，但康德的崇高理论给了我们很大的启发：审美领域的金刚怒目之所以是可能的，根本也在它对人的价值的肯定。

上文多次提到，金刚怒目有两个组成部分：艺术风格上的激烈和艺术内容上的真善美统一，后者是前者的原因。如果说激烈的风格是金刚怒目的表现的话，真善美的统一、尤其是其中对某种善的强调，则保证了金刚怒目是可能的。冯契的道德哲学、伦理学思想在某种意义上成为了对金刚怒目何以可能问题的回答。

贯穿冯契道德哲学、伦理学思想的是“人道原则”。什么是人道原则呢？“道德的主体是人，以道德的准则处理人与人之间的关系，一个一个的人都是主体，都是目的，所以要肯定人的尊严、人的价值，这就是人道（仁爱）原则。”[①]“马克思讲社会形态的演变，其发展方向是要从对人的依赖性、对物的依赖性解脱出来，这样个性就能获得更自由、更全面的发展，这是人的最本质的要求，也就是人道原则。”[②] 简而言之，人道原则就是把一个一个的人看作目的。这不仅令人想起了康德“人是目的”的论断。众所周知，康德的美学实际上是其认识论和伦理学的中介，美通过崇高与道德扯上了关系；反过来，道德也成为崇高的基础。而这个道德观念，就是“人是目的”。因此，正如康德的“人是目的”的观念成就了崇高，冯契的“人道原则”也在根本上使得金刚怒目可能。因为注重人，所以才可能为人生而艺术，才可能热烈。

我们可以从两个角度理解冯契的人道原则。

第一，从道德理想的角度。道德理想来源于人与人之间的社会伦理关系、道德品质的认识。道德理想也要化为现实，也即要化为道德规范，处理人与人之间的社会伦理关系，处理个人的道德品质。广义的人道原则在先秦思想界就存在了，但是，在总体上，冯契认为，“旧的封建伦理强调人的依附关系，而近代进步思想家则强调人的独立性。”“对近代人来说，人格独立，对自己的言行负责，应摆到第一位。”[③] 严格的人道主义、人是目的的思想是把“个人”而不是“人类”看成目的。这点在康德那里已经表述得很清

①《冯契文集》（第三卷），华东师范大学出版社，1996 年，第 84 页。

②《冯契文集》（第三卷），华东师范大学出版社，1996 年，第 211—212 页。

③《冯契文集》（第三卷），华东师范大学出版杜，1996 年，第 233—234 页。

楚：我们必须把他人看作和自己一样的目的。因此，冯契提倡道德哲学、伦理思想的变革，把依附性变成独立性。

冯契认为，道德理想化为现实，一方面是建立合理的社会伦理关系，另一方面是培养个人的道德品质。冯契说："一个真正有道德品质的人，是一个在道德上自由的人，他的行为一定是自觉自愿的。""自觉，是说他对道德规范有理性认识，并且有明觉的心理状态，这就是智（知）。"[①] 道德行为必须强调自觉原则。所谓自愿，就是说道德行为是出于自由意志，"如果行为不是出于意志的自愿选择，而是出于外力的强迫，那就谈不上善或恶。"[②] 冯契认为，中国古代的哲学家注重自觉原则，比较忽略自愿原则。这也是中国人传统道德思想的一个偏失。笔者以为，从某种角度看，自愿原则和个人的独立性联系非常密切。因此，冯契主张道德行为是自觉原则和自愿原则的结合，也是突出了（个）人是目的的思想。

第二，从善和真的关系的角度。如上所说，人的独立性和道德行为的自愿原则两种特定的善成为了金刚怒目这种特定的美的前提，而善也必须以真为前提，真善美是统一的。冯契认为，任何道德规范的制定，一方面要合乎人性的发展要求，这也就是"把人看成是有个性的，把每个人看成目的"。[③] 因此，注重人的个性，尊重人的个性的发展要求，不仅仅是种善，而且也是一种真。另一方

①《冯契文集》（第三卷），华东师范大学出版杜，1996年，第238页。

②《冯契文集》（第三卷），华东师范大学出版社，1996年，第221页。

③《冯契文集》（第三卷），华东师范大学出版社，1996年，第212页。

面，也要符合社会发展规律，有客观规律的根据。因此，道德变革之所以可能，“道德问题的真正解决，需要改革政治制度，变革经济基础。”[①] 于是，关于金刚怒目何以可能问题的回答又深入一步。这也体现出冯契这位马克思主义的哲学家和康德的区别。康德的先验哲学使他对崇高的基础追溯到人的先天形式、实践理性为止。但是，人的先天形式怎么来的呢？冯契坚持马克思主义的原则，到现实的社会生活中去找寻问题的答案。这是“真”的深刻的涵义。

三、金刚怒目和自由个性

中国近现代美学史往往将金刚怒目系列的审美形态和怒目金刚式的人格塑造联系在一起，冯契也并非一个单纯的美学家，他对美学的思考总是和理想人格的培养互相纠葛。冯契说：“人能不能获得自由？如何才能自由？或者说自由的人格如何才能培养起来？这是哲学史上的一贯的大问题，争论了几千年。而美学的基本问题是和这个问题密切联系着的。”[②] 本部分我们就要讨论冯契是如何理解金刚怒目和理想人格、也即自由个性的关系的。要解答这个问题，让我们先从分析一般的美与善、美与人格的关系开始，这是进一步讨论的前提。

（一）美与自然人格的关系

在冯契的思想中，真善美是统一的。善和美处于相互联系之

---

①《冯契文集》（第三卷），华东师范大学出版社，1996年，第234页。
②《冯契文集》（第八卷），华东师范大学出版社，1997年，第177页。

中。一方面，善是美的前提。冯契继承马克思主义美学的基本观点，认为美就是在对象中直观到人的本质力量。人通过实践，获得对天道和人道的真理性认识，结合这种认识，人把自己的目的、也就是广义的善贯彻到实践中去，在“以得自现实之道还治现实之身”的过程中既实现自己的目的，把自在之物化为为我之物，同时自我也获得不断的发展，不断地趋向自由。这也是美之所以可能的机制。所以，美是以真、善为前提的。

这是在抽象的理论层面上讨论善对美的前提作用。冯契通过考察中国古代哲学史，认为作为人格的善导致了美。自由人格和美的关系首先在哲学史中获得了讨论。早在孔孟那里，善和美都是讲的人格，所谓美就是善的扩充。孟子说：“可欲之谓善，有诸己之谓信，充实之谓美，充实有光辉之谓大。”（《孟子·尽心下》）冯契是这样解释这段话的：“这里讲的善、美都是讲人格。一个人是好人，那么这个人的品德行为是‘可欲’的，这就是善的。实有其善叫做信。把实有的善扩而充实之，这就是美了。一个人德性充实而有光辉就是伟大了。所以孟子讲‘充实之谓美’是指人有善的德性，充实发展而达到完美。”①

如果说冯契对孔孟的讨论还止于一般的自由人格和美的关系上，他对黄宗羲的研究则达到了自由人格和金刚怒目的层面。冯契以为，黄宗羲的特色尤在于他不满足于“温柔敦厚”的诗教，而主

① 《冯契文集》（第八卷），华东师范大学出版社，1997年，第182页。

张具有“豪杰”的胸怀，召唤“变徵之声”、“风雷之文”。冯契以为，黄宗羲继承了韩愈“不平则鸣”的思想，以为真正的“至文”往往产生在社会矛盾激烈的时代。社会矛盾激发为奔雷，为巨风，表现为雄伟的艺术，发而为“风雷之文”。“风雷之文”正是豪杰精神之所寓。[①] 这里需要说明的一点是，在冯契的语汇中，金刚怒目和风雷之文涵义几乎一致。如果说两者之间有什么差别的话，金刚怒目包含更广，既指审美形态，又指人格象征；风雷之文主要指金刚怒目的艺术表现。这里我们看到。只有豪杰才可能创作金刚怒目的风雷之文：一定的人格成为一定的美的基础。

反过来说，美又对善、对自由人格的培养有反作用。这也就是通常所谓的美育。冯契心目中的理想人格是真善美统一的，冯契也很重视美对自由人格的意义：一方面，自由人格必须拥有相当的审美能力，缺乏审美能力的人是不“美”的，离自由人格有差距。冯契说：“从培养自由人格的角度看，可以而且应该要求人们在理论思维、道德品质、审美能力各个方面都得到适当发展，成为真、善、美统一的人材。”[②] 冯契以为，并不要求每个人都成为诗人、画家等等，“但是每个人都可以成为美的个性，如具有欣赏能力，在美的自然景色和艺术品的鉴赏中享受到自由。一个没有美的个性的人是不自由的，是不会令人觉得可爱的。”[③] 另一方面，更重要的

① 冯契：《中国古代哲学的逻辑发展》（下），上海人民出版社，1985 年，第 1044—1045 页。

②《冯契文集》（第三卷），华东师范大学出版社，1996 年，第 313 页。

③《冯契文集》（第三卷），华东师范大学出版社，1996 年，第 285 页。

是，美对培养人的自由个性有重大的意义。笔者以为，这也是冯契美育思想的一大特色之所在。

任何教育都存在两个方面：目标和手段。美育也是。冯契以为，美育的目标在于培养个性化的自由人格，其手段是利用个性化的感性形象。下面我们分别从这两个方面加以阐述。

1．目标：个性化的自由人格。

我们有必要回顾中国思想史上的美育思想。孔孟注意到了善的人格对美的基础作用，他们同时也看到了美对人格的反作用。冯契研究孔孟之后，得出这样的结论：孔孟认为要造就一种完美的人格，就要有艺术的修养。“一个人有知识，有廉洁的德性，很勇敢，有才艺，还必须文之以礼乐[①]，即必须用礼乐来加以熏陶培养，这样才能形成完美的人格。”[②] 但是总体上在儒家的心目中，完美的人格是“圣人”“君子”“醇儒”。诚如上文所述，黄宗羲也注意到了豪杰人格有助于产生风雷之文，同时他也看到了风雷之文对豪杰精神的培养作用。风雷之文“悲哀动人，长久地具有兴观群怨的作用”，“用‘风雷之文’召唤着‘豪杰之士’起来冲破‘囚缚’，为迎接新时代的到来而斗争”。[③] 黄宗羲的豪杰人格已经有了近代的色彩。

中国历史发展到近代，改造国民性成为一个广受关注的话题。

---

① “文之以礼乐”这句话有两个含义。其一是说审美能力是理想人格的一个组成部分；其二则说礼乐以某种方式培养理想人格（“文”）。这里突出的是后者。

②《冯契文集》（第八卷），华东师范大学出版社，1997 年，第 183 页。

③ 冯契：《中国古代哲学的逻辑发展》（下），上海人民出版社，1985 年，第 1045 页。

也有众多思想家从美育的角度切入这个问题。如上所述，王国维已经提出了美育的思想。但他所要培养的是“完全之人物”。“完全之人物”是德智体美全面发展的人物，但他具体的特征其实还是很抽象的。冯契却不同，他继承中国近现代哲学史的成果，提出了平民化的理想人格的目标。而平民化理想人格的一大特征就是个性自由：“真正具有创造性的智慧一定是个性化的。”①

冯契以为，所谓个性就是人这种精神主体有别于其他物质的东西的本质特征，离开了精神主体，就谈不上自由的个性。在自然界中，个性被看作类的分子、群体的细胞，这严格来说都不是个性。个性化的自由人格不仅是类的分子，表现类的本质；不仅是社会关系中的细胞，体现社会的本质；而且具有独特的一贯性、坚定性，意识到“我”在所创造的价值领域里是一个主宰者，具有自由的德性，而价值正是他的德性的自由表现。有的学者指出了这种个性化的自由人格的四大特征：一、平民化；二、不同于西方近代哲学以及中国五四运动以来西化派的极端个人主义；三、在强调个性自由的同时，注意到了社会的协同性；四、也不完全等同于以往共产党人所提倡的共产主义道德和革命英雄主义先锋队的道德理想。② 这种看法值得注意。

---

①《冯契文集》(第三卷)，华东师范大学出版社，1996 年，第 315 页。

②《理论、方法和德性——纪念冯契》华东师范大学哲学系编，学林出版社，1996 年，第 234—235 页。

2. 手段：利用个性化的感性形象。

总体上说，冯契的理想人格一方面是个性化的，另一方面是真善美的统一，因此，真善美都是培养个性化的自由人格的途径。但是，美，尤其是其中的个性化的感性形象对于自由人格的培养具有特殊的意义。冯契说："世界观的培养也要运用艺术，通过各种审美活动来培养人。我们讲过，性和天道的交互作用一定要通过感性形象的个性化，只有以感性形象的个性化作为媒介才能培养真正自由的个性。"① 那么，通过个性化的感性形象培养个性化的自由人格的机制是怎么样的？这点可以从冯契的形象思维的辩证法中获得比较细致的说明。

形象思维的辩证法就是人和自然、性和道通过感性形象形成互动，达到审美自由。自然界的秩序、人类社会生活的秩序这些道，表现于形色、声音，人用目睹、耳闻这些感性活动去接受它们。这个过程一方面产生个性化和共性化结合（以个性化为主）的感性形象，另一方面也产生个性化的自由人格："通过这些形形色色，客观过程才成为我的所与，而我也通过这些感性活动、才接受了天道、人道，并在主客体交互作用中来塑造自己的性格。"②

一个讨论：按照冯契的思想，个性化的感性形象当然主要产生在审美、艺术创造与鉴赏的过程中，在这个意义上，审美和艺术是

---

①《冯契文集》(第三卷)，华东师范大学出版社，1996 年，第 314—315 页。

②《冯契文集》(第三卷)，华东师范大学出版社，1996 年，第 282 页。

通过个性化的感性形象培养自由个性的主要途径。但问题的另外一面是，冯契又以为，“随便在哪个领域，真正达到高峰体验，它的活动就会具有审美的自由。”[①] 此话表明冯契在达到审美自由的途径上具有开放的心态，它也为更多的非艺术家、非鉴赏者提供了达到审美自由的可能，从而也为自由个性的培养提供了广阔天地。得道的领域因此多样化。下面我们通过两个事例的考察来明确这点。

事例一：冯契的主要哲学创获是“智慧说”，换种表达也就是转识成智。无疑，在转识成智这一更多地属于哲学活动的过程中也能获得审美的自由。冯契认为，人的认识过程不仅是从无知变成有知，而且要求从知识转化成智慧。从知识到智慧之间存在着飞跃，因此需要理性的直觉、也就是顿悟。不过，这种顿悟不是虚幻的，它可以通过辩证的综合和德性的自证而获得检验。冯契说：“我自证为德性之主体，亦即具有德性之智……自证，意味着理性的自明、意志的自主和情感的自得，所以是知、意、情统一的自由活动。”[②] 在情感的自得中存在着美的因素。冯契认为，自得，也就是德性成了自然的，成了生生不已的原动力，因而自有种种乐趣。庄子的逍遥，儒家的孔颜乐处，就是其典型的表现，这其实也就是审美的自由。或许正因为此，转识成智才能培养自由个性。所以，庖丁解的虽然是牛，而不是在进行直接的审美活动，但依然可以踌躇满志，获得审美的自由，形成个性化的自由人格。

---

①《冯契文集》(第三卷)，华东师范大学出版社，1996 年，第 286 页。
②《冯契文集》(第一卷)，华东师范大学出版社，1996 年，第 451 页。

事例二：冯契说："现实生活和自然的美化，有多种方式，有不同的层次，个性化程度也有差别，但总是或多或少是感性形象的个性化。"① 我们可以接着说，正是在日常生活中，在非纯粹的艺术创作、鉴赏活动中，通过或多或少的个性化的感性形象，人的自由个性也获得了或多或少的培养。冯契的这个观点为更多的普罗大众获得审美的自由、并由之培养自由个性打开了大门。

笔者以为，冯契的这种宽容的观点值得我们好好挖掘、发扬。它和中国儒家"中庸"的精神是一致的，又和冯契在有限中达到无限的观点相类。

（二）金刚怒目对自由个性的双重建构

善的人格可以扩充为美，美、尤其是个性化的感性形象对自由的个性有独到的塑造作用。但这还是在一般的层面上讨论美和善、美和人格的关系，我们更关心的是金刚怒目与自由人格处于什么样的关系之中。对此，我们可从两个角度加以理解：一、金刚怒目对自由人格的重要组成部分——生命力感——的唤醒；二、金刚怒目对自由个性必要组成即自愿的意志的培养。这也就是金刚怒目对自由个性的双重建构。

先说第一个问题。冯契认为美和艺术有助于培养人的自由个性，有助于精神境界的提升。这是笼统的说法，具体来说，并非直接带来快感的审美形态、艺术如悲剧又是如何有助于精神境界的提

---

①《冯契文集》（第三卷），华东师范大学出版社，1996 年，第 284 页。

升、有助于自由个性的培养呢？这个问题换一种表达，即，“讲美感是一种自由的快感，还包含一个问题，就是悲剧（之类）[①] 的美如何解释？”[②] 需要提前注意的是，显然，冯契在此处主要试图解决的是悲剧（之类）美的来源问题，这主要是审美形态领域的问题，但我们却努力使问题深入到善的领域。这种深入的合法性理由如下：冯契认为，悲剧（之类）的美的根据有三，第一，悲剧有净化作用；第二，悲剧唤醒一种生命力感：第三，悲剧本身有形式美。冯契认为，“指出悲剧有净化作用，这就试图从悲剧艺术对人性发展的作用来解释它”。[③] 其实，除了第三点之外，第二种解释也是贯彻了同样的思路。也就是说，为了说清楚悲剧之类的审美形态、艺术的快感问题，我们需要引进生命力这一主要隶属于善的领域的范畴。在这个意义上，悲剧之类审美形态快感的可能性就是它们对自由个性的培养作用。[④]

---

① 这个括号为笔者所加。因为原文主要试图解决悲剧的快感问题，但是本文要考虑的是类似于悲剧的一系列审美范畴的快感，从另一个角度看就是对自由个性的培养作用问题。为了使问题显豁、而不局限于悲剧起见，故加此二字。

②《冯契文集》（第三卷），华东师范大学出版社，1996 年，第 248 页。

③《冯契文集》（第三卷），华东师范大学出版社，1996 年，第 248 页。

④ 或许有读者会提出疑问：本部分的主旨是讨论金刚怒目，为什么在此大谈特谈悲剧？我们的解释如下：1. 实际上冯契并没有直接讨论金刚怒目与自由个性的关系问题，尤其没有讨论金刚怒目对自由个性的培养作用问题，与这些问题沾点边的是他极其粗略地、原则性地讨论了悲剧对人性发展的培养作用，2、下文我们会具体指出，金刚怒目与悲剧不仅处于同一审美形态系列，而且，在抗争这一点上，两者几乎就是一回事。差别是，金刚怒目没有强调抗争的对象是命运、是不可理解和不可抗拒的力量，没有突出抗争的结果是失败。在这个意义上，对悲剧之美的讨论就是对金刚怒目的讨论，对悲剧培养自由个性作用的研究就是对金刚怒目培养个性自由的研究。

冯契是借着讨论朱光潜的《悲剧心理学》来讨论悲剧对生命力感的唤醒问题。他说："朱光潜认为任何一种情绪，甚至是痛苦的情绪，只要能够得到自由的表现，最终就会变成快乐的。他认为在观赏悲剧中，正是因为痛苦的情绪得到自由表现，唤醒一种生命力感，就使痛感转化为快感。"[①] 那么，什么是生命力感？要回答这个问题，我们就要回到朱光潜的《悲剧心理学》；而在回答该问题的同时，我们也发现，悲剧对自由个性的培养问题获得了某种解决。朱光潜说："应当指出，悲剧不仅引起我们的快感，而且把我们提升到生命力的更高水平上，如叔本华所说，它把我们'推向振奋的高处'。在悲剧中，我们面对失败的惨象，却有胜利的感觉。那失败也是坚苦卓绝的斗争之后的失败，而不是怯懦者的屈服投降。"[②] 甚至，恰恰因为抗争的过程是坚苦卓绝的，悲剧才为悲剧。"对悲剧说来紧要的不仅是巨大的痛苦，而且是对待痛苦的方式。没有对灾难的反抗，也就没有悲剧。引起我们快感的不是灾难，而是反抗。"[③] 悲剧之为悲剧，一方面在于主体被某种"既不可理解也不可抗拒的力量，莫名其妙地推向毁灭。另一方面，我们在人对命运的斗争中又体验到蓬勃的生命力，感觉到人的伟大和崇高。"[④] "在悲剧中，我们亲眼看见特殊品格的人物经历揭示内心的最后时刻。他们的形象随苦难而增长，我们也随他们一起增长。看

---

① 《冯契文集》（第三卷），华东师范大学出版社，1996 年，第 248—249 页。

② 《朱光潜全集》（2），安徽教育出版社，1987 年，第 415 页。

③ 《朱光潜全集》（2），安徽教育出版社，1987 年，第 416 页。

④ 《朱光潜全集》（2），安徽教育出版社，1987 年，第 418 页。

见他们是那么伟大崇高，我们自己也感觉到伟大崇高……因此，伟大的悲剧在无意之间，就产生出合于道德的影响。”[1] 于是，悲剧的美在于悲剧唤起了存在于我们身上的生命力感，也就是感受到人的伟大和崇高。这种唤起，既构成了悲剧的快感的来源，同时，它又是对自由个性的一种塑造方式。

这里，朱光潜无疑主要在谈悲剧的美的根源和它对人性发展的意义，但其实质，我以为，也是在讨论金刚怒目的快感的根源和金刚怒目对自由个性的塑造作用。如上文所引，朱光潜认为悲剧之为悲剧，不仅在于它包含巨大的痛苦，更关键的是，主体面对“既不可理解也无法抗拒的力量”进行坚苦卓绝地抗争。对悲剧来说，伟大的抗争和巨大的痛苦缺一不可。不过，从生命力的爆发、人的伟大和崇高的展现来说，两者又有一个主次之分。巨大的痛苦构成抗争展开的背景，伟大的抗争才是生命力的主要表现。这里的关键在于，究竟是悲剧中的什么因素唤醒了人的生命力感？我以为主要是悲剧中的抗争。至于抗争的对象是不可理解、不可抗拒的力量，以及抗争的结果依旧为失败，这些是突出了抗争的难度，使得生命力感得以更加凸现。我们完全可以想象，当主体面对“不平”愤而抗争时，即便结果可能成功，不平被除，创作者、欣赏者的生命力感也得到了某种唤醒，虽然其程度也许不及悲剧所致。而这时展现的审美形态就是金刚怒目。正是在抗争这一点上，金刚怒目与悲剧

---

①《朱光潜全集》(2)，安徽教育出版社，1987 年，第 417 页。

同。所以和悲剧一样，金刚怒目的美和艺术也显示出合于道德的影响。

再说第二个问题，金刚怒目对自由个性的必要组成即自愿的意志的培养作用。

冯契以为，从善的角度理解中国传统理想人格的特点，那就是一定程度上对意志的自愿品格有所忽略。冯契以为，真正自由的道德行为，应该是自愿和自觉原则的统一、理智和意志的统一，二者不可偏废。以儒家为主的中国传统伦理学更多地考察了自觉原则，而比较少地讨论自愿原则。儒家也注重道德行为要由意志力来贯彻，但对意志的自愿品格没有作深入地考察。这种状况一直延续到现在。冯契以为，毛泽东以及刘少奇关于理想人格或共产主义者的德性的理论，其中当然包含着富于创造性的见解。但是他们的学说也有不足之处，“那就是对道德的自愿原则不够重视”。[①]

冯契指出了中国传统伦理思想的不足，他对自己的期许之一也就是弥补这个不足。为此他从道德哲学、伦理学的角度提出了道德行为的自觉性和自愿性相统一的原则。问题在于，如何培养拥有理智的自觉性和意志的自愿性的人（尤其是后者）呢？[②] 我以为可以

---

① 冯契：《中国近代哲学革命进程》，上海人民出版社，1989 年，第 558 页。

② 当然，冯契主要提供了两个答案而恰恰没有着重谈美育的德育作用。实际上，相比于伦理学、道德哲学的思考，美育问题不是冯契研究的重点。冯契的两个答案：第一，冯契哲学的最终指归在于培养理想人格，理智的自觉性和意志的自愿性是理想人格的组成部分，因此，冯契培养理想人格的总体方法也适用于此，那就是，实践和教育相结合，世界观的培养和智育、德育、美育的统一，集体帮助和个人主观努力相结合。（《冯契文集》第三卷，华东师范大学出版社，1996 年，目录之第九章《第（转下页）

利用美育对德育的影响，借金刚怒目系列的审美形态、艺术培养拥有自愿意志的主体。金刚怒目凸现的是主体的意志和外界的紧张，突出了人之为人主体的力量，恢复了人的独立性。它有助于从审美层面弥补中国传统伦理思想的不足。

第二节　一种新颖的道德哲学

美学本质上只是精神哲学之一种。在冯契思想中，道德哲学一直是其建设的重点。然而，他的道德哲学究竟是一种什么样的道德哲学？我们并不对此作出全面的介绍，而是针对学界的研究，做出回应。

我们发现，冯契的哲学越来越受到哲学研究者的关注。截至2017年，关于冯契的论文达到了数百篇之多，以冯契哲学为主题的课题也得到过国家社科基金一般项目和重大攻关项目的资助，关于冯契的研究专著也出了不少。在这些研究中，既有对冯契哲学肯定的，也有对他进行批评、质疑的，还有的虽然是肯定，但却是美丽的误解。我们当然并不认为冯契终结了哲学，但是，冯契哲学受到的误解和批评却必须得到正视、澄清和回应。

（接上页）三节培养平民化的自由人格的途径》。）第二，侧重于从道德、伦理学的角度培养自主的意志。（《冯契文集》第一卷，华东师范大学出版社，1996年，第452—453页。）这里就不具体展开。

由于美育的德育作用在学界是一个边缘化的课题，我们在此也只能点到为止，仅是提供一个构想。

正是在这样的澄清和回应之中，冯契道德哲学的特质得以确立：它本质上是一种新颖的道德哲学，为精神哲学的发展提供了指导原则。

一、“化理论为德性”是对德性伦理的回归吗？

任剑涛指出，冯契所提出的“化理论为德性”的观点本质上是对德性伦理的回归。这种回归具有双重意义。第一重意义，正如麦金泰尔指出的，现代性表现为规则伦理的兴起，是对亚里士多德为代表的德性伦理的中断。它与现代自由主义对个人的强调相配合，忽视了德性培养过程中群体、社会以及历史传统的重要性。从这个角度讲，冯契的德性伦理与麦金泰尔的主张遥相呼应。第二重意义，任剑涛指出，在中国的语境内，德性伦理的失落更加严重。从历史上看，宋明理学的兴起将道德规范形上化为“天理”，演变为独断、刚性的封建礼教纲常，从而“在理论上把一定历史条件下的‘当然之则’形而上学化为‘天理’（自然的必然性），混同必然与当然，成了宿命论；在实践上，它后来成为李贽所批评的‘道学之口实，假人之渊薮’，戴震所批评的‘以理杀人’的软刀子。它实际上把孔、墨的人道原则变成了反人道原则，因为它用天命来维护权威，为封建社会的人的依赖关系作理论论证，正是不尊重人的尊严和价值。”①

---

①《人的自由与真善美》，《冯契文集》（第三卷），华东师范大学出版社，1996年，第111—112页。

不能否认任剑涛从世界伦理学、现代性的背景中来揭示冯契伦理学的历史坐标的重要意义。问题在于，冯契的伦理学究竟是不是德性伦理？这当然首先涉及到概念的界定和澄清。

按照任剑涛的理解，德性伦理指的是，

> 而与规范伦理相对应的德性伦理，则具有完全不同的特征：1. 伦理之作为美德与其作为规则（如正义作为美德、同时又作为规则）应当可以统一，换言之，诸如正义和合理性一类的理念和行为规范，不仅是外在性的规则秩序，更重要的是人的一种内在能力和品质或美德，它将对人性、人性善的追求作为基础，它不只是理想理念。更是人的性善由潜能向现实的生成过程；2. 它把对人的美德的理解诉诸社会的历史性情景，即美德既是人格内在化的品德，也是社会实践性的品德，载负美德的人，既是个体的人，根本上更是具有社会品格角色的公民，绝不是茕茕孤立的独立个体。美德伦理不同于规则伦理，它的关切是双重的：既对个体表示关注，更对社会道德共同体加以重视。①

重点有二：1. 德性是内在和外在的统一。2. 德性是在社会历史传统中获得的。我们的讨论集中在第一点上。

① 任剑涛：《向德性伦理回归——解读“化理论为德性”》，《学术月刊》1997 年第 3 期。

就任剑涛在此的论述而言，德性伦理既是美德，又是规则，但就其具体论述而言，显然，德性之为德性，重点（用任剑涛的话说就是“更加重要的是”）是内在的美德。我们不能说这种解读是错误的，但不妨说这种解读是讨巧的。事实上，与规则伦理相对，德性伦理的要害就在于它的内在性。至于规则的有无，则沦为其次，甚至可有可无。而任剑涛对麦金泰尔的规则伦理学的刻画的引用，[①] 未必抓住了规则伦理学的要害，此即对道德行为中规则的首要性的强调，虽然麦金泰尔对规则伦理的全方位的刻画是深刻的，启人思索的。

冯契认为，自由的道德行为应该具有三方面的特征：1. 存在道德规范。如果没有相应的道德规范，那么，人们的行为是不是道德的，不能评判；2. 对道德规范的理性认识，此即发挥理性的自觉性品格；3. 对道德规范的自愿选择和坚守，此即发挥意志的自愿性品格。[②]

很清楚，道德规范的存在与否是批判道德的首要基础。它才是

---

① 任剑涛认为，在麦金泰尔看来，规则论理乃是近代形成的一种道德类型，它具有四大特征：1. 与德性伦理相反对，建立于古典伦理传统的中断的基础上；2. 具有反历史、反传统的道德立场；3. 具有强烈的自由主义和个人主义实质，着眼于没有历史情景联系、没有人格基础、甚至也没有以人性和人类善为目的或前提条件的纯规范伦理；4. 是一种基于现代化的人类社会运动进程的正在形成和完善的一种伦理学新传统。规则伦理论证的中心问题是“自由的自我问题和自由的社会秩序中的共同善问题”，这是一种“现代性”视域中的问题。（参任剑涛：《向德性伦理回归——解读“化理论为德性”》，《学术月刊》1997 年第 3 期。）

② 冯契：《中国古代哲学的逻辑发展》（上册），上海人民出版社，1983 年，第 49—50 页。

更加重要的。冯契甚至批评了出于内在良知而展开的行为是自由的道德行为的观点。他是借助孟子来表达这个观点的。在孟子那里，真正的道德行为是“由仁义行”，而不是“行仁义”。这两者的区别在于，前者预设了仁义作为道德规范的存在，而后者则表现为某些行为与道德规范的符合，但实际上很可能并没有认识到那些行为原来是道德的。

当然，这么说也并不意味着冯契执着于道德规范而拒斥将道德规范内在化。冯契说：“道德规范在规范行为的时候，不能是死板的教条和框框，要出于爱心来掌握它，生动地构想出来，灵活地贯彻于行动。如爱劳动这一条道德原则，如果只是嘴上讲，而对劳动并无热情，甚至并不劳动，那么谁也不会说他掌握了这一条道德原则。”[①] 这里的要点不在于冯契以道德的实践性来否定规范性，而是要求道德规范性进一步展开为真实的实践，实际上就是上文所说的规范性、自觉性和自愿性的统一。实践更多地突出的是自愿性，而认识到道德原则，则是理性的自觉性品格的发挥。但这一切都有个前提：道德原则、道德规范的确定。

这么说也绝非否定道德问题上的“经权之辨”。“经权之辨”的实质是有没有绝对的道德规范，无论如何是不能违反的？在康德为代表的义务论的传统中这是存在的，此即道德律令。但冯契明确表示道德规范存在一定的相对性：“历史发展到一定阶段，原来认为

---

① 《人的自由与真善美》，《冯契文集》（第三卷），华东师范大学出版社，1996 年，第 218 页。

是神圣的道德规范，就可能向反面转化，成为束缚人性、违抗规律的东西。”① “而在善的领域，切忌把善绝对化。固执一善，善可变成恶。”② 但是，这里说的只是拒绝将道德规范绝对化，而不是否认在一定时期，具体的道德规范的存在。

也许，用规则伦理或者德性伦理来概括冯契的道德哲学都是不合适的。本质上，冯契独创了一种新的道德哲学，其内涵就是以上所说的道德规范、理性自觉和意志自愿的统一。这点可以从他对程朱伦理学思想的批评中看出来。众所周知，冯契严厉地批评了宋明理学将道德规范固定化、形上化，忽视了人的意志的自愿性，这点我们从上文任剑涛的引文中也可以看出来，不过，冯契同时认为，宋明理学在突出道德规范的自觉性这点上是值得肯定的：“朱熹非常强调伦理学上的自觉原则。”换而言之，宋明理学的道德哲学也不是一无是处。问题在于，“朱熹以为，只要认识了理的不得不然，有了自觉，便会自愿”，“这却正是忽视自愿原则”。③ 这点，无论是用德性伦理还是规则伦理来阐释，都是不大对应的。

从另一个角度看，恐怕这又涉及一个老生常谈的话题：用西方哲学的规范来研究中国哲学，是否合适？我们以前总是讲这个问题聚焦于中国古代哲学，事实上，对于中国现当代哲学而言，也有这

---

① 《人的自由与真善美》，《冯契文集》（第三卷），华东师范大学出版社，1996 年，第 215 页。

② 《人的自由与真善美》，《冯契文集》（第三卷），华东师范大学出版社，1996 年，第 216 页。

③ 冯契：《中国古代哲学的逻辑发展》（下册），上海人民出版社，1985 年，第 843 页。

个问题。或许，我们与其说这个哲学是西方哲学的某种翻版，不如承认它的独创性。冯契的伦理学也不例外。不可否认，他所说的道德哲学三要素俨然已经成为学界道德哲学研究的某种范式，产生了丰富的成果。[①]

二、"平民化的自由人格"高不可攀吗?

也有的研究者认为，冯契所刻画的"平民化的自由人格"实际上仍是高不可攀的。他们说："冯契倡导的'平民化的自由人格'强调了个体的自由性、独立性与社会性的统一，强调了个体的社会行为的自觉原则与自愿原则相结合以及个体意识与群体意识相一致。其平民化的自由人格，看似平常，实则是一种非平庸人能达致的极高境界。"[②]

这个问题很重要。冯契认为，中国近代哲学革命在人的自由问题上的贡献就是提出了"平民化的自由人格"的学说，虽然它还需要进一步总结，[③] 因此，如果这种人格还是高不可攀的，从某种角度看，就是中国近代哲学革命的失败。那么，究竟怎么看冯契所提出的"平民化的自由人格"?

---

① 就笔者有限的阅读经验，杨国荣《善的历程》（上海人民出版社 1994 年），高瑞泉《从历史中发现价值》（中国大百科全书出版社 2005 年），拙作《"圣人"的退场——先秦诸子与中国现代人格自由论》（上海三联书店 2016 年）等著作，就应用了冯契的这种道德哲学范式展开研究。其他单篇论文就更多了。

② 张青、张继国：《冯契"平民化自由人格"理论的现实意义、困境及局限》，《哈尔滨学院学报》2007 年第 7 期。

③ 冯契：《中国近代哲学的革命进程》，上海人民出版社，1989 年，第 580—584 页。

首先必须承认的是，作为一种理想人格的设计，他当然有其高超之处，需要人们花费一定的努力才能够达到。冯契指出，“平民化的自由人格是近代人对培养新人的要求，与古代人要使人成为圣贤、成为英雄不同。近代人的理想人格不是高不可攀的，而是普通人通过努力都可以达到的。”[①] 这句话应该一分为二地看：一方面，他揭示了平民化的自由人格与圣人、英雄的差异；但是，另一方面，仍然承认必须努力才可以达到。就这努力、血汗的花费而言，他和古往今来的诸多理想人格并无差异。从这个角度看，批评者似乎忽视了理想人格（自由人格）的理想性。

其次，需要对“平民化”作出一定的解释。它的基本意思是每一个人都能达到的，就是上文所说的“普通人”。在中国近代哲学史上，从龚自珍开始，就充分认识到了每一个人的价值。龚自珍甚至将众人上升到了本体论的高度，他说：“天地，人所造，众人自造，非圣人所造。”而众人的本质就是自我：“众人之宰，非道非极，自名曰我。”[②] 这样的自我不仅可以是世界的创造者（本体），而且在表现形态上也是多样化的。龚自珍说：“古未曾有范金者，亦无抟埏者，亦无削楮、楺革、造木几者，其始有之，其天下豪杰

① 《人的自由与真善美》，《冯契文集》（第三卷），华东师范大学出版社，1996 年，第 309 页。

② 龚自珍：《壬癸之际胎观第一》，转引自冯契：《中国近代哲学的革命进程》，上海人民出版社，1989 年，第 34 页。

也。”[1] 这里有两点需要注意：第一，可以成为豪杰的人其实不必为帝王将相，他们可以是各种职业的从事者；第二，作为豪杰，他们具有某种创造性，是创造了某种新的工作形式的。

就第一点而言，已经和“平民”十分接近了。虽然冯契的“平民”显然不是一个阶层性的概念，不是说的职业上的高低贵贱，不过，从职业上的差异的角度来理解，显然也能帮助我们思路的敞开。不过，“豪杰”和“平民”还是存在一些差异。因为试问，如果人们缺乏创造性，那么，他是否还能被称为“豪杰”？答案估计是否定的，但这并不妨碍他成为“平民化的自由人格”。

为什么？因为龚自珍同时还认为，“各因其性情之所近，而人才成。”[2] 换而言之，缺乏创造的才能不要紧，如果能够就其性情之所近做一番事业，哪怕只是模仿，也可以成为人才。至此，我们或许可以发现，“平民化的自由人格”的要点在于，它是每一个人都能够去追求的。

不能否认，这样的意思在中国古典哲学中已经存在了。一般认为，中国古典哲学的一个基本特点就是“内在超越”，或者说“极高明而道中庸”。对于这句话历史上存在着多样化的解释，不过，它的一个意思不容否定：它认为人们在日常生活中就能够得道。从

① 龚自珍：《纵难送曹生》，转引自冯契：《中国近代哲学的革命进程》，上海人民出版社，1989年，第46页。

② 龚自珍：《与人笺五》，转引自冯契：《中国近代哲学的革命进程》，上海人民出版社，1989年，第46页。

某种角度看，这个意思已经接近“平民化的自由人格”了。《中庸》甚至明确表示，这里的人们的本质是“愚夫愚妇”，就是你我这样的普通人。对此，冯契也并不否认。他指出，孔墨已经提出了人道原则，只是还不是近代的人道原则。[①]

那么，近代性表现在何处？或者说，“平民”在什么地方超越了《中庸》所说的“愚夫愚妇”？我们认为主要体现在三个地方：

第一，对实践的广泛理解。愚夫愚妇的实践主要是伦理性的。这不仅仅是《中庸》所说，事实上，以儒家为代表的中国古典哲学的主流虽然一再强调“日用即道”，但他们的“日用”是伦理生活，而忽略了更加广大的其他实践领域。虽然中国现代马克思主义的主流认为实践分为三项：生产斗争、阶级斗争和科学实验，但毕竟已经超越了单纯的伦理实践。试看上文所说的龚自珍的豪杰，他们从事的是各种生产斗争，这些在古典世界是被轻视的。值得注意的是，冯契也在多处一再地强调实践的重要性，并且认为，将实践理解为生产斗争、阶级斗争和科学实验三项是中国近代哲学革命过程中的一个不足，需要克服。[②] 或许不妨说，在进行着实践的人，就是平民。对此，冯契还有非常明确的言论：“我们讲的自由人格则是一种平民化的、多数人可以达到的人格。这样的自由意识并不是高不可及的，而是一般人在其创造性活动中都能达到、获得的意

① 《人的自由与真善美》，《冯契文集》（第三卷），华东师范大学出版社，1996 年，第 109 页。

② 冯契：《中国古代哲学的逻辑发展》（上册），上海人民出版社，1983 年，第 2—3 页。

识。任何一个‘我’作为创作者，不论是做工、种田，还是作画、雕塑、从事科学研究，都可以自觉地在自己的创造性劳动中改造自然、培养自己的能力，于是自作主宰，获得自由。”[①]

第二，对非理性因素的高度肯定。从上文我们对道德行为三要素的论述中可知，规范、理性自觉和意志自愿对于道德行为的成立缺一不可。在中国古典哲学中，“愚夫愚妇”被要求着自觉地认识道德规范，达到自愿遵守的程度。自愿性不是不存在，而是由自觉性所衍生出来的。[②] 而根据冯契对中国近代哲学革命的论述，它的一个特点就是对意志的高度重视。“这种对道德行为的自愿原则（出于自由意志）的强调，具有反封建的意义。”[③] 对于中国近代哲学而言，需要担忧的是唯意志论的崛起。而没有平衡好理性与意志，也是哲学革命需要继续展开的一个深层理由。

第三，对理想人格（自由人格）的可行性的高度肯定。如果说“平民化的自由人格”是不可行的，那么圣人更加不可接近。在《中庸》里面，虽然它肯定了“愚夫愚妇”是可以达到连圣人也不及的程度的，但是，它还是将圣人和“愚夫愚妇”划为两个系列。

---

① 《认识世界与认识自己》，《冯契文集》（第一卷），华东师范大学出版社 1996 年，第 404 页。

② 我们也承认，在冯契哲学中，道德的自觉性如何衍生出自愿性来，恐怕也是一个需要更深入说明的问题。这里的难处在于，如果完全否认宋明理学不讲自愿性，那么，他们就没有道德行为，这是说不通的。所以必须承认他们的道德行为，只是他们的道德行为的自愿性的品格是由自觉性发展而来的。所以，必须阐明自觉性向自愿性的转化。但就此处的论述而言，由于我们是在讨论中国古典哲学道德思想上的某个不足，所以这个问题可以暂时不考虑。

③ 冯契：《中国近代哲学的革命进程》，上海人民出版社，1989 年，第 581 页。

在中国古典哲学中，圣贤是少数人才能够达到的。这和“平民化的自由人格”肯定每一个人只要努力都能达到的许诺存在很大的差异。冯契明确说：“这样的自由意识并不是高不可及的，而是一般人在其创造性活动中都能达到、获得的意识。”①

可见，“平民化的自由人格”就是你我这些凡夫俗子在包含生活、工作在内的多样化的实践中能够达到的理想人格。但他毕竟是理想人格，需要我们付出努力。毕竟，“道无所不在”并非“所在即道”，从“所在”中抽绎出“道”是需要一番功夫的。不必多说，上文也已经阐明，成就“平民化自由人格”所需要的功夫（实践）与“愚夫愚妇”变为“圣人”所需要的功夫是不同的，“平民化的自由人格”的可行性与圣贤也是不同的。

三、关于“德性的自证”及其他

张汝伦教授在《创新、超越与局限——试论冯契的广义认识论》一文中②对冯契的批评相当深刻，需要认真回应。张教授的批评要点如下：

1. 冯契认为，智慧的获得过程中的一个环节是“理性的直觉”。张教授的批评是，按照人们一般的理解，直觉就是直接意识，是与理论思维（知性的逻辑思维）完全不同的一种精神能力。理论

① 《认识世界与认识自己》，《冯契文集》（第一卷），华东师范大学出版社 1996 年，第 404 页。

② 张汝伦：《创新、超越与局限——试论冯契的广义认识论》，《复旦学报》（社科版）2011 年第 3 期。下文引自本文的资料不再注明出处。

思维有根本不同于直觉的特点，不可能如冯契认为的那样飞跃为直觉。理性一般是指人推理、分析、综合的能力，如果直觉也有这种能力，就不是直觉，而是理性了。直觉之为直觉，就因为它是一种特殊的直接认识，而理论思维或理性恰恰总是间接的认识。所以严格说，“理性直觉”就像“圆的方”一样，是说不通的。

2. 张教授认为，冯契所说的智慧归根到底是一种理论，而不是实践智慧。

3. 张教授认为，“智慧说”的一个重要方面是德性的自证。将真理性的认识归结为自证，是有问题的。

这些批评[①]都值得认真回应。

---

① 张汝伦教授的批评还有第四点：张教授认为，冯契并没有解决“感觉能否给予客观实在?”的问题。由于这个问题是广义认识论的第一个问题，因此，在这个问题上的不足将导致“智慧说”建立在沙地上。由于这点主要是一个认识论的问题，所以我们不在正文中加以展开和回应。

那么，冯契究竟有没有令人信服地证明知识与实在的符合?

张教授抓住了认识论、本体论中的一个经典困境，质疑我们的知识与客观实在能够相符合。这个经典困境是，所有进入我们认识的东西都已经不是自在之物，而是为我之物。因此，我们所能认识的，都是各种各样的为我之物，而不是自在之物本身。至于为我之物和自在之物，可以有不同的称呼。在金岳霖那里，为我之物是所与、知识，自在之物是客观实在；在冯契那里，为我之物首先是感觉经验，自在之物是客观物质。在康德那里，为我之物是现象，自在之物是物自体。其实，虽然张教授没有提及，这种质疑在认识论史上一直存在。冯契对之也有明确的意识。所以，他的广义认识论（也即“智慧说”）的第一个问题就是，感觉能否给予客观实在?张教授的回答是否定的。他认为感觉顶多能够给予客观实在感。冯契虽然认为这个问题的答案是可以进一步讨论的，但是，他还是给出了自己肯定的回答，并且加以了论证。那么问题的关键在于，冯契的论证究竟正确吗?能否有效地应对张教授的批评?（有趣的是，张教授的批评没有全面地照顾冯契自身对“感觉能否给予客观实在?”的回答和论述，而是按照自己的理解展开批驳。这就包含着批评的有效性、针对性得以丧失的可能。因为也许冯契早就意识到了可能面临的批评而早已作了解答。） （转下页）

1. 关于“理性的直觉”。表面上看来，张教授的批评是正确的，理性和直觉是不同的能力，将两者等同起来不合适。问题在于，冯契所理解的理性的直觉，指的是在长期的理性实践之后，达到的一个顿悟的状态，这个时候直觉就产生了。换而言之，“理性的直觉”严格地说是，“后理性的直觉”或“理性后的直觉”。之所以称为理性的直觉，关键在于，冯契认为这种直觉不是神秘的，而是可以通过长期的理性运作之后获得的。对此，汤一介先生确有所见：“‘理性的直觉’这一观念很重要，照我看，它是在逻辑分析的基础上的‘思辨的综合’而形成的一种飞跃。如果没有逻辑分析，就没有理论的说服力，不在逻辑分析基础上做‘思辨的综合’，就不可能形成新的哲学体系。因此，‘理性的直觉’不是混沌状态的‘悟道’，而是清楚明白的自觉‘得道’。”①

从某种角度看，我们甚至不妨说也有其他形式的直觉。事实上，在冯契那里，他虽然没有大篇幅地讨论其他形式的直觉，但

（接上页）应该说，感觉从来不能给予客观实在，否则就是唯心论了。感觉能够给予客观的，当然是实在感。但冯契那个问题的提法的实质，指的是我们能否通过感觉正确认识外在世界？更加重要的是从本体论的高度对这个问题给予肯定的回答，并对其中的机制作出说明。而冯契先生是阐释了这个机制的，这是一个本体论领域的事件，在这个意义上，问题得到了澄清。质疑当然还可以继续存在，不过并不能因此而否定冯契的回答的有效性。注意：这是一个具有本体论意味的回答。

需要说明的是，本部分的意图在于指出张教授对冯契先生感觉能否给予客观实在的问题的质疑，而不是重现冯契本人的回答。冯契的解答可以参看《认识世界与认识自己》，《冯契文集》（第一卷），华东师范大学出版社，1996 年，第 112—127 页。

① 汤一介：《读冯契同志〈智慧说三篇·导论〉》，《汤一介集》（第六卷），中国人民大学出版社，2013 年，第 417 页。

是，相关的意思还是包含其中。比如，审美的直觉，就是在长期的审美的过程中产生的直觉；我本人还愿意说冯契认为还存在实践的直觉的东西。冯契认为，无论从事什么工作，都可能成就理想人格，而那些工作，并不是都要求着像哲学一样的理性水平的，这就意味着，的确还存在着实践的直觉的。

如果我们忽略了冯契在具体展开论述时明确表示的“理性”和“直觉”是两个环节，而直接从用语上判断它们是一对矛盾的组合，那未免失之轻率。

2.“智慧”是不是一种理论？既是又不是。所谓是，指的是无论如何，即便是指向实践的思想本身也必须表现为理论，这可谓摆脱不掉的吊诡，也是某种语用学矛盾；所谓不是，指的是在冯契那里，无论是早期写作《智慧》论文时期，还是晚年写作《智慧说三篇》时期，“智慧”都是高于理论之物。更加精确的说法是，早期，“智慧”是对理论的超越；晚年，“智慧”是从知识发展而来的，是对性与天道基本原理的认识。

张教授敏锐地看到了冯契早年和晚年在对智慧的表述上的差异。他说：“晚年冯契对智慧的论述不再借用传统哲学的话语，而是使用流行的主流哲学话语，但是他关于智慧的论述与早年的论述并无太大的不同。他仍然认为智慧是对天道的认识，即绝对和无限的认识。可是，与《智慧》中的立场不同的是，他现在把智慧视为关于性与天道的理论，而在早期他把智慧看作是对理论的超越。同时他还强调了智慧是对德性的培养，这是《智慧》一文所没有涉及的问题。”请尤其注意最后一句话。这个认识十分到位。这就意味着，晚年的冯契虽然还是以理论的方式阐释其思想，但是，其思想的内涵已经具有了张教授所说的实践性的特点。[①]

何为实践？在亚里士多德那里，实践指的是政治活动和伦理活动。一般所谓的实践哲学，侧重点也在政治哲学和伦理学；马克思主义将实践理解为感性的活动，不仅扩大了实践的含义，而且，如果我们从马克思主义的角度讲冯契的智慧说的实践性，答案显然是，智慧说是实践性极强的一种理论。不要忘记，在从无知到有知、从知识到智慧的过程中，每一步实践都发挥着积极的作用。所以，张教授所说的智慧缺乏实践性，严格地说是应该从政治哲学和伦理学的角度所下的判定。

那么从这个角度看，智慧的实践性如何？冯契并不讨论政治哲学意义上的自由，[②] 但是，从他对权威主义的批评，从“大同团结和个性解放相统一”“社会主义与人道主义相统一”思想的主张，可以看出在政治哲学上他也有基本的观点。[③] 而冯契在伦理学上的丰富思想更是显而易见，不容否定的。

另外，我们还可以从其他角度来回答智慧的实践性的问题。这就涉及究竟什么是智慧？冯契反复言明，智慧是对性与天道根本原

---

① 当然，张汝伦教授认为冯契的智慧说是缺乏实践智慧的。我这里只说实践性。

② 《人的自由与真善美》，《冯契文集》（第三卷），华东师范大学出版社，1996 年，第 1 页。

③ 具体参看冯契对李大钊的研究，以及冯契对理想社会的刻画。本书稿第二章“化理论为政道”的提法也是对此的论证。

理的认识。这点不用质疑。同时我们需要注意的是，为什么晚年冯契认为“智慧说”应该是三篇而不是一篇？“智慧说”的主干是《认识世界与认识自己》，两翼分别是《逻辑思维的辩证法》和《人的自由与真善美》，各自对应的是“化理论为方法”和“化理论为德性”。也就是说，方法和德性也是智慧的内在组成。这就意味着智慧在两个层面上和实践发生关系：

第一个层面，很明显，当冯契主张德性也应该是智慧的内在组成时，那就意味着他突出了伦理实践的维度。应该说早期冯契在《智慧》一文中认为智慧是对理论的超越时，也包含了类似的意思，不过显然不明确。所谓的超越，可以做多种理解，不一定指向德性的培养。从这个角度看，从《智慧》到《智慧说三篇》，冯契的思想发展是明显的。张教授的揭示也是犀利的。

当然，在这个层面上张教授也承认智慧的实践性。他说：“也由于将智慧视为统一的认识过程的最高阶段，传统智慧学说那种明显的实践特征在冯契的智慧学说中很难找到。智慧在他那里充其量与个人的品格或人格培养有关，他并没有论述它与人类实践的关系，更没有将它视为实践的一个根本要素。”于是便需要阐明第二个层面。

第二个层面，则从方法论的高度突出意味着冯契赋予了“智慧说”以强烈的实践性。理论所化之方法具有一般性，它能够指导人们的具体实践。在这个意义上，方法一方面具有理论的特性，因为它毕竟还是以思想的方式表达出来；另一方面，相比于纯粹的理论，其指向实践的意图和作用更加明显。在此，有一个问题需要注意：冯契认为，在一般的层面上，方法论是由理论转化而来，但是，这里的理论，严格地说是中国近代哲学革命的优秀成果即“能动的革命的反映论”。[①] 所谓方法，主要指的就是辩证法；不过，冯契同时表示，“化理论为方法”这个原理也适用于特殊的具体学科。这个时候，理论指的是具体学科的基本理论，包括范畴、规律、原理等，而方法的实践性也更加具体化了。在这个意义上，冯契虽然未必将智慧“视为实践的一个根本要素”，但可以肯定的是，他还是曲折地论述了“它与人类实践的关系”的。

由此可见，批评智慧缺乏实践性，一方面令我们警醒，避免将智慧沦为口耳之学，不在事上磨炼、身上修行；另一方面，从冯契本人的表述来看，这个批评未必是正确的。

3. 究竟什么是“德性的自证”？德性的自证仅仅是认识性的，排斥了实践吗？

在对德性的自证的质疑中，张教授实际上涉及了两个问题。第一个问题：“德性的自证”有没有实践的因素？第二个问题：以自证证明真理是否行得通？

先说第一个问题。张教授认为，“在冯契那里，德性的自证并不是通过具体的实践行为来证明自身的德性，而纯粹是一种理性的

---

① 在《中国近代哲学的革命进程》中，冯契认为“能动的革命的反映论”是中国近代哲学革命取得的唯一成绩，方法论、逻辑学和人的自由问题（即德性论）等方面没有获得很好的总结。

精神活动，是一种当下的体验。”

这么说恐怕存在一定的误解。

冯契说：“自证，意味着理性的自明、意志的自主和情感的自得，所以是知、情、意统一的自由活动。”[①] 张教授引用冯契的这句话，意在说明德性的自证缺乏实践性。不过，即便在这句话里，事实上我们也能解读出实践的品格来。这主要体现在意志的自主上。所谓意志的自主，就是前文一再说及的意志的自愿性，表现为意志的选择功能和坚持功能。与理性的自明和情感的自得不同，意志的这些特性必须通过行为而表现出来，绝非仅限于单纯的内在的品格或者心灵体验。

第二个问题：自证在真理的确立过程中地位如何？也许，我们可以借助章太炎的观点来回答这个问题。

在判定何谓真理这个问题时，章太炎引进佛学的观点，对此问题予以了深入讨论。章氏认同古希腊多迦派的真理观。“观念真妄，以何质定？答曰：合于对境事物，则为真。然其合于对境事物与否，以何方便而能自知？观念真者，当其起时，必有别一观念伴侣而起，为直接证明，是故观念真妄不待外物证明。”章氏认为：“详此所称对境，即是相分；所称观念，即是见分；所称别一观念伴侣而起为直接之证明者，即自证分；即此直接证明之果，即是证自证

---

① 《认识世界与认识自己》，《冯契文集》（第一卷），华东师范大学出版社，1996 年，第 451 页。

分。”[①] 转换成现在的话，即，章太炎认为，真理是以主客观相符合为标准的。同时，对于这种符合本身，并不需要再次证明，否则就将陷入无限倒退；而只需对此表示信任。从这个角度看，“德性的自证”或许是真理获得过程中的某种不得不然。当然，冯契先生讲“德性的自证”，主要是在伦理学的论域中说的；章太炎对自证的肯定是在认识论的论域中说的。但既然张教授将“德性的自证”引入了认识论的讨论中，那么，章太炎的观点也许是能够给我们以启发的。

① 章太炎：《菿汉三言》，辽宁教育出版社，2000年，第9页。

第五章　冯契哲学的新应用

本部分主要将我们对冯契哲学的新理解应用到章太炎、中国现代自由观以及公民教育的研究上。认为：

1. 将“两个改变”的理论框架应用到章太炎研究上。辛亥革命的理论家章太炎提出了“竞争生智慧”的观点。如果将竞争解释成实践，“竞争生智慧”的意思是说主体在改变世界的过程中改变自己，从而获得智慧。但是，由于章氏在认识论、方法论上走向了怀疑论，在政治哲学上走向了唯我论，所以他不能够提供成功改变世界所需要的理论和工具，最终导致“竞争生智慧”走向了唯意志论而自我消解。这从一个侧面解释了辛亥革命的失败，又暗示了中国现代性诞生的步履维艰。

2. 冯契自由观的应用：提出了中国现代自由三义。自由在中国现代思想史上占据极其重要的地位。从戊戌时期起，历经新文化运动，直至当下，各大社会思潮都对之有所述说。我们把自由的主线理解为主体在改变世界的过程中改变自己。在这个过程中，世界和主体（人）都从本然的状态改变为应然状态，也就是自由的状态。

此即“两个改变”。为了成功地做到“两个改变”，需要认识论、方法论的辅助和政治哲学的辅助。以此为背景，自由呈现为认识自由、政治自由以及人格自由。而在论述策略上，我们将观念、概念、范畴的研究转化为对于问题、次一级的概念和组成环节的研究。我们同时发现中国现代自由观是多元化、多层次的。

3. 从公民教育的视域出发，通过论述中国“成人之道”由圣而凡的历程，联系冯契平民化自由人格的提出背景、内容和特征，以及塑造平民化自由人格的方法等，我们可以发现这个理论为公民教育提供更为广阔的视域和理论深度，并能够进一步促进公民教育达到理想的目标。

这些内容均以具体的个案显示了冯契哲学的新的可能所具有的理论阐释力。

第一节　竞争与智慧：章太炎哲学新论

1903年，改良派代表人物康有为在《答南北美洲诸华侨论中国只可行立宪不可行革命书》中认为，中国人民智力低下，所以不能实行革命。被誉为旧民主主义革命时期最具思想深度的章太炎在《驳康有为论革命书》中针锋相对地提出：“人心之智慧，自竞争而后发生，今日之民智，不必恃他事以开之，而但恃革命以开之”。[①] 冯契将之

① 章炳麟：《章太炎政论选集》（上），汤志钧编，中华书局，1977年，第203页。

概括成“革命开民智，竞争生智慧”，并认为这表明章氏那里已有社会实践观点的萌芽。[①] 事实上，不仅在冯契的哲学史研究代表作《中国近代哲学的革命进程》中，而且在一般的中国近现代哲学史教科书中，乃至中学教科书当中，“竞争生智慧”成为了章太炎的一个代表性观点，而且这个观点也成为了辛亥革命在哲学上的重大贡献之一。

但是，竞争究竟能不能生智慧？如果能，是在什么意义上能？如果不能，又是为什么？对于这些问题，人们似乎还欠思量。我们应用冯契哲学的新的可能中所包含的“两个改变”框架展开分析，以为，章太炎提出的代表了辛亥革命哲学纲领的“竞争生智慧”这个观点中不仅包含了辛亥革命的思想困境，从一个侧面暗示了辛亥革命的历史命运；而且，在更广的背景上，这个观点又显示了中国现代性诞生的步履维艰，因此值得深入探讨。

一、竞争的合法性

一般而言，中国近代思想家把竞争的合法性建筑在进步的基础上。也就是竞争之所以是好的，是因为世界呈现出一幅进步的图景，而竞争则是进步得以成立的动力；正是由于进步本身的合法性，竞争也因此不容置疑。梁启超说：“竞争者，进化之母

① 冯契：《中国近代哲学的革命进程》，上海人民出版社，1989 年，第 181—213 页。

也。”[①] 他贯彻的就是这一逻辑。严复虽然没有明确肯定将来必定是一黄金世界，但是他还是在弱的层面上确信进步的观念：“世道必进，后胜于今。”在这个背景下，“物竞天择、适者生存”才获得了合法性。在这个意义上，当章太炎主张“俱分进化论”，否定了单线进步观的时候似乎也同时否定了竞争。

然而，当章太炎提出人性之中包含着“审恶”的时候，他又从另一个方面又为竞争作了合法性辩护。章氏认为，世界的本体是真如，真如变现出阿赖耶识，后者包含世界万物的种子，它变现出末那识等七识，从而构筑了整个世界。末那识的特征就是执着。它执着阿赖耶识以为我，产生了我痴我见我爱我慢四大烦恼。我爱是审善，我慢是审恶。“审”的意思就是根本的、先验的，不是后天人力所能创造、所能改变的。它和“伪”也即人造的意思正相反对。作为我慢的审恶同时也成为了章氏语境中竞争的合法性所在。我慢也就是好胜心。“好胜之念见之为争。”[②] 它表现为各种形式的竞争。章氏认为世间万物都有识，因此都有好胜心（我慢）。作为无生命的矿物等，其好胜心表现在同一空间只能容纳同一物体，如果别的物体想占据这个空间则势必与原物相抵触。人的好胜心的表现则不单单限于物理的占据空间，还表现为贪婪、好斗、唯我独尊。因此往往一言不合，拔刀相见。对于他人的冒犯往往耿耿于怀，伺机报

① 梁启超：《论近世国民竞争之大势及中国前途》，《梁启超文集》陈书良编，北京燕山出版社，1997 年。

② 《五无论》，《章太炎全集》(4)，上海人民出版社，1985 年，第 437 页。

仇。章氏认为，人性之中就包含了好兵的特性，所以传统文化当中往往设置射、御等仪式来加以和平地化解、宣泄。显然，正因为审恶的内在性和先验性，竞争是必然的、合法的。章氏还将竞争上升到本体论的高度，赞同古希腊哲学家赫拉克立特“争者群生之父，万物之王。一日息其争战，则宇宙将自亡”的观点，表示：“其言虽悖，而适合于事情。”[①] 事实上，章太炎的名作《五无论》，便是讲述人类社会如何充满竞争，并从根本上去除竞争的故事。

在更广的视域内，竞争一方面是审恶的表现，另一方面又是从根本上去除审恶、走向无生主义的一大根据。章太炎认为，审恶是不能用善（无论是审善还是伪善）或者伪恶来去除的。去除审恶的只有审恶。其机制是主体在好胜心的扩展中突然意识到好胜心之虚假，从而醒悟连主体本身也并不存在。“使慢与慢相尽，则审恶足以解。”[②] “最上言无我性，亲证其无我性，即审恶审善犹幻化。”[③] 如果从这个角度看，我们不妨说在章氏的思想格局中竞争的地位也是动力型的。显然，当章氏为人类和世界的最终状态“无生主义”辩护时在某种意义上他也许诺了一个黄金世界，不过和康有为、孙中山等人所设置的积极的黄金世界不同，章氏的黄金世界是消极的。问题在于怎么走向黄金世界？积极的黄金世界的观点是竞争或者竞争和互助的综合，章氏则认为一方面需要采取“心斋”的

---

① 《五无论》，《章太炎全集》(4)，上海人民出版社，1985 年，第 440 页。
② 《辨性》上，《国故论衡》，上海古籍出版社，2003 年，第 141 页。
③ 《辨性》上，《国故论衡》，上海古籍出版社，2003 年，第 141 页。

办法破除我见，另一方面则在我慢的彼此竞争、对峙之中突然醒悟世界之虚妄以及我之虚妄。“彼大士者，见我之相胜，知我之本无。”[①] 显然竞争也成为了走向无生主义的动力。如果我们把无生主义看作章氏的理想世界的表征，那么，竞争就是改变世界、改变自我的手段。

二、齐物哲学的挑战

由上可见，竞争的根源在于我慢心。我慢的表现不仅仅是贪婪、好斗，而且总是要求占据上风。章太炎举例说：“昔者项王意乌叱吒，千人俱废，然见人慈爱妪妪，人有疾痛，为之涕泣和药。今有大侠遇盗于涂，角力者杀之，乞命者即矜而活之。狮子至暴也，一鹿之肉，给其日食有余，然独憙杀象者，以其力多；见人蒲伏于前，则经过不搏。麒麟为仁矣，不杀虫蛾，遇狮子即引足踶跛，令辟易数十丈而死。”[②] 好胜的实质就是要赢，所以面对强敌就激起好胜心，全力以赴，奋发拼搏。面对弱者之所以发挥恻隐之心不加伤害，一方面固然因为如章氏所解释的因为人性之中本来就是我爱和我慢不可分割地存在于一处，而我爱就是恻隐之心，所以见到弱者心起怜悯；另一方面从我慢心的角度也讲得通：因为我慢心已经获得了胜利，所以没有必要再加以发扬、扩充。狮子之所以看见大象就要杀

①《辨性》上，《国故论衡》，上海古籍出版社，2003 年，第 141 页。

②《辨性》上，《国故论衡》，上海古籍出版社，2003 年，第 141 页。需要提请注意的是，章太炎说出此段话的意思是论证人性之中审恶和审善互相纠缠而存在，不可分割。笔者却对此做了另一番诠释。

它，看见匍匐在路旁的人则不屑一顾，[①] 因为当它和大象相遇，彼此并不显出谁折服谁的迹象，好胜心便被击发，力求一赢；当它看见自认折服的人，好胜心已经得到满足，未战而赢，虽然有些寂寞，但毕竟处于上风了，不必再争。总之，好胜心必然要求赢。

然而，章太炎哲学思想的另一面也即齐物哲学对树立标准、区分输赢的竞争观提出了挑战。

在自誉为“一字千金”的《齐物论释》中，章太炎从本体论、语言哲学和境界论三个角度证明了“不齐而齐”的观点。他认为，世间万物无论从外在表现形态上具有多么大的区别（不齐），但是，它们本质上都是真如心的变现，最终还是要回归常乐我净的真如心状态，所以实际上都是平等（齐）的。所谓的彼此之分、是非之别、文野之见只是由于“成心”和“我见”的虚妄而造成的，只是由于执着于语言的实在性而导致的，就其本身来说并无自性。

从某种角度看，章太炎此举是在为现代平等作了某种形上学论证，也就是合法性论证。按照通常的逻辑，平等并不与竞争冲突。虽然就具体的结局来说，竞争的结果往往是不平等的，但是，由于现代性一定程度上将实质理性退居第二位，而更多地采用了程序理性，它必然要求竞争的主体在起点上是平等的，否则人们便会以不合理抨击之。从这个角度看，章氏的齐物哲学并没有消除或者挑战竞争，而是为竞争作了起点平等的合法性论证。

---

① 注意，这里是对章太炎例子的诠释，而不是对这种现象的科学理解。

然而，齐物哲学和庄子思想有着密切的联系。庄子哲学中的相对主义也悄悄地融入了齐物哲学。从齐物哲学出发，每件事物本身就是自足的，它的合法性就在自身，它不需要外在的别的参照给予其存在的合法性证明。章氏说："或云物相竞争，智力乃进。案庄生《外物》篇固有其论。所谓'谋稽乎弦，知出乎争'，'春雨时日，草木怒生，于是乎始修，草木之到植者过半而不知其然。'知之审矣。然不以彼易此者，物有自量，岂需增益，故宁绝圣弃知而不可邻伤也。"[①] 此刻，在《齐物论释》中为了强调齐物的重要性，他高举"物有自量，岂需增益"的主张，甚至宁愿放弃竞争及其带来的增长的好处。但是，如果我们联系当年章氏和康有为在立宪还是革命问题上的论争，便知首句"或云物相竞争，智力乃进"之中的"或"（有的人的意思），不是别人，恰恰就是章氏自己。为了论证齐物他已不惜与早年的代表性主张相冲突。"物有自量，岂需增益?"也就是说，万物本齐，何须竞争？因此，章氏实际上否定了彼此之间的竞争的合法性。他说："主张竞争者，则流入害为正法论。"[②] 主张竞争的就是要求"齐其不齐"、统求一律的"鄙执"之"下士"，正法就是主张"不齐而齐"的齐物哲学。章氏的意思就是说竞争损害了由真如哲学而来的齐物哲学原则。

这个观点突出地表现在章氏所举的"尧伐三国"的寓言中。这个寓言描绘的是处于文明之中的尧试图通过伐的方式使处于野蛮之

① 《齐物论释定本》，《章太炎全集》（6），上海人民出版社，1986 年，第 100 页。
② 《人无我论》，《章太炎全集》（4），上海人民出版社，1985 年，第 429 页。

中的三国也过上文明的生活。章氏借此来隐喻帝国主义打着传播文明的口号来侵略他国的现实。从竞争的角度看，尧伐三国就是尧所在的国家和其他三国在文明的标准下彼此竞争，如果尧失败了那自然无话可说，如果尧胜利了那么三国就要放弃原来野蛮的生活方式而采用尧的文明生活方式。但是章太炎对此提出了强烈的批评。他的批评分为两部分，从积极的角度说，他认为即便是处于野蛮之中的三国也可以发展到其所愿的极至的地位，不必依靠尧的文明来达到；从消极的角度说，他质问道：三国的愿望就是过着野蛮的生活，尧为什么要强迫它们放弃原来的生活方式而采取自己的文明样态呢？每一个批评都在强调每个文明、文化形态自身的充足合法性。显然，从齐物哲学的角度看，彼此之间争个高低既缺乏合法性，事实上又难以做到，因为既然标准都在自身，那么，从什么角度来判断竞争（即便展开竞争的话）的结果谁输谁赢呢？真如哲学的相对主义特征一定程度上消解了竞争的合法性。

问题的严重性在于，从我慢心而来的欣赏竞争和从齐物哲学而来的拒绝竞争都立足于章氏的哲学思想。章氏思想的紧张在于，实际上他的“齐”是从“真”的层面说的，在“俗”的层面总是不齐的。帝国主义之侵略却是不折不扣的事实，恐怕很难用形上论证加以化解。在这个意义上，当他从齐物哲学的角度来论证竞争之不合法的时候，恐怕劝说的更多的是弱国的民众。在救亡图存的情势下，章氏的批评从纯粹哲学的角度出发，无疑别具一格，但虚幻性无疑更加浓厚。它所导致的很可能是新型的“阿Q精神”，即面对帝国主义的侵略自我暗示说这是俗的表现，在真的层面上我们与帝国主义是平等的，它们的竞争也是不合理的。可是这时需要发挥的恐怕就是我慢心，面对帝国主义的侵略奋起反击。可见，如果发扬我慢心，弱国的反抗的合法性便得到了证明。但是，与此同时也要承认帝国主义侵略的合法性。反之，如果立足于齐物哲学，帝国主义的侵略虽然得到了批判，但在理论上却使弱国的反抗（竞争的一种）失去了合法性。章氏有点进退维谷。

以上的分析表明，章太炎对于竞争的矛盾心态和他的哲学思想有着紧密的联系。从经验层面看这又和后发现代性国家的历史命运相关。在今日我们当然可以讨论包括中国在内的后发现代性国家之现代性究竟完全是源于西方的冲击而应激性地产生的，还是其内部已经有着现代性的萌芽，而在西方的催逼之下发展起来的。中肯的说法大概是既有西方的刺激，又有本土的资源，同时不能忽略的是在不中不西、既中既西的夹杂过程中，人们以自己的创造诞生了特殊的现代性。然而，作为后发国家面对咄咄逼人的现代性的心态是复杂的。它们一方面看到了竞争是现代性发展的动力因素，同时也深知如果缺乏竞争，不仅仅难以走上现代化道路，而且将丧权辱国，沦为殖民地。因此无疑会极端推崇竞争。然而，在现实竞争中一次又一次的失败又使得人们对来自殖民者的竞争痛恨不已。也就是说，后发国家需要做两项近乎矛盾的工作：其一是从理论上破除作为侵略的竞争的有效性；其二是阐明作为自身奋发图强的竞争的合法性。如果将竞争诠释得包含较少的侵略性，或许冲突还不会那么严重，问题在于，章氏的竞争观又来源于好胜的我慢心。正是后发国家需要在帝国主义的压迫下发展现代性的历史命运，使得思想家对于竞争的勾画充满了内在的紧张。这种紧张则从一个侧面显示了中国现代性的历史命运。①

三、“竞争生智慧”的机制及其困境

单单就“竞争生智慧”这个观点本身而言，它的革命意义不言而喻。在中国近代思想史上，它从哲学的高度肯定了革命的必要性和合法性，有效地驳斥了改良派借口民智未开难以行革命的论证思路。如果联系章氏的其他论述，我们便会发现这个观点还揭示了竞争何以能够生智慧的内在机制，简而言之，即，主客体以实践（竞争）为中心共同发展、从而创造自由和智慧（详论见下）。然而，放在章氏的整个哲学思想的格局中考察，“竞争生智慧”的观点却包含着严重的内在困境，最终导致了其本身的瓦解。这个结论的作出，正是建筑在冯契哲学的新的可能的基础之上的。

在展示这种瓦解之前，必须对其内在机制作出说明。在其原始的语境中，“竞争生智慧”首先是在为革命的合法性作辩护，所以其中的竞争主要指的是“与人奋斗”的社会实践。但是在我们后来

① 岛田虔次认为，晚明时期中国已经萌发了现代意识，但是，这种现代意识主要来源于士大夫阶层，而不是来源于平民阶层，这使得中国的现代意识缺乏相应的人格承担。同时来自封建思想阵营的压迫也从一个方面扼杀了中国的现代意识（参氏著《中国近代思维的挫折》，江苏人民出版社，2005 年）。无疑，晚清时候的中国面临的情况更加复杂，所谓的封建思想阵营对于现代性的态度本身也在不停变化，然而，西方现代性从未放弃过它扩张的本性。因此，近代中国的现代性建立的历史处境更加复杂。

的解释中，它也指“与天奋斗”的生产实践。这种解释并非毫无来由，它充分地体现在章氏的另一句名言中：“物苟有志，强力以与天地竞。”[①] “天地”首先指向的就是人类实践的对象大自然，同时也指向了人类的内在的自然。“人类惟有力抗自然，乃能生存。”[②] 反之，“顺自然之极，易流入衰颓危亡之途。”[③] 所谓“顺自然之极”便是放弃对世界的实践态度，其结果便是人类的消亡。如果我们把章太炎的这些话结合起来，它们显然揭示了“竞争生智慧”的内在机制，即，外在的大自然和人的内在自然在实践（竞争）的催化下，都发生了深刻的改变，其结局是产生了智慧这一更高层面的价值。

本文试图引进冯契哲学的新的可能那样一套分析架构对此作出分析。我们认为，实践具有内在关系，也就是说，主体在实践过程中一方面无疑是改变了世界，另一方面又发展了自我。世界和自我以实践为中心枢纽产生互动，最终主体形成自由的德性，客体形成自由的价值，而真正的自由必须是德性和价值的综合，也就是更高阶段的主客体的统一。为了成功地展开实践，获得自由，我们必须有正确的认识论、方法论原则和政治哲学等原则。

章太炎的“竞争生智慧”也可以用这种框架来诠释。

首先需要对章氏的实践观作某种澄清。广义的实践无疑包括了

---

① 《原变》，《检论》，《章太炎全集》(3)，上海人民出版社，1984 年。

② 《关于经学的演讲》，《章太炎讲演集》，马勇编，河北人民出版社，2004 年，第 161 页。

③ 《关于经学的演讲》，《章太炎讲演集》，马勇编，河北人民出版社，2004 年，第 161 页。

劳动，但是，章太炎立足于他所独创的真如哲学，明确否定劳动是人的本性。他认为“动”是人的本性，但是“劳”却不是人的本性。从这个角度看，章氏似乎在反对劳动，也就是反对实践。但是仔细分析章氏的话，他反对的只是将劳动设置为人的本性，而并非反对人展开劳动。同时，他明确提出“以劳而现乐者为趣，不以劳而求福者为趣”，[①] 表明他是在更高的层次上肯定劳动，试图使劳动成为当下获得心灵解放的根据，而不是束缚于物质追求的异化之举。当然，和章氏不同的是，在解放（自由）的问题上，我们的观点更加通融。我们以为，劳动不仅仅应当追求当下的愉悦（“以劳而现乐者为趣”），而且也不当否定劳动所产生的外在的物质利益（“求福”）。事实上，考察章氏所举的“明熹宗之喜刻木”[②] 的例子，就可以发现一定程度上章太炎也认同这个观点。“明熹宗之喜刻木”固然因为明熹宗在刻木的过程中直接获得了愉悦，可是，恐怕他也不能忍受自己生产出来的都是废品——至少在他那里应该具有某种超越于单纯愉悦的有用性（“福”）。这也就是我们所说的追求德性和价值的统一。

在中国近现代哲学史上，章氏对“实践”的理解具有突出贡献。他揭示了实践（竞争）范畴的内在关系性，也即看到了主体在改变客体的过程中自身也发生着改变。他认为，人类和大自然或者社会的竞争表现为器、礼的竞争，也就是实践工具或者实践对象以

---

①《四惑论》，《章太炎全集》(4)，上海人民出版社，1985 年，第 451 页。

②《四惑论》，《章太炎全集》(4)，上海人民出版社，1985 年，第 451 页。

及社会制度的竞争。“人之相竞也，以器”，“竞以器，竞以礼”。[①] 竞争的结果是“昔之有用者，皆今之无用者也”。[②] 也就是说，在实践的过程中，实践的对象、工具以及制度都发生了变化。无疑，这些更多地是在强调客体的变化的一面。章氏进而认为，“竞以礼，竞以形，昔之有用者，皆今之无用者也”。[③] 也就是说，客体的改变同时导致了主体的变化。这种变化首先表现在外在的“形”上，但其深入无疑将指向人的德性：“浸益其智，其变也侗长硕岸而神明。浸损其智，其变也若跛鳖而愚。”[④] 实践改变的还有人的智力这一德性[⑤]的重要组成部分。“竞争生智慧”一语则明确点出了此点。显然，章氏的诠释虽然是朴素的，但是其实已经包含了主客体在实践的过程相互改变从而达到自由、智慧的基本涵义。

已经说过，“竞争生智慧”需要认识论、方法论以及政治哲学两翼作为辅助才能成功。但是，从章太炎哲学思想的总体来看，他的这两翼都是充满困境的。

其一，章氏在真理问题上已经走向了休谟式的怀疑论，并且在根本的层面上否定了科学，因此“竞争生智慧”的观点的展开缺乏

---

① 《原变》，《检论》，《章太炎全集》（3），上海人民出版社，1984 年。

② 《原变》，《检论》，《章太炎全集》（3），上海人民出版社，1984 年。

③ 《原变》，《检论》，《章太炎全集》（3），上海人民出版社，1984 年。

④ 《原变》，《检论》，《章太炎全集》（3），上海人民出版社，1984 年。

⑤ 通常对德性的理解往往只是局限于道德层面。但在广义上，德性指的是人所发展出来的、所获得的内在能力，如果按照通常的真、善、美的角度区分，德性也可以分为相应的三个部分。其在“真”的层面上的表现就是拥有追求真理的能力，也即认识论层面的感性、知性和理性，这些简单的可以称之为智力。

坚实的认识论、方法论基础。

章氏的真如哲学引进了康德哲学，在诠释科学的必然性时他会将之归结为十二“原型观念”（即先天形式）。可是，在康德处先天形式是根本的原则，章氏处的根本原则则为真如，十二原型观念不仅仅是主体的，而且是主观的，各个主体的表现是不同的。此时，章氏其实已经偏离了康德所论证的科学的必然性。当他由认定“世识”（时间范畴）的主观性走向怀疑明日之有无时，原型观念的主观性也发展到了极至，章太炎也倒向了休谟的怀疑论。而当他说主要表现为探讨因果律的科学实际上“并无真因可求”时，科学规律不仅仅是主观的，而且并不存在。事实上，章氏的真如说便明确主张一切皆幻，唯心是实。①

这里关键在于，由实践获得自由、智慧的一个保证是有正确的认识论、方法论基础，而走向休谟的怀疑论的章太炎恐怕不能提供真理性认识。方法论之本质是“以得自现实之道还治现实之身”② 的结果，简而言之也就是认识论转化而成。缺乏真理性认识的认识论如何可能提供正确的方法论协助主体改变世界？缺乏正确的认识论、方法论引导的实践、竞争如何获得智慧？难道所谓的实践、竞争只是非理性的蛮力？这些都将成为疑问。

一般认为，真理必须经过实践的检验和群己之辩的讨论两大环

---

① 参蔡志栋：《试论章太炎对科学的反思》，《杭州师范大学学报》（社科版），2009 年第 4 期。

② 冯契：《论“以得自现实之道还治现实之身”》，《智慧的探索》，华东师范大学出版社，1997 年，第 251—270 页。

节才能获得。对过于强调主观性的章太炎来说，认识论上的群己之辩这一环节显然难以贯彻。由于吸收了庄子哲学，章氏哲学有着浓厚的相对主义特征，因此，群体的认同并不能产生真理；个体的真理也没有必要扩展到群体中去加以讨论以确认它是真理，或者进一步辨明以得到真理。因此，章氏显然会忽略真理的公共性的维度。他大概更多地会采用效果论的真理观。作为一种真理观，效果论也无可厚非。问题在于当章氏以来自某一次成功的实践的真理为方法，贯彻到下一次实践中去的时候，他不仅已经表明他相信“明日”（也即时间的连续性）还是存在的，从而和他强调时间范畴（“世识”）的主观性（即可以通过主观的意愿加以消弭的）形成紧张；而且，他实际上还表明他相信存在某种统一的方法，可以不加区别地应用到任何对象上。而章氏实际上难以证明实践成功的这一对象和即将应用真理认识的那一对象之间存在一致性，因为由于他高度高扬极端唯心主义而走向了唯我论①。总之，走向休谟的章太炎在认识论、方法论上必然也会放弃效果论的真理观进路。另外，采取任何一种真理观都难以解决章氏为自身设置的感觉的主观性问题。章氏再三论证感觉以及十二“原型观念”是具备高度主观性的：既然是主观的，那么真理就是私人的乃至随意的。

事实上，章氏在改变世界的过程中倾向于无视客观规律的指导

① 对于章太炎思想中的唯我论特征的论述具体见蔡志栋：《一场夭折了的哲学革命》，《学术月刊》2010年第7期。

作用。[①] 他在儒家的众多经典中对《中庸》表示强烈的反对，其反对的理由之一与《中庸》强调“顺天”有关：“《中庸》讲论性命之学，以顺天为归。顺自然之极，易流入衰颓危亡之途。”[②] 在中国古代哲学的视域中，“天”具备的复杂的涵义使得对“顺天”的解释也呈现多样化的局面。“天”可以理解成大自然、命。此时“顺天”的意思便是完全放弃主观能动性而随顺大自然的变迁，甚至听从命的指令，这导致的一个后果是主体由于缺乏在实践中锻炼、发展自身才能的机会而走向退化，在道德上则导致衰败：这当然是值得警惕的。“天”的另一个意思就是自然规律。“顺天”的认识论意义便为尊重客观规律，主张主体在客观规律所提供的可能性之中发挥能动性，而不是完全抛弃客观规律，在任何可能性之外按照主观愿望随意实践。章氏对“顺天”的反对无疑反对了客观规律在改变世界过程中的指导作用。而这些观点从本体论到认识论不一而足，皆契合于他的唯意志论态度。

正是在此，我们看到了竞争、实践的界限。从贯彻竞争、实践的角度看，当然需要反对宿命论，反对一味地“顺自然之极”。在这个意义上，章氏对《中庸》思想的反对和其真如哲学的“依自不

---

① 需要承认，章氏的科学思想是相当复杂的。事实上与他否定客观规律相对，在一定程度上他也肯定了“宿定者”（参章太炎：《菿汉三言》虞云国标点整理，辽宁教育出版社，2000年，第10页）的存在。所谓宿定者，广义上就是指某种客观规律（当然还可能包含了天命之类的宿命论）。

②《关于经学的演讲》，《章太炎讲演集》马勇编，河北人民出版社，2004年，第161页。

依他”原则相一致。但是，主张竞争和实践并非单纯地主张唯意志论。表面上实践、竞争哲学和唯意志论具有很强的相似性，都在强调主体能动性的至上地位，但是，具体地看两者却有着根本的不同。再次强调，实践和竞争当然和高度主张人的意志的选择性和坚定性相关，但是，它同时还有对理性的重视。而唯意志论总体上的特点就是强调意志对于理性因素的优先性、甚至压倒性。也就是说，唯意志论天真地以为凭借意志本身就可以成功地改变世界，达到智慧之境。这种缺乏认识论、方法论护驾的意志实践性只是在制造实践和竞争的神话。历史的经验一再表明，这种神话终将在血的教训中破灭。

其二，章氏已经走向了唯我论，它腐蚀着包含民主、平等在内的政治哲学、伦理学等思想，消解了“竞争生智慧”所需要的群体性原则。

章氏的唯我论不仅仅表现为认识论倾向，而且走向否定任何群体性存在。否定了群体原则的章太炎又如何确保成功地改变世界？早在先秦，荀子便揭示了“明分使群”（《荀子・富国》）才能“天地官而万物役”（成功地改变世界的古典说法）（《荀子・天论》）的道理。章氏对于现实的群体原则的重要性有着充分的认识。他为了主张直接民主制，从批评代议制到主张“联省自治”，殚精竭虑，便从一个角度表明了这一点。但是，从真如哲学出发对直接民主展开论证，一方面相当到位，因为真如哲学恰恰以高扬极端唯心主义的方式高扬了个体主体性；另一方面提倡直接民主毕竟不是在为一粒粒散沙作合法性辩护，散沙如何捏成团、也即个体性极强的个人如何结合成一个整体，这是一个需要在哲学上给予说明的问题。从认识论上的唯我论以及由此引发的孤岛式的个体原则并不能完成这一任务。[①] 总之，章太炎不能很好地提供群体原则。结果便是能否成功地改变世界将成为一个谜。

余论

在某种意义上，造成“竞争生智慧”原则夭折的正是这个原则本身。“竞争”何谓？物之志的强力表现也。章氏认为，世界本身都是意志产生出来的。在意志的“冲决网罗”的动力之下，似乎一切都是可能的，作为建构理性的典型表现的真理性认识以及象征了自然理性的内在渗透的社会群体都成为了多余之物。唯意志论天真地以为只要凭借意志的勇敢就能成功地改变世界，从而改变自我，造成一个自由的价值界，获得智慧。可是，不仅以上的逻辑分析表明唯意志论如果没有理性原则和群体原则作为辅助必将导致实践的失败，而且，历史也已经宣告这种想法是多么幼稚，多么有害。

这种实践由于过于突出意志的因素，所以其破产的实质也就是唯意志论本身的破产。在此我们看到了中国的现代性的另一重命运：中国既要贯彻现代性的工具理性-实践品格，又要突出中国之为中国的主体性，那么作为手段-目的结构的最直接的表现的唯意

① 参蔡志栋：《“恢廓民权”的尝试——试论章太炎对直接民主的探索》，《中国的立场》，上海人民出版社，2009 年。

志论似乎是一个首选。它错以为这是张扬主体性的绝佳机会。然而，目的本身来源于对世界和自我的正确认识，手段还需要群体原则来组合。或许我们不妨说旧民主主义革命（辛亥革命是其高潮）的命运已经浓缩在了它的理论家章太炎“竞争生智慧”这句话之中。它同时也表明旧民主主义革命的哲学理论存在这多么巨大的内在困境。历史在呼唤新的哲学为现实的实践作指导，使得中国人民真正能够在改变世界的过程中改变自己，获得自由、智慧和幸福。

显然，以上分析的展开，源自对冯契哲学中“两个改变”及其辅助框架的揭示与运用。

第二节　中国现代自由三义

冯契哲学的新的可能不仅可以应用到章太炎哲学研究上，而且，将之用到中国现代自由观的研究上，也可以产生积极的成果。我们借助“两个改变”思想，可以发现自由呈现为认识自由、政治自由以及人格自由三种类型。它们正是中国现代思想史上的重要话语。

一、“自由”的重要性

“自由”在人类历史上、尤其是现代史上处于什么地位？这是一个庞大的问题。但按照马克思和恩格斯在《共产党宣言》里所说的“代替那存在着阶级和阶级对立的资产阶级旧社会的，将是这样一个联合体，在那里，每个人的自由发展是一切人的自由发展的条件”，[①] 自由如果不是在历史上已然成为不争的事实，至少，从某种角度看，人类的历史就是一部追求自由的历史。当然，何谓自由本身也是一个复杂的问题。

这种对于自由的重要性的认识绝非局限于马克思等少数人，似乎具有很强的意识形态的味道。当代学人伊曼纽尔·沃勒斯坦（Immanuel Wallerstein）也指出，现代世界本质上只有一种思潮，那就是自由主义，而激进主义（马克思主义）和保守主义分别是自由主义的左倾和右倾。[②] 必须指出，这并非意味着只有自由主义在讲自由。不如说，沃勒斯坦在以一种极而言之的方式表明自由在现代思想史上的核心地位。不必多说的是，从启蒙运动时期起，“自由”“平等”“博爱”就是进步的人士高举的旗帜。

回顾中国现代史，我们也会发现自由处于十分重要的地位。随着康有为的著作的逐步挖掘，我们蓦然惊觉原来号称保皇党领袖的康有为也对自由情有独钟。在 2007 年首发的十二集本的《康有为全集》中，“自由”一词四处可见。其弟子梁启超虽然三番五次地借罗兰夫人的口说：“呜呼自由！天下几多之罪恶，假汝之名而

---

① ［德］马克思、恩格斯著，中央编译局译：《共产党宣言》，中央编译出版社，2005 年，第 46 页。

② 沃勒斯坦：《三种还是一种意识形态？——关于现代性的虚假争论》，《现代性基本读本》（上册），汪民安、陈永国、张云鹏主编，河南大学出版社，2005 年。

行。”[①] 但是，这句话反过来理解就是，“自由”十分重要，所以具有成为冠冕的价值。在其论述中国政治思想史的名著《先秦政治思想史》中，事实上，梁启超有意无意地以自由（和平等）作为衡量先秦诸子的标准。他说：

春秋战国间学派繁茁，秦汉后，或概括称为百家语，或从学说内容分析区为六家为九流。其实卓然自树壁垒者，儒墨道法四家而已。……惟欲令学者先得一概念以为研究之准备，故先以极简单之辞句叙说如下：

一、道家。信自然力万能而且至善，以为一涉人工便损自然之朴。故其政治论，建设于绝对的自由理想之上，极力排斥干涉，结果谓并政府而不必要。吾名之曰“无治主义”。

二、儒家。谓社会由人类同情心所结合，而同情心以各人本身最近之环圈为出发点，顺等差以渐推及远。故欲建设伦理的政治，以各人份内的互让及协作，使同情心于可能的范围内尽量发展，求相对的自由与相对的平等之实现及调和。又以为良好的政治，须建设于良好的民众基础之上，而民众之本质，要从物质精神两方面不断的保育，方能向上。故结果殆将政治与教育同视，而于经济上之分配亦甚注意。吾名之曰“人治主

① 梁启超：《服从释义》，《饮冰室文集点校》（第二集），吴松等点校，云南教育出版社，2001年，第711页。

义”或“德治主义”或“礼治主义”。

三、墨家。其注重同情心与儒家同，惟不认远近差等。其意欲使人人各撤去自身的立脚点，同归依于一超越的最高主宰者（天）。其政治论建设于绝对的平等理想之上，而自由则绝不承认，结果成为教会政治。吾名之曰“新天治主义”。（对三代前之旧天治主义而言）

四、法家。其思想以“唯物观”为出发点，常注意当时此地之环境，又深信政府万能，而不承认人类个性之神圣。其政治论主张严格的干涉，但干涉须以客观的“物准”为工具，而不容主治者以心为高下。人民惟于法律容许之范围内，得有自由与平等。吾名之曰“物治主义”或“法治主义”。①

这里梁启超所说的主要是政治自由，属于我们所要讨论的自由的一个部分、一种类型；但他对自由的重视可见一斑。

严复虽然主张将“自由”改为“自繇”，因为前者容易给人恣意妄为的印象。但这种将语词进行改变而不是全然舍弃的做法本身就显示了自由作为现代观念的不可抗拒，只是严复提醒我们要注意语词和含义之间的某种联系，而且，要注意清理自由的负面因素。由于我们讨论的是作为范畴（论题）和观念的自由，所以这种语词上的区分可暂不考虑。换而言之，“自由”也罢，“自繇”也罢，在

① 梁启超:《先秦政治思想史》，东方出版社，1996年，第77—78页。

我们看来，都是在说自由。

在思想史上紧随其后的辛亥革命时期诸思想家、革命家章太炎、孙中山等人也高度重视自由。章太炎在其自诩为“一字千金”的《齐物论释》中着力阐发的就是绝对的自由和平等。这种自由已经超越了现实生活，不再纠缠于调整人际关系。从这个角度看，它是形上的自由，而不是政治自由，和精神自由密切相关。孙中山的革命事业可以看做追求自由的实践。他屡次在不同场合对作为其思想代表的“三民主义”作出解释。可以看出，他不断地将“三民主义”和西方资产阶级革命时期的自由、平等、博爱相等同。虽然有时候他会以平等来指称“三民主义”，即，民族主义意味着民族的平等，民权主义意味着人民的平等，民生主义意味着社会经济的平等，但是，有时候他也以自由来指称“三民主义”。

五四新文化运动揭开了中国现代思想史更加复杂的场景。如果我们将此间及其后的主要社会思潮分为中国化的马克思主义、自由主义和文化保守主义（以现代新儒家为代表）三家，那么就会发现至少在自由的问题上他们有共同的话题，虽然有不同的答案。这里要说的是，自由主义当然以自由核心，不过，中国化的马克思主义也绝非拒斥自由，而是有着自己的说法。事实上，早期马克思主义的代表人物陈独秀在其著作中屡次提及自由概念。新版的《陈独秀著作选编》[①] 如果需要冠以若干个关键词，其中一个是“马克思主

---

①《陈独秀著作选编》（全六卷），任建树主编，上海人民出版社，2009 年。

义”，还有一个是“自由”。[1] 另一位代表人物李大钊明确指出：“西谚有云：‘不自由毋宁死’。夫人莫不恶死而贪生，今为自由故，不惜牺牲其生命以为代价而购求之，是必自由之价值与生命有同一之贵重，甚或远在生命以上。人之于世，不自由而不生存可也，生存而不自由不能忍也。试观人类生活史上之一切努力，罔不为求得自由而始然者。为求得自由而始然者。他且莫论，即以吾国历次革命而言，先民之努力乃至断头流血而亦有所不辞者，亦曰为求自由而已矣。”[2] 中国现代马克思主义的代表毛泽东也表达了对自由的渴望和艰苦卓绝的追求。其诗句“万类霜天竞自由”所透露的肯定个体性、多样性、主张百花齐放的精神还是扑面而来，鼓舞人心。1937年，毛泽东写作了名文《反对自由主义》，直接地看当然是在批评自由。但这种批评针对的是散漫无羁、不讲纪律意义上的自由。事实上，类似的批评我们在康有为、严复那里就可以发现了。因此，《反对自由主义》并不能成为毛泽东否定自由的证据。我们必须说，毛泽东呈现的是不同于自由主义的自由。其后，通行的马克思主义哲学原理教科书明确将在认识世界的基础上改造世界作为自由的经典教义。对此我们自然记忆犹新。虽然这已经是老生常谈，但是，从思想史的角度看，这个现象表明中国化的马克思主义自有其自由观。而且这个自由观相当明确。更不必说，在学术研究领域，冯契

---

① 还有的可能是“民主主义”“学术”等。

② 李大钊：《宪法与思想自由》，《李大钊全集》（第一卷），人民出版社，2006年，第228页。

所著的一部代表作即为《人的自由与真善美》；在官方意识形态领域，进入21世纪，中国共产党明确提出建设社会主义核心价值体系，2012年又将自由作为社会主义核心价值观之一："倡导富强、民主、文明、和谐，倡导自由、平等、公正、法治，倡导爱国、敬业、诚信、友善，积极培育和践行社会主义核心价值观。"① 至于以现代新儒家为代表的文化保守主义，回顾梁漱溟、熊十力、贺麟、冯友兰等人，自由也是其念兹在兹的话题。梁漱溟说，我们"对于自由另有一种新讲法。"② 熊十力说："古者儒家政治理想，本为极高尚之自由主义。"③ 徐复观则有着比较接近自由主义的气质，他将自由作为思想探索的重要内容。

不妨如此总结：自由是中国现代思想史上的重要观念。它为主流思潮所肯定。虽然也有人从某种角度对它表示质疑、否定，④ 但也必须正视它的存在而予以认真对待。

二、何谓"自由"？——"两个改变"及其辅助

然则，何谓自由？

---

① 胡锦涛：《坚定不移沿着中国特色社会主义道路前进为全面建成小康社会而奋斗——在中国共产党第十八次全国代表大会上的报告（2012年11月8日）》，载《人民日报》2012年11月8日。

② 梁漱溟：《乡村建设大意》，《梁漱溟全集》（1），山东人民出版社，2005年，第701页。

③《十力语要》，《熊十力全集》（第四卷），湖北教育出版社，2001年，第148页。

④ 比如贺麟就提醒我们自由会杀人："自由平等观念何尝不吃人？"（《近代唯心论简释》，上海人民出版社，2009年，第204页。）

这的确是一个十分令人头疼的问题。古今中外，有多少思潮就有多少种对自由的理解。我们无意于介入这些争论。我们的态度是，与其争论，不如自己推出关于自由的理解。我们借助冯契哲学的新的可能，提出自己的自由观。我们认为，所谓自由，就是主体在改变世界的过程中改变自己（下文为了方便，简称为“两个改变”）。在这个过程中，世界和主体（人）都从本然的状态改变为、发展为应然的状态，也就是自由的状态。这是我们所说的自由的主线。

为了成功地做到“两个改变”，需要两个辅助：其一为认识论、方法论的辅助。中国化马克思主义所说的自由就是认识世界改变世界已经包含了这个意思。显而易见，正确的认识对于成功地改变世界性命攸关。建立在错误认识基础之上地改变世界往往导致碰壁，头破血流，在这种状况下，现实依然强硬，主体的愿望也没有得到实现，请问主体如何感受到自由？当然，自由绝非自由感所能代替，但毋庸置疑，自由感是自由的重要构成。其二为政治哲学的辅助。简而言之，在正确地认识世界获得真理之后，并非可以直接地按照真理的指导来成功地实现“两个改变”。改变世界需要群体的力量，而群体如何形成统一体，而不是互相掣肘、甚至内在分裂，这是需要妥善解决的问题。事实上，对于政治哲学在“两个改变”过程中的重要性，早在荀子那里就有清晰的认识。荀子说：

水火有气而无生，草木有生而无知，禽兽有知而无义，人有生有气有知亦且有义，故最为天下贵也。力不若牛，走不若

> 马，而牛马为用。何也？曰：人能群彼不能群也。人何以能群？曰：分。分何以能行？曰：义。故义以分则和，和则一，一则多力，多力则强，强则胜物。（《荀子·王制》）

所谓“胜物”用现在的话来说就是改变世界。荀子认为，人因为能够“明分使群”，所以能够改变世界；否则，就会处于禽兽一般为世界所压制的地位。

当然，也许有人说凭借我一个人的力量也能够改变世界。而且，在现代社会据说人沦为了原子式的个人，每一个人都是一座孤岛。在现实经验中，躲进小楼不仅能够自成一统，而且似乎也能吞吐宇宙。至于琐碎地改变世界的做法那更是不一而足（比如，凭一己之力撕掉一张纸）。但是，个体之所以能够这么做，是以群体为前提的。躲进小楼之所以也能成一统，因为事实上他已经使用到了群体的事物，比如思想资料（书籍）、工具（计算机、网络）……更加明显的是，个体不必因为生存而担心。但为什么个体能够在小楼内生存下去，这不是他一个人能够解决的问题。而为什么他人的劳动成果比如粮食能够为小楼之内的人享用，这就涉及权利义务的设计了。讨论至此，我们发现也许只要引入社会分工论，就能逐渐论证出政治哲学对于“两个改变”的重要性。这个问题本身需要更多的篇幅加以展开，但其基本原理是十分明显的。

让我们以庖丁解牛为例来继续说明这个问题。我们注意到，庖丁和文惠君的关系不是现代的契约关系，比如厨师和雇主；而是一种人身依附关系。庖丁基本上就是依附于文惠君的一个善于做饭的奴隶。庖丁解牛并不能从文惠君那里获得相应的报酬，事实上，由于吃住在文惠君家里，他的劳动往往以无偿的形式表现出来。在庖丁解牛的故事中，具体情形不可知，但基本上是有一天文惠君心血来潮想看人解牛。所以，整个故事开始之前和结束之后，并无文惠君和庖丁就解牛的报酬问题有所磋商。文惠君只是很诗意地说了一声："吾得养生矣！"庖丁还因能够为这样的君主无偿解牛而踌躇满志。可是，一旦他考虑到如下问题：比如，他凭什么给文惠君解牛？凭什么牛是自己解的，但自己吃不到一块牛肉？凭什么自己辛辛苦苦解了几十年的牛最终家徒四壁，而一个弄臣说几句笑话逗逗文惠君开心就可以富可敌国？……也就是说，一旦他考虑到政治哲学层面的问题，他因解牛而来的自由感即可无影无踪。如果庖丁还终生沉浸在因文惠君偶尔一次的眷顾而产生的自豪感之中，他的儿子，他儿子的儿子……终会意识到自己在受统治者的剥削。他的劳动发生了异化，这种异化使之解牛不再踌躇满志，而会愁容满面。事实上，历史流变两千年之后，中国近现代的人们终于醒悟，起来革命。也就是说，如果不考虑政治哲学的问题，庖丁解牛的故事里面就会存在众多漏洞。那么，缺乏政治哲学考量的自由如何可能呢？

三、三种自由的确立

无疑，在我们的新理解中，从问题的角度看，认识自由、政治自由以及人格自由等三种自由得以确立。

按照我们一开始所论述的以“两个改变”作为主要内容的自由观的提示，显然，我们需要研究世界如何从本然状态改变为应然状态，人如何从本然状态改变为应然状态，这里所说的应然状态主要说的就是自由状态；我们还需要研究认识论辅助和政治哲学辅助两个领域的自由问题，这就有认识自由和政治自由的论题。因此，我们有四个部分值得研究：认识自由、政治自由以及世界的自由和人格的自由。不过，我们认为，世界的自由可以分为两个部分，一部分姑且称之为自然世界的自由问题，一部分则可以称之为社会世界的自由问题。虽然其实在任何领域都有认识论的问题，但是，似乎自然世界较多地和认识自由相关，而社会世界则较多地和政治自由相关。因此，世界自由问题可以划归为政治自由或者认识自由。原来的四个问题就可以转变为三个问题：认识自由、政治自由和人格自由。当然，既然我们把自由的主要线索理解为“两个改变”，那么，首当其冲的是要说清楚何谓“改变”？我们所理解的改变主要指的是感性实践。无疑在这个问题上也存在传统到现代的转换问题，即，实践观念有着传统的和现代的区别。众所周知，一般认为传统儒家把实践主要理解为道德实践，孔子对于“稼穑”之类在现代得到肯定的劳动并不首肯。但是，现代实践至少在毛泽东那里被界定为生产斗争、阶级斗争和科学实验三项。这期间转折如何发生，也是一个有趣的问题。这是我们在将来的研究中试图展开的话题，这里只能暂时从略。

再次强调，从问题的角度看，我们便确立了认识自由、政治自由以及人格自由三种自由。

但是，这些自由又是指的什么？当然，这可能是我们需要一大本书的篇幅来解决的核心问题。在此只是对论述的策略做出一定的说明。

在一般性的研究观念、概念、范畴的著述中，主要研究对象显然就是这个观念、概念、范畴。这自然没错。然而，如果我们承认观念本身不是单纯的，它不仅和其他观念处于复杂的联系之中，而且，其内部也是纵横交错、曲径通幽，那么，我们就也许不得不同时承认，对于观念、概念、范畴的研究可以转化为对于问题、次一级的概念和组成环节的研究。因此，“认识自由是什么?”的问题可以理解为“我们如何获得认识的自由?”甚至“我们如何获得真理?”在认识论领域，真理和自由具有可置换性。两者的含义从某种角度看是一致的。无疑，如果以此为标准看待中国现代思想史、哲学史，那么，我们并不在乎那些思想家们是否明确地使用到了“认识自由”这样的字样，只要他们在讨论认识论问题，表达他们的真理观、阐述其达到真理的内在机制、知与行（理论与实践）等问题，那就是我们的讨论材料。

同样，类似的研究策略也适用于政治自由和人格自由的研究。

按照我们的理解，所谓的政治自由是广义的，它内在地包含了政治自由的组成、它的保障和实现等问题。从概念的角度看，在讨论政治自由时，我们会涉及权利义务之间的关系，自由权的保障问题和实现问题：主要表现为民主制度的建设和分配正义的实现。甚至某种程度上涉及政治哲学和认识论的关系问题，以及政治德性问题。我们也不会固执地认为，只有出现“自由”这个词语时，这段思想才是值得我们研究的。因为，难道权利不是政治的重要组成部分吗？而且，很明显的是，很多时候，尤其在自由主义者那里，自由就是自由权利的简称；权利也是契约论传统中讨论自由的逻辑起点。

而所谓的人格自由或者说自由人格问题，同样不以有没有相关的字样为取舍材料的标准。我们认为，所谓自由人格，本质上也就是培养自由德性的问题，也就是知情意的全面发展的问题。因此，它也必然涉及认识自由（知）的问题。由于这个问题我们已经单独列出加以讨论，所以在此并不详论。自由人格还涉及道德品质的培养问题。同时，我们一直认为，情感是自由人格的重要组成部分。这点务必明确，得到强调。

对于自由人格的这些特征梁启超的如下言论或许可以帮助我们进一步理解。他说：

> 人类心理有知、情、意三部分。这三部分圆满发达的状态，我们先哲名之为三达德——智、仁、勇。为什么叫作“达德”呢？因为这三件事是人类普通道德的标准，总要三件具备才能成一个人。三件的完成状态怎么样呢？孔子说：“知者不惑，仁者不忧，勇者不惧。”所以教育应分为知育、情育、意育三方面。——现在讲的智育、德育、体育，不对。德育范围

太笼统，体育范围太狭隘。——知育要教到人不惑，情育要教到人不忧，意育要教到人不惧。[①]

梁启超的这段话有些地方需要澄清。显然，他把智育和情育也包括进了“普通道德”之中。这就是一种广义的说法。其所谓的道德不是今日所说的狭义的道德，而是指的某种内在的德性。“德者，得也。”（《管子·心术上》）另外，自由人格的内涵也不单单达到孔子所说的“知者不惑，仁者不忧，勇者不惧”的状态，而是包含更丰富的内容。[②] 不过，梁启超明确认为道德教育即我们所说的自由人格的培养包含三部分内容，这是正确的。

从另一个角度看，人格自由也就是精神自由。此层含义也为梁启超所言及：

我们国学的第二源泉，就是佛教。佛本传于印度，但是盛于中国。……曰：“一众生不成佛，我誓不成佛。”即孔子立人达人之意。盖宇宙最后目的，乃是求得一大人格实现之圆满相，绝非求得少数个人超拔的意思。儒、佛所略不同的，就是一偏于现世的居多，一偏于出世的居多。至于他的共同目的，都是愿世人精神方面完全自由。现在自由二字，误解者不知多

---

① 梁启超：《为学与做人》，《饮冰室文集点校》（第六集），吴松等点校，云南教育出版社，2001 年，第 3333 页。

② 而且，为什么人的心理结构可以作知情意的区分，而不是另外一种编排方式？这是值得进一步研究的问题。

少。其实人类外界的束缚，他力的压迫，终有方法解除，最怕的是“心为形役”，自己做自己的奴隶。儒佛都用许多的话来教人，想叫把精神方面的自缚解放净尽，顶天立地，成一个真正自由的人。[①]

可见，所谓自由的人也就是顶天立地的人，解除了心的束缚，在心的层面上自做主人。虽然梁启超在此主要以佛学和儒学来加以论说，但是，显然，如果我们把精神自由作为自由人格的另一种表述，那么，其他的德性也可以囊括进来加以讨论，构成自由人格的内在要素。比如，陈鼓应等人便喜欢用庄子来诠释精神自由。

同时，以此自由三义反观中国现代思想史，我们就会发现中国现代自由观是多元化、多层次的。

所谓多元化是指自由不是自由主义的专利，它也为其他思潮所尊重、提倡，而在各个思潮之间，对自由的理解存在着一定程度的差异。简而言之，文化保守主义也有自己的自由观。梁漱溟便明确说过：“对于自由另有一种新讲法”。[②] 熊十力将大同世界解释为真正的自由世界。

中国化马克思主义也有自己的自由观。中国共产党早期领导人李大钊在其名文《Bolshevism 的胜利》中的一段话可以从一个侧面

① 梁启超：《治国学的两条大道》，《饮冰室文集点校》（第六集），吴松等点校，云南教育出版社，2001 年，第 3346 页。
② 梁漱溟：《乡村建设大意》，《梁漱溟全集》（1），山东人民出版社，第 701 页。

说明这个问题。他认为俄国十月革命的胜利意味着“人道的警钟响了！自由的曙光现了！试看将来的环球，必是赤旗的世界!”[①] 值得注意的是，在此之前他认为法国大革命呼唤的也是“自由平等博爱”，何以一百多年后十月革命才预示着“自由的曙光初现了”？原因就在于此时的李大钊转变为了一个马克思主义者，他认为马克思主义论域中的自由才是真正的自由。西方学者 Charles T. Sprading 在其所作 *Liberty and the Great Libertarians* 一书的序言中指出，有些自称是社会主义者的人物也对自由贡献了精湛的理解。[②] 换而言之，诠释自由从来不是自由主义的专利。

自由之多层次指的是我们应该从不同论域中来讨论自由。早就有很多学者注意到，当大家对自由莫衷一是之际，其实彼此所讨论的自由并非同一个对象。比如，虽然我们要强调各个学科之间的交叉和隐秘联系，但是，审美自由和政治自由所指并非一回事，前者指的是某种精神状态，后者首先指的是社会权利。当然，我们也不否认有的思想者会将精神性的内在自由等同于政治自由。从我们的研究规范来说，这是一种混淆，它只具有思想史的意义：表明在那个思想家乃至其所代表的思潮那里，政治自由实际所指为何，显示了其思想的特征和限度。对此，冯契在其“智慧说”之一翼《人的自由与真善美》中有一段话可为这种多层次的自由做背书：

---

① 李大钊：《Bolshevism 的胜利》，《李大钊全集》（第二卷），人民出版社，2006 年，第 263 页。

② Charles T. *Sprading*：*Liberty and the Great Libertarians*. Golden Press. 1913. pp. 5 - 6.

本篇主要从哲学上探讨人的自由和真、善、美这三者的关系。“自由”既是一个政治概念，也是一个哲学范畴。严复用“自由”这个词来翻译“Liberty”，也用它来翻译“freedom”。所以，从严复以来，中国人所用的“自由”一词，既是指“自由、平等、博爱”中的自由，又是指和必然、必要相对的那种自由。当然，这两者是密切联系的。中国近代思想家就是因为十分关心民主自由、关心政治上的自由解放等问题，而特别热中于探讨哲学上的自由问题的。但哲学范畴和政治概念既有联系，又有区别。①

当代自由主义思想家罗尔斯（John Rawls）也对自由的多层次性作了某种提示。在《政治自由主义》中，他说：

个人凭借其两种道德能力（正义感和善观念的能力）和理性能力（判断能力、思想能力，以及与这些能力相联系的推论能力）而成为自由的。②

冯契区分了政治自由和哲学性的自由，后者包括了真善美的统一。如前所说，广义上真善美都可以作为精神性的自由、也即人格自由

① 冯契:《人的自由和真善美》，华东师范大学出版社，1996年，第1页。
② ［美］罗尔斯著，万俊人译:《政治自由主义》，译林出版社，2002年，第19页。

的内涵，不过我们将其单独列出，作为认识自由的问题加以研究，如此，哲学性的自由中就包含了认识自由和人格自由（狭义）两项。可见，自由是多层次的。这些层次之间以我所说的“两个改变”及其辅助形成比较统一的整体。

至于罗尔斯，他所说的道德能力是广义的，包含了政治能力（正义感）和狭义的道德能力（善观念的能力），理性能力无疑涉及认识论问题。显然，罗尔斯是从能力的角度讨论人如何才能获得自由。如果我们承认能力必须有对应物或曰外在化，那么，这些自由能力就可以分别对应政治自由、道德自由和认识自由。一定程度上也和我们对自由的区分相似。

第三节　平民化自由人格之于“公民教育”

改革开放以来，中国公民教育研究主要沿着三条路径推进：一是对国外学者关于公民教育理论资源和经验积淀的译介与评介；二是对我国近代公民和公民教育思想的梳理与反思；三是以中国现代化进程的实际为坐标，不断形成和拓展公民教育研究的问题域[①]。公民教育属于广义的“德育”，它是中国特色社会主义建设的现实需要，中国社会与文化的特质。因此，进一步强化公民教育既要反对简单的“拿来主义”，更要保持公民教育与和谐社会及生活的同

① 李芳：《改革开放以来中国公民教育问题研究路径综述》，《理论学刊》2006 年 3 期。

步建设，反对狭隘的公民教育理念。

对于“公民教育”的含义，学术界普遍认为，广义的公民教育指的是培养良好公民的教育，即现代国家的基础教育，与学校教育概念一致；狭义的公民教育是指一种协调个人与政府、个人与社会的关系的教育，其宗旨在于实现个体的政治社会化、法律社会化和道德社会化，即培养合格的公民。① 从传统教育的教育来说，孔子提出了“古之学者为己，今之学者为人”的论点，从此，“学以成人”就影响中国数千年而不绝②。基于现代西方教育学和救亡图存的现实影响，使得现代教育的真正价值倾向于“成才”和“成人”的统一：“成才”即以社会或者国家功利主义为取向，侧重人之社会性的发展和完善；“成人”即以个体成就内在涵养为价值取向，侧重人之个体的发展和完善。培育具有民族精神血脉的现代中国公民人格，就成为各方关注的课题之一，需要从哲学理论的角度进行设计。

作为当代著名的哲学家、哲学史家之一，冯契先生很早提出了“化理论为方法、化理论为德性”的“两化”理论，晚年又建构了“智慧说”的哲学体系，其中一个重要的内容就是要塑造平民化的自由人格。它包括着丰富的关于人的培养、教自等要素，正如陈来所说：“从某种意义上说，冯契先生的哲学思想也可以看作一个广

---

① 李芳：《改革开放以来中国公民教育问题研究路径综述》，《理论学刊》2006 年 3 期。

② 更多论述，参俞昊、冯修猛、陈晓双、丁明利：《回归育人本源，落实立德树人——谈研究生教育评价改革方向》，《上海教育评估研究》2021 年第 1 期。

义的教育哲学体系，是从实践唯物主义辩证法的立场，对人的世界观和人生观的形成和教育的系统说明和研究”[1]。那么，在当下探讨公民教育的大潮之中，作为现代精神传统[2]的重要内容之一的平民化自由人格与公民教育的目标之间有何关联？平民化的自由人格能够为此提供哪些意义和价值？平民化自由人格的塑造方法对于公民教育的开展又有哪些现实意义呢？对此，我们拟从“成人之道”的历史演进，平民化自由人格的提出背景、特征及其内容，平民化自由人格的塑造及其对公民教育的价值等方面展开论述。

一、“成人之道”的历史演进

中国古代传统哲学以儒释道为主流，其中均追求一种成人之道、理想人格。具体来说，儒家追求的是圣人，道家追求的是“真人”，佛教追求的是成佛。从某种意义上说，“成圣”是先秦以来中国传统的人格理想。[3]

① 陈来：《论冯契的德性思想》，载杨国荣主编：《追寻智慧——冯契哲学思想研究》，上海古籍出版社，2007 年，第 64－82 页。

② 按照高瑞泉教授的论述，传统不仅包括我们所熟知的古代传统，更包括现代的精神传统，并且，作为现代人，我们的意识内容、知识结构和精神理想，主要是由现代传统所提供的。但长久以来，我们对于这个现代传统却常常是习焉不察，或者故意忽视，从而在实际的学术建构中常常会产生这样、那样的问题。对于现代精神传统的具体论述，见高瑞泉：《中国现代精神传统——中国的现代性观念系》（增补本），上海古籍出版社，2005 年。

③ 鉴于儒家在中国人格培养中的重要地位，用崔宜明的话说：“范型”着传统中国人的思想和心灵（见崔宜明：《从“圣人”到“平民化自由人格”》，载杨国荣主编：《追寻智慧——冯契哲学思想研究》，上海古籍出版社，2007 年，第 89－98 页。）因此，这里主要介绍儒家的情况，对于道佛相关论述不展开。

孔子在解释什么是“成人”时说：“子路问成人。子曰：‘“若臧武仲之知，公绰之不欲，卞庄子之勇，冉求之艺，文之以礼乐，亦可以为成人矣’。又曰：‘“今之成人者何必然见利思义，见危授命，久要不忘平生之言，亦可以为成人矣。’”（《论语·宪问》）不过，谈到人生的最高境界则是圣人，孔子称尧舜禹周公等为圣人：“昔者子贡问于孔子曰：`夫子圣矣乎？孔子曰：`圣则吾不能，我学不厌而教不倦也。子贡曰：学不厌，智也；教不倦，仁也。仁且智，夫子既圣矣。”（《论语·述而》）后来，孟子继承孔子的学说，着重论述了“养浩然之气”的主张，指出人不应该自暴自弃，可以自主地选择人生的道路。荀子不仅注意理想人格“内圣”的一面，而且更强调其外在事功的一面，并注意到了内圣外王的细微差异。《大学》则提出了“三纲领、八条目”，建立了一个比较完整的内圣外王之学的理论体系。到了宋明儒学，把“成圣说”发展到极致，尤其是朱熹的“醇儒说”，终于引出了其对立面。首先是被称为“事功之学”的陈亮、叶适与朱熹辩论，提出豪杰的理想，但还没有一个清楚的意象。后来王阳明及其后学虽然仍然坚持圣人的理想，但其中的内容已经悄悄地起变化。到了黄宗羲等，豪杰的心态愈加明显，壮士的需求更加迫切。近代以降，龚自珍以诗人的敏感，率先发出对近代新人的期盼——“我劝天公重抖擞，不拘一格降人才”；他的豪杰人格也成为每一个平凡的劳动者都可以实现的。

西方哲学及文化思想自由、民主、平等等观念的输入，首先对维新派等产生了重要的影响，开始了最早的“公民”理想人格的追求之路[1]。严复对中国之国民性进行了批判，提出了“鼓民力、开民智、新民德”的三育救国论。梁启超在《新民说》里提出全面改造中国之国民性的问题，呼唤全新的人格理想。李大钊提出了“人道主义和社会主义、个性解放和大同团结相统一”的社会理想和人生理想，认为真正的理想人格是合理的个人主义与合理的社会主义相统一的人格。这种人格在劳动中、在革命斗争中来培养。鲁迅认为，有觉悟的“先驱”者的品格是“必须有研究，能思索，有决断，而且有毅力。他也用权，却不是骗人，他利导，却并非迎合。他不看轻自己，以为是大家的戏子，也不看轻别人，当作自己的喽啰。他只是大众中的一个人，我想，这才可以做大众的事业。”[2] 共产党人继承了这一传统，在革命斗争中形成了一套比较系统的培养共产党员这样一种人格的理论，最后归结为党的三大作风：在理论联系实际中，在密切联系群众中来进行锻炼、修养，包括开展批评、自我批评。

这样就逐渐使党和党所领导的群众组织成为教育人、培养人的组织。总之，近代以降，康有为、孙中山、李大钊都对“大同之世”作了新的解释，在人生理想方面，近代哲学家提出了道德革命的口号，提出了新人的理想，就是平民化的自由人格理想。这标示着中国的成人之道，已经由古代的圣人，经由豪杰而走向平民化的

---

① 郑航：《中国近代德育课程史》，人民教育出版社，2004 年，第 166—170 页。

② 转引自冯契：《中国近代哲学的革命进程》，上海人民出版社，1989 年，第 389—390 页。

自由人格；中国对人的定位和认识，也由“臣民”到“国民”，再进至当下的公民。正如高瑞泉教授所说：“这一历史性的变化是：古代传统的‘圣人’，不断受到怀疑和批判，虽然有种种回流与反动，但终于不能改变被平民化的理想人格所替代的历史趋向”。[①]

如果作进一步的考察，我们可以发现传统的“圣人”人格包括以下几个特征：第一，圣人绝对超出普通人，是普通人所无法企及的。第二，圣人的完善性。第三，极度的精英性。第四，圣人是纯粹的天理、纯粹的德性，所以事功只是圣人的次要的品格，道德或者伦理理性才是圣人根本的和首要的规定。但近代以降，随着社会生活及经济、政治等要素的变化，圣人人格的几个特征都被质疑，它如此地悬隔于普通人之上，只会让人敬而远之，并且越来越失去对现实生活的范导作用。其次，近代社会的急剧动荡，使得事功的追求凸显，功利主义从先进的引导和落后的挨打两个方面促进人民追寻全新的人格现象。非理性主义等思潮的兴起，也对完善的圣人产生巨大的冲击，脱离普通大众的精英也失去了原有的对人的引导作用而一同陷入价值失落之中，更加加速了这种衰落。因此，圣人人格不可避免地被平民化的理想人格所取代了。[②] 那么，什么是平民化的自由人格，它有哪些特征和内容呢?

---

① 高瑞泉：《中国现代精神传统——中国的现代性观念谱系》（增补本），上海古籍出版社，2005 年，第 387 页。

② 蔡志栋：《“圣人”的退场——先秦诸子与中国现代自由人格论》，上海三联书店，2016 年。

二、平民化自由人格：背景、特征及内容

虽然近代的思想家、革命家等都有追求平民化的自由人格的倾向，但并未提出系统的论述；并且，其中还夹杂着现代新儒家、西化的自由主义派对个人个性的强调等，从而呈现出一个非常复杂的历史图景。

在冯契先生看来，所谓平民化的自由人格："是多数人可以达到的。这样的人格也体现类的本质和历史的联系，但是首先要求成为自由的个性。自由的个性就不仅是类的分子，不仅是社会联系中的细胞，而且他有独特的一贯性、坚定性，这种独特的性质使他和同类的其他分子相区别，在纷繁的社会联系中间保持着其独特性。"在平民化自由人格的培养方面，冯契先生认为"我们所要培养的新人是一种平民化的自由人格，并不是要求培养全知全能的圣人，也不承认有终极意义的觉悟和绝对意义的自由，不能把人神化，人都是普普通通的人，人有缺点，会犯错误，但要求走向自由，要求自由劳动是人本质"。①

那么，平民化的自由人格又有哪些特征呢？我们认为，首先，这里讲的理想人格不同于古代传统高不可攀的圣贤，而是平民化的自由人格，是多数人经过努力可以达到的，具有一定的反传统性特征。其次，它具有极强的主体性特征，一方面体现了自由的个性、

① 冯契：《人的自由和真善美》，华东师范大学出版社，1996 年，第 309—320 页。

个人的独立性，另一方面这个个性、独立性又不是在社会关系之外，不在“类”人是一个类之外。正如冯契先生所指出的，“应该把人当作目的，当作一个个独立的人格，这样才能自尊无畏，同时也尊重别人。”① 再次，它还是“多样化的”，极具合理性。最后，要特别警惕两种异化。“个性要全面发展，同时要求社会制度能够实现人道主义和社会主义的统一。要有这样的制度使人摆脱对人的依赖和对物的依赖。争取这样的社会条件和争取个人的全面发展是统一的。”②

为了更好地理解它，我们还要进一步追问它提出的背景？正如上文所论述的，经过近代先进的知识分子的努力，新的理想人格已经由圣人转化为平民，探讨其中存在的理论意义和教训，就成为进一步发展的前提。冯契先生在充分总结、把握了中国现代的哲学精神和时代精神之后，先是在 1950 年代提出“两化”学说，以更好地促进对马克思主义的继承和发扬。而后，在晚年提出了他的平民化的自由人格的学说，从而为当代中国公民教育提供了一个典型人格的范式。可以说，冯契先生平民化自由人格理想的提出，一方面有近代以来的哲学革命作支持，另一方面，还是基于他心灵的自由思考、对时代的反思；另一方面，还与 1980 年代以来中国思想界的主体性的觉醒有相当的关联，冯契先生对于全新的市民阶层有着深切的关注。此外，“平民化的自由人格”理想所要集中批判的对

---

① 冯契：《人的自由和真善美》，华东师范大学出版社，1996 年，第 202 页。
② 冯契：《人的自由和真善美》，华东师范大学出版社，1996 年，第 326 页。

象是古今的一切权威主义、独断论思想和现实中兴起的拜金主义。正如丁祯彦教授曾指出的："这一理论既是对传统儒学的批判，但又包含了对儒学积极方面的继承和发扬。"[①] 当代人如何培养自己独立的人格成为一个非常迫切的问题。

从精神气质上说，冯契先生继承了"启蒙哲学"的理性主义思想传统和人道主义精神，同情广大基层民众的生活。在此基础上，他批判了两种异化，首先从社会发展的角度指出了人"异化"的原因。他说"异化的力量，从社会发展史来看，主要是两个：一个是基于人的依赖关系的权力迷信，另一个是基于对物的依赖关系的拜金主义"。[②]

中国几千年封建统治所留下的后遗症依然阴魂不散，官本位意识根深蒂固，重人治轻法治、重工具轻价值、重依附轻独立、重义务轻权利、重"人民"轻"公民"等，都成为制约公民意识与公民素质提高的历史包袱。从现实来看，高度集中的计划经济体制对人的发展的约束尚未完全解除，市场经济的负面效益又已显现，加上消费主义的盛行、贪污腐败的蔓延，以及民主法治的不健全，这些都导致了当代人精神家园的迷失。从社会结构来看，整个社会尚未完成结构性转型，对内对外的开放程度不高，参与机会不均衡，使公民教育缺乏相应的体制与制度环境，这又成为制约公民意识与公

① 丁祯彦：《儒家的理想人格与现代新人的培养——兼谈冯契先生"平民化的自由人格"》，《华东师范人学学报》（教科版），1998 年第 1 期。

② 冯契：《人的自由和真善美》，华东师范大学出版社，1996 年，第 241 页。

民素质提高的现实瓶颈。

当我们反观中国近代的德育以及德育的合理目标取向时，其中存在较多的问题，比较突出的就是德育实效性之低迷①。平民化的自由人格体现出每个社会个体不断走向自我完善之需要与可能，又昭示了人与人之间存在的客观差异性以及人格形成上具有的层次性、多样性。人格发展的此种指向，既与当代德育面向全体、促进个体德性的不断完善的基本精神相契合，又与其注重个体的道德主体性、讲求教育的针对性的实践特征相统一。因此，健全平民化的自由人格是沟通德育理念和德育实践的桥梁，是引导当代德育取得实效的合理目标取向。

总之，平民化自由人格既不是从抽象的人性论、也不是从庸俗的历史决定论而得出的人格形象，它是以人的历史发展现实为依据、结合人的价值追求本性而得出的结论，是时代精神在教育领域中的反映。

三、平民化自由人格对公民教育的价值

对于如何塑造平民化的自由人格，冯契先生先生也展开了初步的探讨。他在《人的自由与真善美》一书中，论述了培养平民化的自由人格的途径，它包括：

---

① 对此，檀传宝和郑航都在相关的文章进行论述。具体见：檀传宝：《当前公民教育应当关切的三个重要命题》，《人民教育》，2007 年第 15 期。郑航：《平民化的自由人格：当代道德教育的目标取向》，《华南师范大学学报》（社会科学版），2003 年第 2 期。

第一，实践和教育相结合。作为一个终生从事教育的哲学家，冯契先生对实践和教育有着深刻的认识。他的实践是来源于马克思主义的社会实践，是源于生活而又不脱离生活的实践。终生的教育实践使得他认为，“如果忽视教育，忽视提高人的素质，就是对民族犯罪”。[①] 由于实践是人和自然、主体和环境的交互作用的活动，因此，人类对于自然界的改造就随着实践手段的增强而呈现更多的人化自然。但是，人作为庞大的生产者和终极消费者人，却不能充当一个超级的分解者，从而使得人和自然的关系呈现越来越恶化的趋势。对此，人要在实践中接受教育，既要强调人的尊严和主体性的一面，也要注意客体、环境的适应度，从而保持可持续发展的理念。尤其是目前我们正在建设社会主义现代化国家，如果不能对此有充分的认识，一味地破坏自然，就会成为历史的罪人，从而也就不可能成为一个合格的公民。从这个角度来说，虽然冯契先生提出平民化自由人格的1980年代，我国的环境污染等还不严重，但在今天，我们要塑造社会主义建设需要的合格公民，就要非常注重实践和教育的结合，要充分认识到实践的相关后果，从而避免重蹈发达国家先污染、后治理的覆辙，在实践中成长，并教育更多的普通大众，一起为当代公民的成长作贡献。

第二，世界观的培养和德育、智育、体育、美育和劳动教育的统一。蔡元培先生提出的“五育并举”的教育理念，对现代我国的

---

① 李雁冰：《论当代教育追求的理想人格形象》，《教育理论与实践》，2000年第3期。

公民教育起到非常深刻的影响[①]。不同的时代需要不同的时代精神，从而表现为不同的哲学追求和世界观培养模式。但是，对于性与天道的智慧说的把握与追求，却是贯彻整个近代中国的历史进程之中的。正如冯契先生所说的："智慧的核心就是世界观和人生观，它能为人们提供社会理想和个人理想。培养世界观和人生观，确立社会理想和个人理想，是教育的核心问题。"[②] 对此，2010 年 7 月颁布的《国家中长期教育改革和发展规划纲要》（2010 — 2020）中指出："全面加强和改进德育、智育、体育、美育。坚持文化知识学习和思想品德修养的统一、理论学习与社会实践的统一、全面发展与个性发展的统一，促进德育、智育、体育、美育有机融合，提高学生综合素质，使学生成为德智体美全面发展的社会主义建设者和接班人"。2018 年 9 月，习近平总书记在全国教育大会上明确提出"要在培养奋斗精神上下功夫，教育引导学生树立高远志向，历练敢于担当、不懈奋斗的精神，具有勇于奋斗的精神状态、乐观向上的人生态度，做到刚健有为、自强不息。""以凝聚人心、完善人格、开发人力、培育人才、造福人民为工作目标，培养德智体美劳全面发展的社会主义建设者和接班人"。

---

① 1912 年，蔡元培任中华民国第一任教育总长，提出了"五育"并举的教育方针，即为了培养共和国国民健全之人格，必须实行军国民教育、实利主义教育、公民道德教育、世界观教育和美感教育。这是中国公民教育第一次进入国家政策领域。当然，习近平总书记在 2018 年全国教育大会提出的德智体美劳全面发展的教育思想，是为新五育并举，二者既有联系，更有区别，此不赘述。

② 冯契：《人的自由和真善美》，华东师范大学出版社，1996 年，第 309 页。

第三，集体帮助和个人主观努力相结合。正如习近平总书记在全国教育大会上强调的，“办好教育事业，家庭、学校、政府、社会都有责任。”平民化的自由人格，既是平民的，更是自由的。在冯契先生看来，“‘自由’，这个范畴在不同的领域有不同的含义。从伦理学来说，自由就意味着自愿地选、自觉地遵循行为中的当然之则，从而使体现进步人类要求的道德理想得到了实现。[①]”冯契先生非常强调自愿原则即个人的自由意志，认为在自由人格中仅重视自觉即道德中的理性是远远不够的，更不能在理论认识上以自觉代替自愿，而应是自愿原则和自觉原则的统一。否则，在理论上容易陷入片面性并同时具有危害性。冯契先生先生认为：“忽视自愿原则、思想意志自由和独立人格的前提，实际上也就是忽视了个性解放，忽视了每个人本身都是目的。这不但违背了‘个性解放和大同团结统一’的原理，而且鼓励了把群众视为阿斗的习惯势力，为‘个人迷信’开辟了道路。”[②] 因此，在平民化自由人格的塑造中，既要有个人主观努力，即主体地位不能缺失。一旦主体缺位，那么，所谓的教育也就失去了对象。因此，从事公民教育，要在自由、平等、独立、自主的理念下来实施，而不能脱离此一点。另外，还要重视集体的力量，现在一般叫作学习型团队或组织。只有每个个人都是自由的，才能够在学习型团队中更好地互相帮助，实现理想的人格和目标。

---

① 冯契：《人的自由和真善美》，华东师范大学出版社，1996年，第27—28页。

② 吴根友：《一个二十世纪中国哲学家的做人理想》，《学术月刊》，1996年第3期。

以上塑造平民化的自由人格的方式和方法，对于我们培育新时期的公民教育来说，拥有如下一些特别的价值和意义。

第一、以平民化自由人格为当代人的理想人格形象，能充分展示教育的人文关怀。“教育应该关怀人的生活，关怀人的生活首先应该关怀人的当下的生活，关怀此时此刻在此的人之‘在’，教育应当成为此时此刻的个体的可能生活价值完满的一种特殊方式。教育还直接启发、拓展个体全面的生活视野和价值视野，并引导、尊重个体独特的生活价值取向和追求生活价值的方式，尊重并关怀个体日常生活的价值，教育应突显个性独立人格的培养，让个体真正成为生活价值承载的主体，积极地去谋求自我价值选择和价值创造。教育关怀并尊重了生活的价值，意味着教育关怀并尊重了人。”① 可见，以平民化自由人格为当代公民教育的理想人格形象，能充分展示教育的人文关怀，关注全体的人，实施有效的人生导引，适应社会发展的需求。

第二、以平民化自由人格为当代人的理想人格形象，有益于主体性教育的确立。“教育作为公民教育的机构，它的公共领域的活动性质使它既关注社会的共同利益，又关注全部公民的教育权利与需求，教育要尽可能人性化和多元化，不仅要满足国家一体化的发展需要，又要满足多元文化群体的教育需要和公民个体的教育权利。”② 同时，在教育的价值取向上应以尊重个体的权利与自由发展

---

① 刘铁芳：《教学：一个可能的价值世界》，《教育理论与实践》，2000 年第 1 期。

② 金生：《教育的多元价值取向与公民的》，《教育理论与实践》，2000 年第 8 期。

为基本导向。平民化自由人格思想也正是在十分重视每一个体的价值、人的个性与自由的同时，看到了社会协同性的需要，使得平民化自由人格思想极具当代性特征。

第三、以平民化自由人格为当代人的理想人格形象，有助于教育大众化尤其是现代化的实施和教育根本目标的实现。当前，我国已经进入高等教育大众化阶段，因此，树立一个大部分公民都能够经过努力实现的平民化的自由人格，就具有相当大的现实性和可操作性。尤其是我国的德育工作还存在一些问题，诸如“高、大、全”的、抽象的道德理想主义等，对一个合格公民的成长带来诸多的不利因素，我们必须把过去大而无当的道德教育任务落到实处，即把为国家培养平民化自由人格的合格公民作为学校道德教育最基本也是最首要的任务，这样才能实现教育的本源。

总之，在当前公民教育的过程中，平民化的自由人格拥有非常重要的现实意义和范导价值，社会主义现代化强国建设需要这种平民化的自由人格。从“圣人”到“平民”，从“臣民”到“公民”的转变，这是历史发展的必然趋势。

参考文献

一、冯契原著

《冯契文集》（十卷），华东师范大学出版社，1996—1998 年。

冯契：《中国古代哲学的逻辑发展》（上、中、下），上海人民出版社，1983 年。

冯契：《中国近代哲学的革命进程》，上海人民出版社，1989 年。

冯契主编：《中国近代哲学史》（上、下），上海人民出版社，1989 年。

《冯契文集》（十一卷），华东师范大学出版社，2015 年。

二、重要著作

［德］康德著，宗白华译：《判断力批判》（上卷），商务印书馆，1964 年。

［德］马克思、恩格斯著，中央编译局译：《共产党宣言》，中央编译出版社，2005 年。

［德］海因里希·罗门著，姚中秋译：《自然法的观念史和哲学》上

海三联书店，2007 年。

[美] 迈克尔·扎科特著，王崇兴译：《自然权利与新共和主义》，吉林出版集团有限公司，2008 年。

[美] 罗尔斯著，万俊人译：《政治自由主义》，译林出版社，2002 年。

[日] 岛田虔次著，甘万萍译：《中国近代思维的挫折》，江苏人民出版社，2005 年。

[日] 山口久和，王标译：《章学诚的知识论——以考证学批判为中心》，上海古籍出版社，2006 年。

Charles T. *Sprading*: *Liberty and the Great Libertarians*. Golden Press，1913

Michael Polanyi：*Personal Knowledge*. Taylor & Francis e-Library，2005

[英] 波兰尼著，许泽民译：《个人知识》，贵州人民出版社，2000 年。

[英] 欧克肖特著，张汝伦译：《政治中的理性主义》，上海译文出版社，2003 年。

[晋] 郭象注，[唐] 成玄英疏，《庄子注疏》，中华书局，2010 年。

[清] 戴震：《戴震文集》，中华书局，1974 年。

[清] 章学诚：《章学诚遗书》，北京文物出版社，1985 年。

[清] 章学诚著，叶瑛校注：《文史通义校注》，中华书局，1994 年。

姜义华、张荣华编校：《康有为全集》（全十二集），中国人民大学出版社，2007年。
王栻编：《严复集》（全五册），中华书局，1986年。
梁启超：《饮冰室文集点校》（共六集），吴松等点校，云南教育出版社，2001年。
梁启超：《先秦政治思想史》，东方出版社，1996年。
《梁启超文集》陈书良编，北京燕山出版社，1997年。
《孙中山全集》（全十一卷），广东省社会科学院历史研究室，中国社会科学院近代史研究所中华民国史研究室，中山大学历史系孙中山研究室合编，中华书局，1985年。
《章太炎全集》（共八册），上海人民出版社，1982—1986年。
章太炎：《菿汉三言》，虞云国标点整理，辽宁教育出版社，2000年。
章炳麟：《章太炎政论选集》（上、下），汤志钧编，中华书局，1977年。
《章太炎讲演集》马勇编，河北人民出版社，2004年。
《谭嗣同全集》（增订本）蔡尚思，方行编，中华书局，1981年。
《国故论衡》，上海古籍出版社，2003年。
《王国维论学集》，傅杰编，中国社会科学出版社，1997年。
《王国维哲学美学论文辑佚》，佛雏编，华东师范大学出版社，1993年。
王国维：《宋元戏曲考》，上海古籍出版社，1998年。
《胡适全集》（全四十四卷），胡适著，季羡林主编，安徽教育出版社，2003年。

《鲁迅全集》(共十六卷)，人民文学出版社，1981年。
《殷海光文集》(全五卷)，湖北人民出版社，2001年。
殷海光:《中国文化的展望》，上海三联书店，2005年。
《殷海光书信集》，贺照田编，2005年。
《梁漱溟全集》(全八卷)，山东人民出版社，2005年。
《熊十力全集》(全十卷)，湖北教育出版社，2001年。
贺麟:《文化与人生》，商务印书馆，1988年。
冯友兰:《三松堂全集》(全十四卷)，河南人民出版社，2001年。
《陈独秀著作选编》(全六卷)，任建树主编，上海人民出版社，2009年。
《李大钊全集》(全五卷)，中国李大钊研究会编注，人民出版社，2006年。
《毛泽东选集》(全四卷)，人民出版社，1991年。
《毛泽东文集》(全八卷)，中共中央文献研究室编，人民出版社，1993年。
《艾思奇文集》(第一卷)，人民出版社，1981年。
《艾思奇全书》(第一卷)，人民出版社，2006年。
郭沫若:《十批判书》，东方出版社，1996年。
侯外庐、赵纪彬、杜国庠等著:《中国思想通史》(全四卷)，人民出版社，1957年。
侯外庐:《中国思想史纲》(上、下)，中国青年出版社，1963年。
侯外庐:《韧的追求》，生活·读书·新知三联书店，1985年。

李泽厚：《中国思想史论》（上、中、下），安徽文艺出版社，1999年。
李泽厚：《中国近代思想史论》，安徽文艺出版社，1999年。
任继愈主编：《中国哲学史》（第一册），人民出版社，1963年。
杨荣国：《简明中国思想史》，中国青年出版社，1962年。
《张岱年全集》（第三卷），河北人民出版社，2007年。
张岱年：《中国哲学大纲》，中国社会科学出版社，1982年。
张岱年：《中国哲学史方法论发凡》，中华书局，2003年。
高瑞泉：《中国现代精神传统》（修订本），上海古籍出版社，2005年。
高瑞泉：《从历史中发现价值》，中国大百科全书出版社，2006年。
杨国荣：《善的历程》，上海人民出版社，1994年。
杨国荣主编：《追寻智慧》，上海古籍出版社，2007年。
蒋庆：《政治儒学——当代儒学的转向、特质与发展》，生活·读书·新知三联书店，2003年。
郁振华：《人类知识的默会维度》，北京大学出版社，2012年。
蒋永青：《境界之"真"：王国维境界说研究》，中国社会科学出版社，2001年。
《朱光潜全集》（全二十册），安徽教育出版社，1987年。
《宗白华全集》（全四卷），安徽教育出版社1994年。
彭漪涟：《冯契辩证逻辑思想研究》，华东师范大学出版社，1999年。

曹俊峰:《康德美学引论》，天津教育出版社，2001 年。
华东师范大学哲学系编:《理论、方法和德性——纪念冯契文案》，学林出版社，1996 年。
汤一介:《汤一介集》(第六卷)，中国人民大学出版社，2013 年。
余英时:《论戴震与章学诚》，三联书店出版社，2005 年。
陈鼓应:《老庄新论》(修订版)，商务印书馆，2008 年。
蔡志栋:《“圣人”的退场——先秦诸子与中国现代自由人格论》，上海三联书店，2016 年。

三、重要论文

［美］沃勒斯坦:《三种还是一种意识形态？——关于现代性的虚假争论》，《现代性基本读本》(上册)，汪民安、陈永国、张云鹏主编，2005 年。
胡锦涛:《坚定不移沿着中国特色社会主义道路前进为全面建成小康社会而奋斗——在中国共产党第十八次全国代表大会上的报告(2012 年 11 月 8 日)》，载《人民日报》2012 年 11 月 8 日。
陈来:《冯契德性思想简论》，《华东师范大学学报》(哲社版)，2006 年第 2 期。
蔡志栋:《“对于自由另有一种新讲法”——梁漱溟政治自由观简论》，《思想与文化》(第十九辑)，华东师范大学出版社，2016 年。
高清海:《辩证法与“变戏法”》，《洛阳师范学院学报》，2000 年 6 月第 3 期。

任剑涛:《向德性伦理回归——解读“化理论为德性”》,《学术月刊》,1997 年第 3 期。

童世骏:《和谐文化:不仅是传统的,更是现代的》,载《文汇报》2006 年 10 月 10 日。

郁振华:《从表达问题看默会知识》,《哲学研究》,2003 年第 5 期。

张青、张继国:《冯契“平民化自由人格”理论的现实意义、困境及局限》,《哈尔滨学院学报》,2007 年第 7 期。

张汝伦:《创新、超越与局限——试论冯契的广义认识论》,《复旦学报》(社科版),2011 年第 3 期。

后记

约摸20年前，当我写下硕士论文第一个字的那一天，我肯定没想到过它将成为关于冯契哲学研究专著的一个章节（第四章第一节），并且被重新定位。也就是说，它不仅仅是对现代性审美形态的一个论述，而且，也是对冯契哲学新的理解的一个部分。而这两者之间并非毫无联系。正是对现代性的新理解，经过博士论文的写作，成为了关于冯契哲学的新理解。

但这是思想的发展顺序，也是写作的顺序。在逻辑上，则是反之。这本书是我第七本书（包括不同版本但不包括多次印刷版），可是，我的前几本书却必须以此书为基础获得理解。缘于对冯契哲学的新理解，有了博士论文《章太炎后期哲学思想研究》；2010年，又根据这种新理解对中国现代自由观作出了重新诠释，花了三年时间写作，五年时间修改，最终形成了“中国现代自由研究三部曲”。《个体的时代》也是因缘际会的产物，表面上与冯契哲学关系不大。不过，我对社会思潮的研究至少包含着两种自觉：一个是它是“会乎当今之变”。我认为，思想或者哲学不能纯讲逻辑，否则，在逻辑上，它有无限种可能，哪一种可能化为现实，离不开现实的刺激；一个是，新的哲学的产生离不开先前哲学的反思，所谓先前的哲学，难道不包括五年前的哲学吗？这也是短时段的“承百代之流”。

如果只是看我先前出版的几本书，是很难理解它们是怎么来的。正是目前这本书，将我40岁之前的努力和一个学派在逻辑上而不仅仅是在历史上联系了起来。不过，这个学派对冯契的正统理解或许很难接受我的新理解。“六经责我开生面”，这也是冯契先生在其书中一再教导的。我们这些后学也应该有这个自觉。

本书的研究，得到了诸多师友的帮助。在此一并致谢。

东华大学副研究员丁明利博士贡献了他的研究成果，作为本书第五章第三节“平民化自由人格之于‘公民教育’”，显示了冯契哲学的多方面的应用，使本书更加完整。我根据本书体例对其原作作了一定的修改，有错误之处，责任在我。

北京师范大学青年才俊、章门后学孟琢先生应我之请，撰写了书名，难以言谢。

文章部分章节作为论文单独发表时，我的研究生们也协助我做过校对。特此致谢。

本书系教育部人文社会科学规划项目“实践智慧视野下的冯契哲学研究”（编号：19YJA720001）结项成果，也得到了其出版资助。特此说明。

作者
2022 年 1 月 29 日初稿
2022 年 3 月 10 日定稿

图书在版编目（CIP）数据

冯契哲学：一种新的可能/蔡志栋著．—上海：上海三联书店，2022.10

ISBN 978-7-5426-7830-0

Ⅰ．①冯…　Ⅱ．①蔡…　Ⅲ．①冯契（1915—1995）-哲学思想-研究　Ⅳ．①B261

中国版本图书馆CIP数据核字（2022）第153334号

冯契哲学：一种新的可能

著　　者／蔡志栋

责任编辑／郑秀艳
封面设计／素绘设计工作室
监　　制／姚　军
责任校对／王凌霄

出版发行／上海三联书店
　　　　　（200030）中国上海市漕溪北路331号A座6楼
邮　　箱／sdxsanlian@sina.com
邮购电话／021-22895540
印　　刷／上海惠敦印务科技有限公司

版　　次／2022年10月第1版
印　　次／2022年10月第1次印刷
开　　本／890mm×1240mm　1/32
字　　数／170千字
印　　张／9
书　　号／ISBN 978-7-5426-7830-0/B·793
定　　价／50.00元

敬启读者，如发现本书有印装质量问题，请与印刷厂联系 021-63779028